Internal Control für Führungskräfte

von

Univ.-Prof. Dr. mult. Anton Burger
Dr. Heinrich Schmelter
Dipl.-Wirtschaftsingenieur

Oldenbourg Verlag München

Bibliografische Information der Deutschen Nationalbibliothek

Die Deutsche Nationalbibliothek verzeichnet diese Publikation in der Deutschen Nationalbibliografie; detaillierte bibliografische Daten sind im Internet über http://dnb.d-nb.de abrufbar.

© 2012 Oldenbourg Wissenschaftsverlag GmbH
Rosenheimer Straße 145, D-81671 München
Telefon: (089) 45051-0
www.oldenbourg-verlag.de

Lektorat: Anne Lennartz
Herstellung: Constanze Müller
Titelbild: thinkstockphotos.de
Einbandgestaltung: hauser lacour
Gesamtherstellung: Grafik & Druck GmbH, München

Dieses Papier ist alterungsbeständig nach DIN/ISO 9706.

ISBN   978-3-486-70664-2
eISBN 978-3-486-71771-6

Vorwort

Nach zahlreichen großen Unternehmensskandalen und wesentlich verschärfter Gesetzgebung zur Wirtschaftskriminalität (z. B. SOX in USA, KonTraG und BilMoG in Deutschland) sind alle Unternehmen auch von externer Seite gezwungen, ein wirksames Überwachungssystem mit ausreichenden internen Kontrollen sicherzustellen. Zum dafür auch im deutschen Sprachraum verwendeten angloamerikanischen Begriff Internal Control (IC) sind die notwendigen Maßnahmen und persönlichen Verpflichtungen bei vielen Führungskräften (FK) nicht ausreichend bekannt. In diesem Buch sollen deshalb alle dazu relevanten Aspekte des IC dargestellt und für FK aller Hierarchieebenen in Form praxisnaher Handlungshinweise vorgestellt werden.

Unternehmensüberwachung und Kontrolle sind grundsätzliche Bestandteile der Betriebswirtschaft und Unternehmensleitung auch unabhängig von externen Vorgaben; nur so kann im Unternehmen sichergestellt werden, dass auf die Unternehmensziele sicher fokussiert wird. Aufgaben der Unternehmensüberwachung werden zwar bereits in vielen Büchern und Zeitungsartikeln beschrieben; die zumeist unter den Obertiteln „Corporate Governance" (CG) und „Compliance" gefassten Titel behandeln aber zumeist vorrangig Unternehmensethikfragen für die Topmanagement-Ebene. Praktische Ausgestaltungshinweise zu wirksamen internen Kontrollen und zu ihrer Umsetzung durch FK aller Ebenen (vom Gruppenleiter bis zum Vorstand) fehlen hingegen weitgehend; IC ist an deutschen Universitäten auch kein explizites betriebswirtschaftliches Thema. Dementsprechende konkrete Vorgaben aus den USA (Sarbanes-Oxley-Act und COSO-Modell) werden in Europa noch wenig beachtet und sind wegen der unterschiedlichen Geschäftsführungsformen auch nicht direkt übertragbar. Das international am weitesten verbreitete US-Kontroll-Modell COSO ist sehr vielschichtig und komplex; für Führungskräfte ist nur sehr schwer erkennbar, welche direkten Pflichten sich daraus für sie ergeben.

Mit diesem Buch wird ergänzend zum COSO-Modell versucht, für FK aller Ebenen Kontrollanforderungen in praxisorientierter Strukturierung darzustellen. Dazu werden alle für das IC relevanten Aspekte dargestellt und hinsichtlich der Umsetzung durch FK strukturiert:

- Im ersten Kapitel werden nach Vorstellung symptomatischer Praxisfälle der Wirtschaftskriminalität (mit mangelndem IC) anhand aktueller Erhebungen die Erscheinungsformen der Wirtschaftskriminalität (insbesondere der Korruption) aufgezeigt.
- Im zweiten Kapitel werden alle für das IC relevanten externen und internen Vorgaben erläutert:
  - Hinsichtlich Governance, Ordnungsmäßigkeit und Wirtschaftskriminalität gibt es zahlreiche nationale und internationale Gesetze, die jede FK kennen sollte.
  - Zusätzlich muss jede FK auch die jeweiligen unternehmensinternen Vorgaben in Form spezieller Leitlinien und Organisationsrichtlinien beachten.
- Im Folgekapitel werden nach Begriffsklärungen und IC-Modellvorstellungen (insb. COSO) die für ein funktionsfähiges IC geeigneten Instrumente im Detail vorgestellt:

- – Organisatorische (IC-)Regelungen
- – Strukturelle Maßnahmen (insb. spezielle Kontroll-Gremien)
- – Prozessmaßnahmen (insb. in Form der Funktionstrennung) und
- – ergänzende technische Kontrollmaßnahmen (v. a. IT-seitig).
- • Danach werden praxisbezogene IC-Beispiele vorgestellt:
  - – kontrollorientiert wichtige Unternehmensprozesse,
  - – besondere Überwachungserfordernisse der Banken-Branche und
  - – ein nachvollziehbares Unternehmensbeispiel (eines Autohauses) mit den grundsätzlichen Anforderungen an Geschäftsführung, IT und Buchhaltung sowie wesentlichen Kontroll-Maßnahmen typischer Unternehmensfunktionen.
- • Als Fazit wird im letzten Kapitel die jeweils notwendige Mitwirkung der FK erläutert:
  - – bei der Detaillierung entsprechender organisatorischer Regelungen,
  - – der Unterstützung der strukturell vorgegebenen Kontroll-Gremien,
  - – der Mitwirkung bei allen IC-Prozessen (insb. Mitarbeiterkontrolle) und
  - – der Umsetzung der ergänzenden technischen (insb. IT-) Maßnahmen.

Mit diesen Schwerpunkten auf den konkreten IC-Umsetzungsmaßnahmen definieren wir „Internal Control" kurz wie folgt:

- • Internal Control (IC) beinhaltet alle Überwachungs- und Kontrollmaßnahmen zur Gewährleistung (Compliance) der Wirtschaftlichkeit, Ordnungsmäßigkeit und Sicherheit im Unternehmen.
- • IC wird durch die Kombination angemessener Organisationsanweisungen und struktureller, prozessseitiger und technikgestützter Maßnahmen realisiert.
- • Die Mitwirkung bei Einrichtung und Durchführung des IC im Unternehmen ist eine vorrangige Aufgabe der Führungskräfte aller Organisationsebenen.

In der Folge der 2008 einsetzenden „Finanzkrise" werden wirksamere Risiko- und Kontrollsysteme nicht nur für Banken, sondern für alle Unternehmen verstärkt gefordert.[1] Das vorliegende Werk orientiert sich hierbei vorrangig an den Erfordernissen von Industrieunternehmen und geht deshalb auf die sehr speziellen aktuellen Kontrollanforderungen im Bankenbereich nicht ein.

Nach der jüngsten Affäre um den (ehemaligen) deutschen Bundespräsidenten werden insb. Ethik- und Korruptionsthemen auch in Deutschland erneut intensiv öffentlich diskutiert; in Zeitungsartikeln wird u. a. behandelt, „was Führungskräfte … lernen können, um Vertrauen und Glaubwürdigkeit zu erhalten."[2] Ein funktionsfähiges Internal Control ist in jedem Unternehmen eine vorrangige Maßnahme nicht nur zur Vermeidung von Wirtschaftskriminalität und Korruption, sondern auch zur Sicherung der Unternehmenseffektivität und -effizienz. Das vorliegende Werk will den FK aller Organisationsebenen das hierfür notwendige Hintergrundwissen und konkrete Handlungsanleitungen für ihre Mitwirkung vermitteln.

Dieses Buch stützt sich auch auf Ergebnisse, die im Rahmen des Forschungs- und Lehrschwerpunkts „Internal Control" am Lehrstuhl für ABWL und Unternehmensrechnung der Katholischen Universität Eichstätt-Ingolstadt erarbeitet wurden. An dieser Stelle ist es

---

[1] Vgl. *IFAC* (2011a), S. 7.
[2] *SZ* (20.1.2012), S. 18.

uns ein Anliegen, Frau *Sieglinde Mader* und Herrn *Dipl.-Kfm. Niels Ahlemeyer* für die formale Aufbereitung des Manuskripts und Frau *Anne Lennartz* für die lektorseitige Unterstützung beim Oldenbourg-Verlag unseren herzlichen Dank auszusprechen.

Ein Hinweis auf geschlechtergerechte Formulierungen sei uns gestattet: Im Deutschen hat das „grammatische Genus" nichts mit dem „natürlichen Geschlecht" zu tun; in diesem Sinne finden sich in diesem Werk bei Personenbezeichnungen, wie z. B. für „Manager", „Controller", „Vorstand", „Aufsichtsrat", „Mitarbeiter" oder auch „Führungskraft" (?), nicht männliche und weibliche Formen, obwohl Personen der beiden natürlichen Geschlechter gemeint sind. Dies erfolgt im Interesse der besseren Lesbarkeit des Textes und in höchster Wertschätzung gegenüber beiden Geschlechtern!

Ingolstadt, im Juli 2012   *Anton Burger*   *Heinrich Schmelter*

Inhaltsverzeichnis

Abbildungsverzeichnis

Abkürzungsverzeichnis

AAA	The American Accounting Association
Abb.	Abbildung
Abs.	Absatz
AG	Aktiengesellschaft
AI	Acquire and Implement
AICPA	The American Institute of Certified Public Accountants
AktG	Aktiengesetz
AMEX	American Stock Exchange
Aufl.	Auflage
Bd.	Band
BDSG	Bundesdatenschutzgesetz
BilMoG	Gesetz zur Modernisierung des Bilanzrechts
BKA	Bundeskriminalamt
BND	Bundesnachrichtendienst
BRD	Bundesrepublik Deutschland
bzw.	beziehungsweise
CDU	Christlich demokratische Union
CEO	Chief Executive Officer (vergleichbar Vorstandsvorsitzender)
CFO	Chief Financial Officer (Finanzvorstand)
CG	Corporate Governance
CobiT	Control Objectives for Information and related Technology
COSO	The Committee of Sponsoring Organizations of the Treadway Commission
DCGK	Deutscher Corporate Governance Kodex
d. h.	das heißt
DIIR	Deutsches Institut für Interne Revsion e.V.
DRS	Deutsche Rechnungslegungs Standards
DS	Deliver and Support

DSB	Datenschutzbeauftragte(r)
EDI	Electronic Data Exchange
EDV	Elektronische Datenverarbeitung
ERM	Enterprise Risk Management
EPS	Entwurf Prüfungsstandard
ERP	Enterprise Resource Planning
EStG	Einkommenssteuergesetz
EU	Europäische Union
EUBestG	EU-Bestechungsgesetz
FEI	Financial Executives International
FCPA	Foreign Corruption Practises Act
FK	Führungskraft
ggf.	gegebenenfalls
GmbH	Gesellschaft mit beschränkter Haftung
GoB	Grundsätze ordnungsmäßiger Buchführung
GUI	Graphical User Interface
GuV	Gewinn- und Verlustrechnung
HGB	Handelsgesetzbuch
Hrsg.	Herausgeber
HV	Hauptversammlung
HW	Hardware
IIA	The Institute of Internal Auditors
IC	Internal Control
i. d. R.	in der Regel
IdW	Institut der Wirtschaftsprüfer
IFAC	International Federation of Accountants
IIA	Institute of Internal Auditors
IIR	Deutsches Institut für Interne Revision
IKS	Internes Kontrollsystem
IMA	The Institute of Management Accounts
insb.	insbesondere
IntBestG	Gesetz zur Bekämpfung internationaler Bestechung
IR	Interne Revision

ISACA	Information Systems Audit and ControlAssociation
ISS	Internes Steuerungssystem
IT	Information Technology
ITIG	IT-Governance Institut
IÜS	internes Überwachungssystem
jew.	jeweils
KonTraG	Gesetz zur Kontrolle und Transparenz im Unternehmensbereich
MaRisk	Mindestanforderungen an das Risikomanagement
NASDAQ	National Association of Securities Dealers Automated Quotation
Nr.	Nummer
NYSE	New York Stock Exchange (New Yorker Börse)
OECD	Organization for Economic Cooperation and Development
PC	Personalcomputer
PCOAB	Public Company Accounting Oversight Board
PWC	PricewaterhouseCoopers
PS	Prüfungsstandard
RSM	Risikiomanagement
S.	Seite
SAP	weltweit größter Anbieter von Unternehmenssoftware
SEC	Securities and Exchange Commission
sog.	sogenannt
SOX	Sarbanes-Oxley-Act
StGB	Strafgesetzbuch
SW	Software
u. a.	unter anderem
usw.	und so weiter
vgl.	vergleiche

VW	Volkswagen
WP	Wirtschaftsprüfer
WPG	Wirtschaftsprüfungsgesellschaft
WpHG	Gesetz über den Wertpapierhandel
z. B.	zum Beispiel

1 Wirtschaftskriminalität

1.1 Praxisfälle der Wirtschaftskriminalität (mit IC-Schwächen)

Aus der aktuellen Presse und Fachliteratur kennt jede FK gravierende Wirtschaftskriminalitäts- und Korruptionsfälle im Unternehmensbereich international und auch in Deutschland, die zumeist auf Internal Control-Schwächen in diesen Unternehmen basierten. Eine umfassende internationale Sammlung und Darstellung wichtiger Wirtschaftskriminalitätsfälle findet sich im Buch „Accounting Fraud" von *Henselmann* und *Hofmann*. In der abschließenden Analyse wird von den Autoren als maßgebliche Ursache vorrangig „mangelnde interne Kontrolle" konstatiert.[3]

Auf den folgenden Seiten werden einige symptomatische große Fälle von Wirtschaftskriminalität vorgestellt, die teilweise (z. B. ENRON) auch unmittelbar die (US-)Gesetzgebung beeinflusst haben[4] und die ihre Ursache insbesondere in mangelndem Internal Control hatten.

ENRON (Bilanz-Fälschung in USA)

Der 2001 bekannt gewordene Bilanzfälschungs-Fall beim Unternehmen ENRON in den USA wurde weltweit zum Inbegriff von Wirtschaftskriminalität und führte dort u. a. zu einer wesentlichen Verschärfung der Wirtschaftsgesetzgebung durch den Sarbanes-Oxley-Act.[5] [6] Zu diesem Fall gibt es sogar eine Darstellung in Romanform, die dem interessierten Leser „spannende Unterhaltung" bietet.[7]

Der Energiekonzern ENRON war im Jahr 2000 mit einem Jahresumsatz von 101 Mrd. Dollar das siebtgrößte Unternehmen der USA; es hatte seinen Firmensitz in Houston, Texas. ENRON bezeichnete sich in Veröffentlichungen gerne als „The World's Greatest Company" („beste Firma der Welt"); das Unternehmen berichtete 20 Quartale lang ununterbrochen über steigende Gewinne.[8]

Ende 2000 gab es erstmals skeptische Meldungen zur Unternehmenstransparenz. Nach verschiedenen Personalwechseln seit Anfang 2001 berichtete ENRON im Oktober erstmals einen Quartalsverlust von 638 Mio. Dollar. Danach wurden von der Börsenaufsicht SEC Untersuchungen eingeleitet. Im November fielen die ENRON-Aktienkurse drastisch auf

---

[3] Vgl. *Henselmann/Hofmann* (2010), S. 257–285.

[4] Vgl. *Sybon* (2011), S. 94.

[5] Vgl. *Henselmann/Hofmann* (2010), S. 80–90.

[6] Vgl. *Westhausen* (2005), S. 98.

[7] Vgl. *Eichenwald* (2007).

[8] *Henselmann/Hofmann* (2010), S. 80–81.

„Junk-Bond"-Status und bereits im Dezember 2001 meldete ENRON Insolvenz an. Mit EN-RON gab es einen der größten Unternehmensskandale, den die US-Wirtschaft je erlebte.

Die Untersuchungen ergaben, dass ENRON über Jahre hindurch drastische Bilanzfälschungen vorgenommen hatte:[9]

- Bei Verkäufen von Waren (z. B. Erdgas) als Termingeschäft (d. h. ein in der Gegenwart vereinbartes Geschäft wird erst zu einem späteren Zeitpunkt ausgeführt) wurden bereits von Anfang an Erträge gebucht.
- Zudem wurden ähnliche Geschäfte zum Einkauf derartiger Waren nicht als Aufwand gebucht. Dadurch stieg der Gewinn in der Berichtsperiode.
- ENRON ging dazu über, solche Geschäfte mit in ausländischen Steuerparadiesen gegründeten anonymen „Offshore"-Gesellschaften abzuschließen, die unter der Kontrolle von ENRON oder dessen Führungskräften standen, aber nicht in den Konsolidierungskreis des Konzernabschlusses des ENRON-Konzerns einbezogen wurden. ENRON machte praktisch Geschäfte mit sich selbst. Der Konzern wies die „Einnahmen" aus diesen Geschäften in der eigenen Bilanz aus.
- Weiterhin begann das Unternehmen, die „Käufe" der Offshore-Gesellschaften von Banken vorfinanzieren zu lassen, sodass sich der Konzern über seine anonymen Tochtergesellschaften verschuldete, ohne dass dies in der Konzernbilanz offenbart wurde.

Obwohl bei ENRON entsprechend der Verurteilung der Geschäftsführer Betrugsabsichten nachgewiesen wurden, sind in diesem Fall auch eklatante Internal Control-Mängel sichtbar. Der Vorstand hat Bilanzmanipulationen vorgenommen, die angesichts der Größenordnung im Unternehmen hätten auffallen müssen. Auch die Wirtschaftsprüfer haben ihre Kontrollpflicht offensichtlich nicht wahrgenommen bzw. den Manipulationen sogar zugestimmt.

Der ENRON-Skandal hatte gravierende Folgen:[10]

- Bei der Insolvenz von ENRON wurde ein Börsenwert von 60 Mrd. US-Dollar vernichtet.
- Der Ex-Enron-Chef *Skilling* wurde wegen Verschwörung, Betrugs und Insider-Handel zu 24 Jahren Haft verurteilt.[11]
- Der frühere ENRON-Finanzchef *Fastow*, der als Kronzeuge auftrat, wurde wegen Betrugs zu sechs Jahren Gefängnis verurteilt.
- Die in den ENRON-Skandal verwickelte Wirtschaftsprüfungsgesellschaft ARTHUR ANDERSON kollabierte im Gefolge der Ermittlungen um ENRON.

Erwähnenswert ist auch, dass bei der im Januar 2005 erfolgten Verurteilung der Mitglieder des ehemaligen ENRON-Verwaltungsrats 13 Mio. US-Dollar unmittelbar durch die zehn betroffenen Verwaltungsräte aus ihrem Privatvermögen zu entrichten waren. Durch den unmittelbaren Zugriff auf das Privatvermögen der Verwaltungsräte versuchte das erkennende Gericht gezielt, die persönliche Verantwortung der Verwaltungsräte für den Zusammenbruch des von ihnen zu beaufsichtigenden Unternehmens deutlich zu machen.

---

[9] Vgl. *Henselmann/Hofmann* (2010), S. 80–90.
[10] Vgl. *Henselmann/Hofmann* (2010), S. 80–90.
[11] Vgl. *Spiegel* (23.6.2006).

Wie schon erwähnt, wurden in Folge des ENRON-Falls in den USA drastische Verschärfungen der gesetzlichen Vorschriften zur Unternehmensberichterstattung eingeführt, der sog. Sarbanes-Oxley-Act im Jahr 2002.

Siemens (Korruptions-Affäre in Deutschland)

Auch in Europa und in Deutschland gab es wiederholt große Wirtschaftskriminalitätsfälle (z. B. FLOWTEX, PARMALAT, …).[12] Einer der jüngsten und größten Fälle betraf 2007 das Unternehmen Siemens AG in Deutschland, bei der v. a. systematische weltweite Korruption im großen Stil festgestellt wurde.[13]

Die Siemens AG ist Deutschlands größtes Elektro-/Elektronikunternehmen; es hatte 2011 einen Umsatz von 73.515 Mrd. EUR und 289.000 Mitarbeiter.[14]

Ende 2006 wurden zu Siemens erstmals Korruptionsvorwürfe bekannt; in der Folge erwies sich dieser Fall als der größte Korruptionsfall der deutschen Wirtschaftsgeschichte, weil die Vorfälle in großem Stil systematisch und weltweit erfolgten. Zu diesem Zeitpunkt hatten Ermittler in mehreren Ländern verdächtige Siemens-Transaktionen festgestellt und dazu Auskunftsersuchen an deutsche Behörden gestellt. Daraufhin erfolgten am 15.11.2006 am Siemens Hauptsitz in München und an 30 weiteren Standorten sowie in Privatwohnungen von Top-Managern polizeiliche Durchsuchungen, bei denen umfangreiche Geschäftsunterlagen und -daten sichergestellt wurden. Kurz danach begann in den USA die NYSE mit Untersuchungen zu der auch in New York börsennotierten Siemens AG. Firmenintern wurden Wirtschaftsprüfer mit der Aufklärung beauftragt.[15]

Die weltweiten Untersuchungen dieser Korruptionsfälle ergaben:

- dass im Siemens Konzern systematisch weltweit bestochen wurde, um Aufträge zu erhalten.
- Dazu wurden spezielle Transferkonten in Österreich, Schweiz und Liechtenstein eingerichtet, um die Bestechungsgelder bereitzustellen.
- Die Bestechungszahlungen wurden zumeist über – nicht erbrachte – Beratungsleistungen bezahlt und verschleiert.
- Siemensintern wurden die Bestechungs-„Aufwendungen" als „NA", also „nützliche Aufwendungen" tituliert.
- Insgesamt wurden Korruptionszahlungen von 2001–2007 in Höhe von 1,4 Mrd. USD ermittelt.
- Offen blieb lange, inwieweit Topmanager von der systematischen Korruption wussten. Schließlich wurde aber in Gerichtsprozessen bestätigt, dass zumindest einige Vorstände von dem systematischen Korruptionsvorgehen wussten.

Nach den Ermittlungen kam es zu zahlreichen Straf- und Zivilgerichtsprozessen. Dieser Fall hatte folgende Konsequenzen:[16]

---

[12] Vgl. *Henselmann/Hofmann* (2010), S. 165–226.

[13] Vgl. *Spiegel* (16/2008), S. 76–90.

[14] Vgl. *Siemens* (2012), S. 73 u. 166.

[15] Vgl. *Henselmann/Hofmann* (2010), S. 218–224.

[16] Vgl. *Henselmann/Hofmann* (2010), S. 220–224.

- Der Gesamtschaden für die Siemens AG betrug 2,6 Mrd. USD, davon 1,6 Mrd. für Strafen und 1,0 Mrd. für Aufklärungsarbeiten.[17]
- Im April 2007 traten der Vorstandsvorsitzende *Pierer* und kurz danach der CEO *Kleinfeld* zurück.
- Unter dem neuen Vorstandsvorsitzenden erfolgte eine Umorganisation der Geschäftsbereiche.
- Die Compliance Organisation wurde wesentlich verstärkt, eine Ombudsmann-Organisation aufgebaut und für alle Mitarbeiter eine „Anti-Fraud"-Ausbildung eingerichtet.
- Die bisherige WP-Gesellschaft KPMG wurde durch Ernst&Young abgelöst.
- Einige Topmanager wurden wegen Korruption angeklagt und verurteilt.
- Im Jahr 2009 erklärten sich sechs frühere Vorstände inkl. des bisherigen Vorstandsvorsitzenden bereit, auf Siemens-Forderungen einzugehen und insgesamt 20 Mio. EUR an das Unternehmen zu zahlen.

Der Korruptionsfall bei Siemens wurde in den Medien öffentlich intensiv dargestellt und fügte dem Unternehmen weltweit einen großen Reputationsschaden zu.

Der Fall lebte im Oktober 2011 noch einmal auf; der Siemens-Geschäftsführer in Brasilien wurde entlassen, weil nachträglich festgestellt wurde, dass auch dort ein dubioses „Schwarzgeldkonto" in Höhe von 6 Mio. existierte, aus dem wahrscheinlich Bestechungsgelder an brasilianische Amtsträger gezahlt wurden, die an der Vergabe öffentlicher Aufträge u. a. für die Untergrundbahn in Sao Paulo beteiligt waren.[18]

Nach den Strafzahlungen in den USA unterliegt die Siemens AG noch für fünf Jahre der besonderen Aufsicht durch die US-Börsenaufsicht SEC.[19]

Beispiele aus dem Bankenbereich (Lehman-Brothers, Societe General, UBS)

Im Bankenbereich hat es in den letzten Jahren zahlreiche große Wirtschaftskriminalitätsfälle[20] gegeben, für die zumeist u. a. mangelnde Kontrollen verantwortlich waren. Weil die Banken für die Volkswirtschaften angeblich systemrelevant sind, bestand politisch jedoch die Tendenz, deren Verluste durch Steuergelder einzudämmen, um Insolvenzen mit weitreichenden Folgen zu vermeiden.

Auslöser der im September 2008 beginnenden weltweiten Finanzkrise war der Zusammenbruch der Investmentbank LEHMAN-BROTHERS in New York. Verantwortlich dafür war v. a. der unverantwortliche Handel mit Hypothekenkrediten ohne ausreichende Sicherheiten, bei denen die immensen Verluste in diesem Fall nicht durch staatliches Eingreifen aufgefangen wurden.

Über die „kundenunfreundliche" Geschäftspolitik großer Investmentbanken berichtete aktuell ein hochrangiger Insider in der New York Times unter dem Titel „Why I am Leaving Goldman Sachs".[21]

---

[17] Vgl. *Henselmann/Hofmann* (2010), S. 218.

[18] Vgl. *SZ* (17.10.2011), S.19.

[19] Vgl. *Spiegel* (50/2011), S. 82–84.

[20] Vgl. *SZ* (16.9.2011), S. 19.

[21] Vgl. *New York Times* (14.3.2012).

Einer der mit 6,7 Mrd. Dollar Schaden zahlenmäßig größten Banken-Skandale betraf im Jahr 2008 die französische Großbank SOCIETE GENERAL. Dort konnte der Investmentbanker *Jerome Kerviel* aufgrund mangelnder interner Kontrollen ungesicherte Devisengeschäfte tätigen, die diese Bank an den Rand ihres Ruins führte.[22]

Der jüngste große Banken-Fall betraf die bisher äußerst renommierte Schweizer Großbank UBS. Der im Londoner Büro tätige Investmentbanker *Kweku Adoboli* soll Spekulationsgeschäfte ohne Genehmigung getätigt haben, die zu Verlusten in Höhe von 2,0 Mrd. Dollar geführt haben.[23]

Angesichts der aktuellen weltweiten Finanz- bzw. Bankenkrise wird im Bankensektor viel über bessere Kontrollen diskutiert. In vielen Banken wurden danach die Kontrollen sicherlich auch wesentlich verschärft. Wie u. a. der jüngste Vorgang bei der UBS zeigt, haben die Banken aber offensichtlich „immer noch nicht genug gelernt" und bedürfen zusätzlicher Kontrolle. Im Rahmen der aktuellen Euro-Krise sind die europäischen Banken erneut in den öffentlichen Blickpunkt geraten. Wie die – seit Herbst 2011 an der Wall Street weltweit begonnenen – (OCCUPY-)Demonstrationen an den großen Bankenplätzen zeigen, will die Öffentlichkeit aber offenbar nicht mehr tolerieren, dass die aus mangelnder Kontrolle entstehenden existenziellen Bankenverluste durch Steuergelder ausgeglichen werden.

1.2 Erscheinungsformen der Wirtschaftskriminalität

Wirtschaftskriminalität ist die Bezeichnung für gewaltlose Straftaten, die wirtschaftliche Bezüge aufweisen.[24] Das Internal Control (IC) in den Unternehmen soll sicherstellen, dass solche Delikte so weit wie möglich verhindert bzw. aufgedeckt werden. Aus der aktuellen Presse kennt jede FK gravierende Wirtschaftskriminalitäts- und Korruptionsfälle im Unternehmensbereich international und auch in Deutschland, die zumeist auf IC-Schwächen in diesen Unternehmen basieren. Beachtet werden sollte, dass in den Medien wahrscheinlich nur ein kleiner Teil der Fälle bekannt wird, weil die Unternehmen beim Versagen ihres IC wegen möglicher Reputationsschäden eine Information der Öffentlichkeit eher vermeiden.

Zur Wirtschaftskriminalität gibt es zahlreiche nationale und internationale Studien, in denen die zugehörigen Straftaten aber unterschiedlich strukturiert werden: Das Bundeskriminalamt (BKA) gibt jährlich eine Statistik speziell zur Wirtschaftskriminalität in Deutschland heraus und unterscheidet dabei die folgende Fallarten:

---

[22] Vgl. *SZ* (16.9.2011), S.19.

[23] Vgl. *SZ* (16.9.2011), S. 19.

[24] Vgl. *Jung* (2007), S. 1541.

Phänomenbereich	Fallzahlen 2010 (2009)	Tendenz	Tatverdächtige 2010 (2009)	Tendenz	Schaden in Mio. € 2010 (2009)	Tendenz
Wirtschaftskriminalität gesamt	102.813 (101.340)		37.278 (35.801)	↗	4.655 (3.425)	↗
Wikri bei Betrug	65.648 (61.406)	↗	14.589 (13.847)	↗	1.999 (1.116)	↗
Insolvenzstraftaten	11.707 (11.309)	↗	11.336 (10.561)	↗	1.717 (1.226)	↗
Anlage- u. Finanzierungsdelikte	12.174 (19.792)	↘	2.475 (2.789)	↘	928 (639)	↗
Wettbewerbsdelikte	3.362 (3.982)	↘	2.826 (3.376)	↘	18 (29)	↘
Wikri IZm Arbeitsverhältnissen	11.191 (11.245)		6.403 (5.767)	↗	49 (67)	↘
Betrug/Untreue iZm Kapitalanlagen	11.411 (18.313)	↘	1.332 (1.283)	↗	610 (418)	↗
Gesundheitsdelikte - Abrechnungsbetrug	3.790 (4.760)	↘	1.977 (1.700)	↗	35 (46)	↘

Abb. 1.1:   Bundeslagebild Wirtschaftskriminalität 2010
Quelle: BKA (2011), S. 6.

Basierend auf der vorstehenden Übersicht informiert das BKA zur aktuellen Wirtschaftskriminalitätslage wörtlich wie folgt:

„Im Jahr 2010 wurden in der PKS insgesamt 102.813 Fälle der Wirtschaftskriminalität registriert, 1,5 % mehr als im Vorjahr (1.473 Fälle). Der Anteil der Wirtschaftskriminalität an den insgesamt polizeilich bekannt gewordenen Straftaten betrug im Berichtsjahr 1,7 % (2009: 1,6 %).“[25]

„Obwohl die Gesamtfallzahlen nahezu gleich geblieben sind, ist der registrierte Gesamtschaden deutlich angestiegen. In rund 90 % der insgesamt 102.813 Fälle von Wirtschaftskriminalität wurde eine Schadenssumme erfasst. Die daraus resultierende Gesamtschadenssumme liegt mit rund 4,655 Milliarden Euro deutlich höher als im Vorjahr (3,425 Mrd. Euro). Gründe hierfür sind die Steigerungen in den Bereichen „Wirtschaftskriminalität bei Betrug“, bei den Straftaten im Anlage- und Finanzierungsbereich sowie den Insolvenzstraftaten.

---

[25] *BKA* (2011), S. 6.

Die Höhe der registrierten Schäden zeigt die erheblichen Auswirkungen der Wirtschaftskriminalität. **Delikte der Wirtschaftskriminalität verursachten 2010 über die Hälfte des in der PKS ausgewiesenen Gesamtschadens in Höhe von rund 8,4 Milliarden Euro.**"[26]

„Die Anzahl der Fälle der Wirtschaftskriminalität durch Nutzung des Tatmittels „Internet" ist nach dem Rückgang im Jahr 2009 deutlich um 20.374 auf 31.093 Fälle angestiegen (+190 %). Das bedeutet, dass im Jahr 2010 bei mehr als jedem vierten Fall von Wirtschaftskriminalität das Internet genutzt wurde. Der Hauptanteil lag wie in den Vorjahren im Bereich „Wirtschaftskriminalität bei Betrug" (28.262 Fälle). Die Steigerung in diesem Bereich (2009: 8.508 Fälle) ist ursächlich für den hohen Anstieg."[27]

Aus der Gesamtbewertung im BKA-Bundeslagebericht zur Wirtschaftskriminalität erscheint uns als größte Änderung gegenüber Vorjahren v. a. hervorhebenswert:

„Die Anzahl der Fälle der Wirtschaftskriminalität mit Nutzung des Tatmittels „Internet" ist nach dem Rückgang in 2009 wieder deutlich angestiegen. Aufgrund der sich ständig weiterentwickelnden technischen Rahmenbedingungen und der dadurch ermöglichten Tatgelegenheiten insbesondere bei Betrugsdelikten ist auch zukünftig mit steigenden Fallzahlen, bei denen das Internet als Tatmittel genutzt wird, zu rechnen."[28]

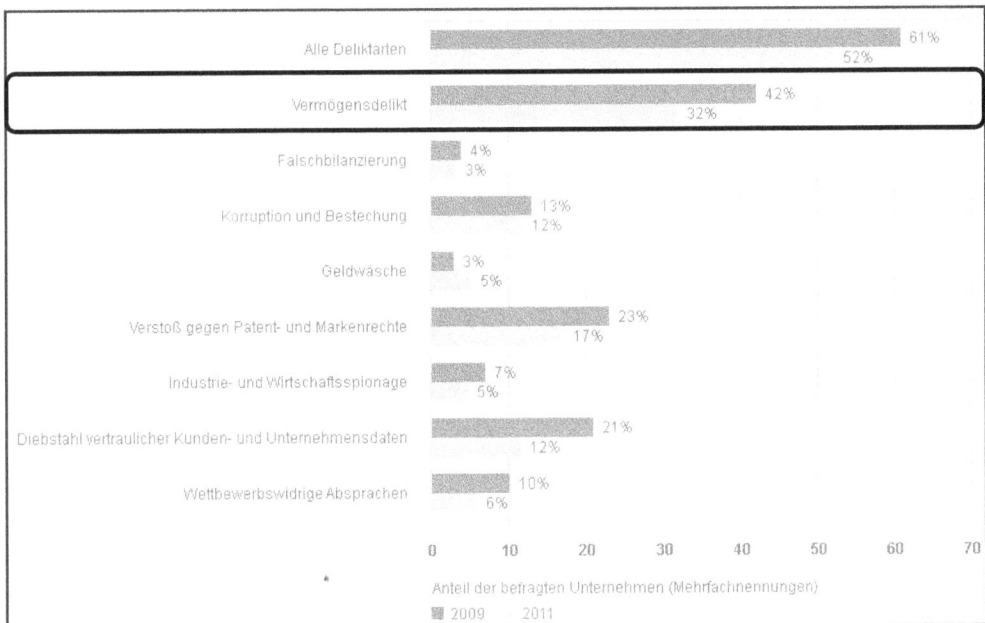

Abb. 1.2: Entwicklung der Wirtschaftskriminalität 2009–2011
Quelle: PwC (2011a), S.17.

Die Wirtschaftsprüfungsgesellschaft PwC hat Ende 2011 gemeinsam mit der Universität Halle-Wittenberg wieder eine aktuelle Studie zur Wirtschaftskriminalität in deutschen <u>Groß-</u>

---

[26] *BKA* (2011), S. 8.

[27] *BKA* (2011), S. 10.

[28] *BKA* (2011), S. 19 .

unternehmen vorgestellt.[29] Teilweise abweichend von der BKA-Statistik werden in der PwC-Studie zur Wirtschaftskriminalität folgende Deliktgruppen unterschieden:

1. Vermögensdelikte
2. Falschbilanzierungen
3. Korruption und Bestechung
4. Geldwäsche
5. Verstöße gegen Patent- und Markenrechte
6. Industrie- und Wirtschaftsspionage
7. Diebstähle vertraulicher Kunden- und Unternehmensdaten
8. Wettbewerbswidrige Absprachen.

Neu ist in der PwC-Studie insbesondere Punkt 7, weil im IT-Zeitalter der massenhafte Datendiebstahl leichter und risikoreicher wird! Nach der PwC-Studie war 2011 jedes zweite Unternehmen (52 %) von mindestens einem Schadensfall betroffen; Spitzenreiter waren 32 % Vermögensdelikte, 17 % Verstöße gegen Patent- und Markenrechte, 12 % Korruptionsfälle und ebenfalls 12 % Diebstahl vertraulicher Kunden- und Unternehmensdaten.

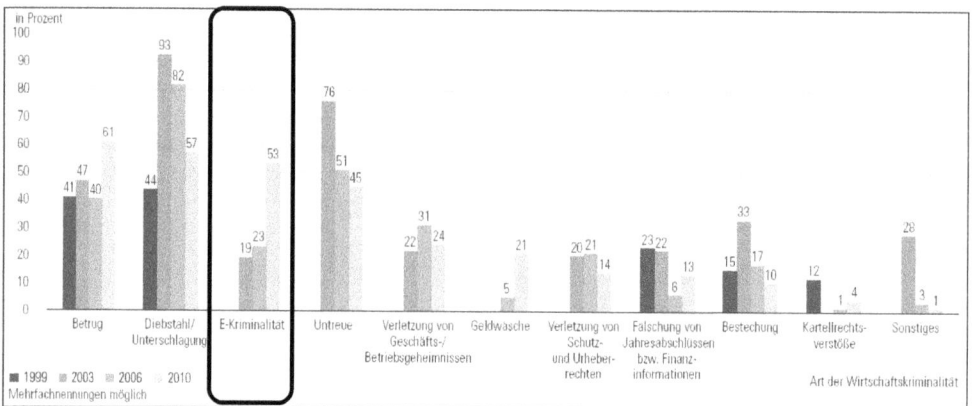

Abb. 1.3:   Häufigkeiten und Arten von Wirtschaftskriminalität
Quelle: KPMG (2010a), S. 8.

Eine wiederum etwas andere Strukturierung der Wirtschaftskriminalitätstypen wurde 2011 von der Wirtschaftsprüfungsgesellschaft KPMG speziell für den deutschen Mittelstand vorgestellt:[30]

1. Betrug
2. Diebstahl/Unterschlagung
3. E-Kriminalität
4. Untreue
5. Verletzung von Geschäfts-/Betriebsgeheimnissen
6. Geldwäsche
7. Verletzung von Schutz- und Urheberrechten

---

[29] Vgl. *PWC* (2011a).

[30] Vgl. *KPMG* (2010a).

8. Fälschung von Jahresabschlüssen bzw. Finanzinformationen
9. Bestechung
10. Kartellrechtsverstöße
11. Sonstiges
12. Industrie- und Wirtschaftsspionage.

Nach dieser Erhebung sind im Mittelstand Betrug, Diebstahl/Unterschlagung, E-Kriminalität und Untreue die häufigsten Wirtschaftsstraftatdelikte. Auch in dieser Studie wird gezeigt, dass die sog „E-Kriminalität" am stärksten zunimmt!

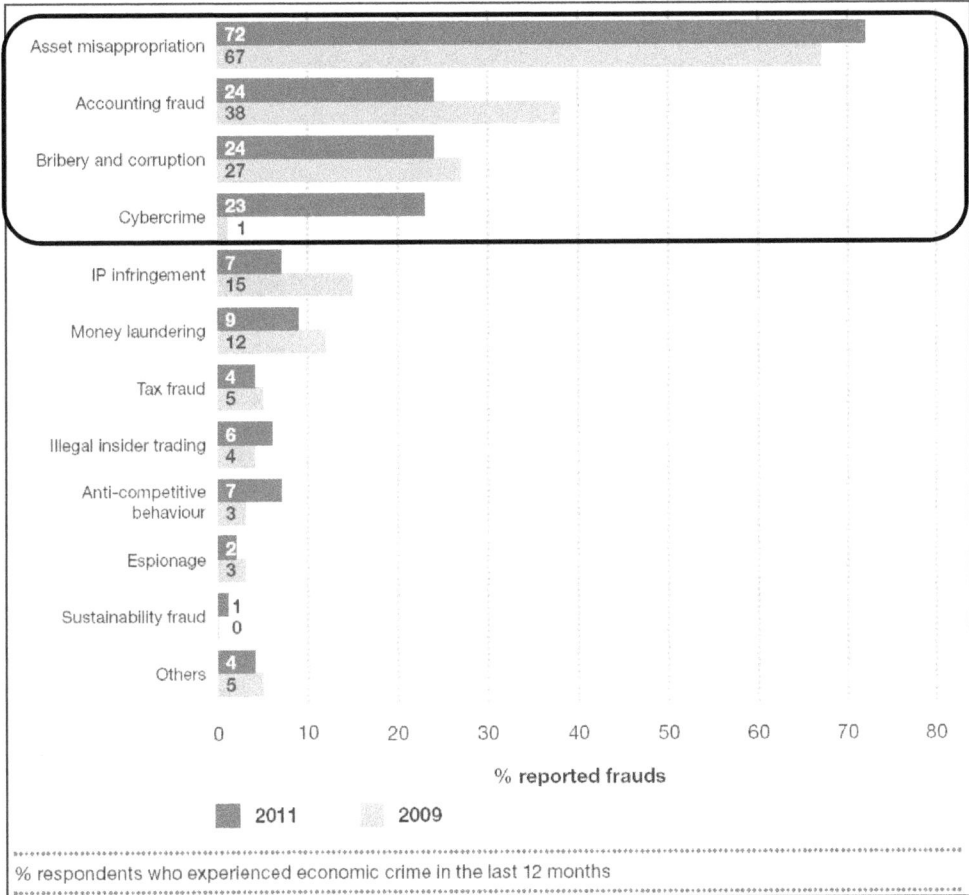

	2011	2009
Asset misappropriation	72	67
Accounting fraud	24	38
Bribery and corruption	24	27
Cybercrime	23	1
IP infringement	7	15
Money laundering	9	12
Tax fraud	4	5
Illegal insider trading	6	4
Anti-competitive behaviour	7	3
Espionage	2	3
Sustainability fraud	1	0
Others	4	5

% reported frauds

■ 2011   ▢ 2009

% respondents who experienced economic crime in the last 12 months

Abb. 1.4:   Types of economic crime
Quelle: PWC (2011b), S.20.

Die Wirtschaftsprüfungsgesellschaft PwC hat Ende 2011 auch eine internationale Studie (mit 3877 Befragten aus 78 Ländern) zur Wirtschaftskriminalität (mit Schwerpunkt Cybercrime) veröffentlicht.[31] Darin werden als häufigste internationale Wirtschaftskriminalität-Delikt-gruppen ausgewiesen:

1. Asset Misappropriation   Veruntreuung
2. Accounting fraud   Bilanzfälschung
3. Bribery and corruption   Bestechung und Korruption
4. Cybercrime   Cyber-Kriminalität

Im Unterschied zu Deutschland wird „asset-misappropration" (Veruntreuung) als internatio-nal häufigstes Wirtschaftskriminalitätsdelikt ausgewiesen. Bemerkenswert in dieser Studie ist wiederum die auch international stark zugenommene Bedeutung der „Cyber"-Kriminalität.

---

[31] Vgl. *PWC* (2011b).

Industry	% reported frauds
Communications	46
Insurance	45
Financial services	44
Hospitality and leisure	42
Transportation and logistics	38
Government/state-owned enterprises	37
Retail and consumer	37
Energy, utilities and mining	27
Entertainment and media	27
Automotive	26
Aerospace and defence	24
Engineering and construction	24
Manufacturing	21
Pharmaceuticals and life sciences	20
Chemicals	15
Other industries/business	36

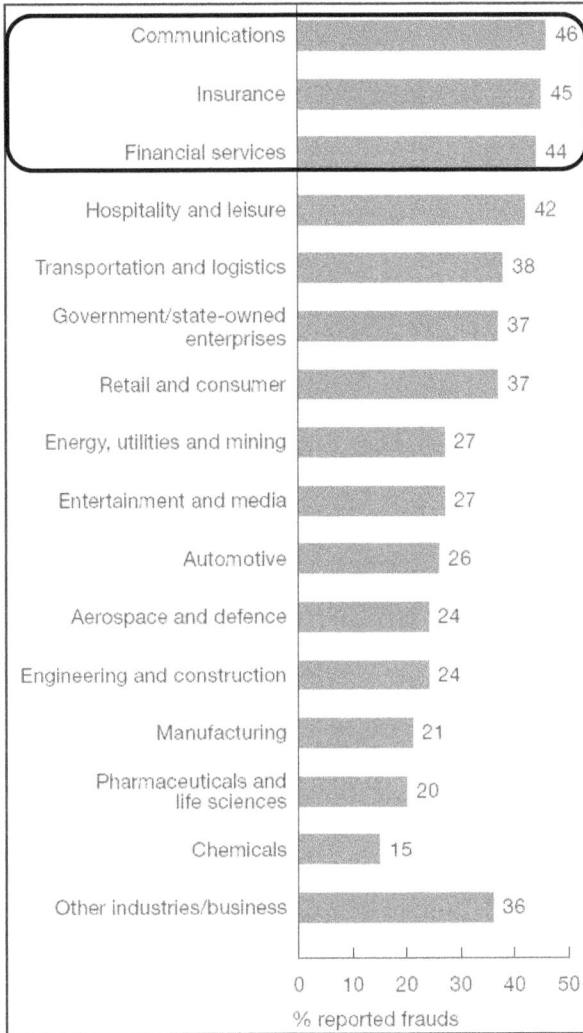

Abb. 1.5:   Fraud reported by industry
Quelle: PwC (2009b), S. 12.

Eine ebenfalls internationale PwC-Studie von 2009 zeigt, dass von der Wirtschaftskriminalität weltweit <u>alle Branchen</u> betroffen sind.[32] Die am häufigsten tangierten Wirtschaftszweige sind Communications, Insurance und Financial Services.

---

[32] Vgl. *PWC* (2009b).

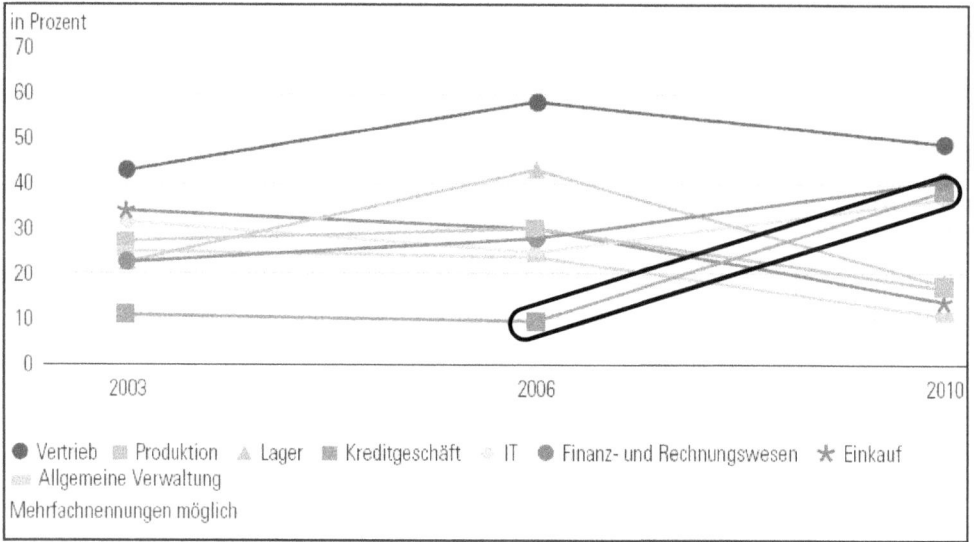

Abb. 1.6:   Von Wirtschaftskriminalität betroffene Unternehmensbereiche
Quelle: KPMG (2010a), S. 9.

In einer KPMG-Studie zur Wirtschaftskriminalität im deutschen Mittelstand wird aufgezeigt, dass Wirtschaftskriminalitätsdelikte in allen Unternehmensbereichen vorkommen;[33] besonders hoch sind diese Vorkommnisse in Vertrieb, Finanz- und Rechnungswesen, Kreditgeschäft und IT. Auffällig ist die seit 2006 stark zugenommene Wirtschaftskriminalität im Kreditwesen.

Die aktuell stark zunehmende Bedeutung der Computerkriminalität macht einen genaueren Blick darauf erforderlich:

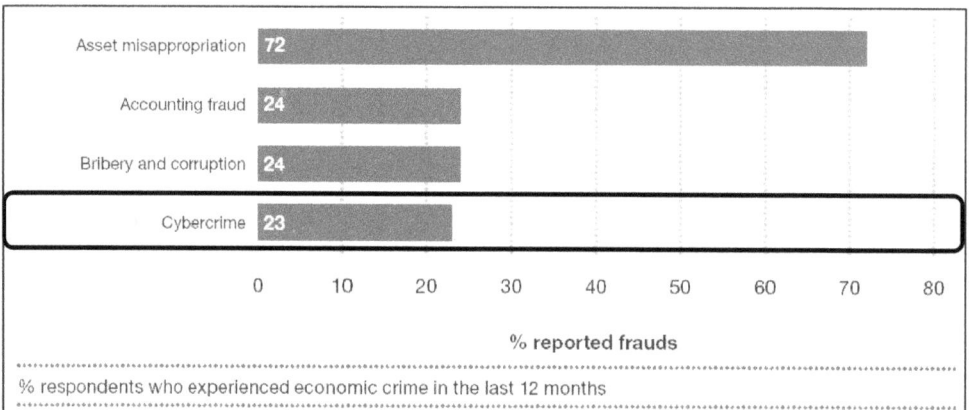

Abb. 1.7:   Top four types of economic crime
Quelle: PWC (2011b), S. 9.

---

[33] Vgl. *KPMG* (2010a).

Die schon erwähnte PWC-Studie zeigt, dass Cybercrime international schon den vierten Rang der Wirtschaftskriminalitätsfälle einnimmt. Bereits 23 % der befragten Unternehmen haben in den letzten 12 Monaten einen Cybercrime-Fall erlebt, während es 2009 nur 1 % der Unternehmen war.[34]

In der PWC-Studie geben die Autoren folgende Gründe für die Zunahme an:[35]

„We believe that:

- because of media attention around recent cybercrime cases, organisations are more aware of this type of fraud and might have put extra controls in place to detect and report it
- because there is ambiguity around the definition of cybercrime and what it constitutes, respondents might have reclassified some of the more traditional economic crimes as cybercrime because someone used a computer, electronic devices or the internet to carry them out
- regulators are focusing on it more
- advancements in technology make it easier to commit cybercrimes."

Auch KPMG hat 2010 eine spezielle Studie zur Computerkriminalität in der deutschen Wirtschaft veröffentlicht.[36] Darin finden sich insb. Informationen zu Arten und Ursachen dieser immer wichtigeren Wirtschaftskriminalitätsform:

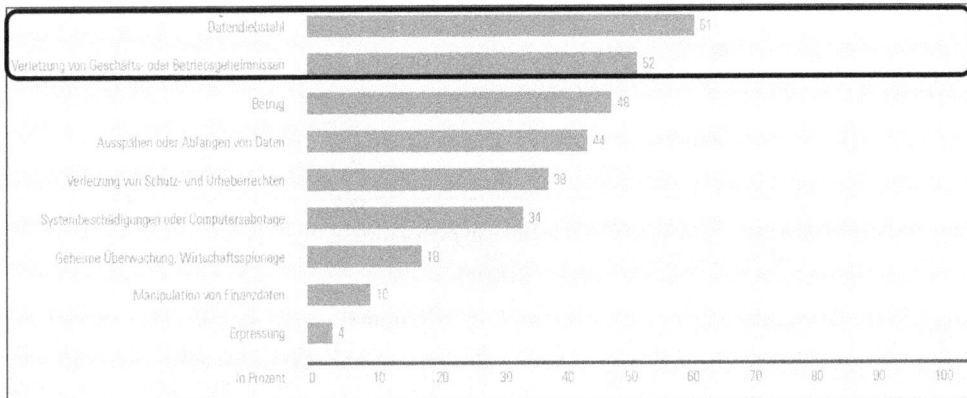

Abb. 1.8:   e-crime-Risiken mit besonders hohem Schadenspotenzial in Deutschland
Quelle: KPMG (2010b), S. 21.

Nach den Ergebnissen der Befragung tritt in Deutschland die Computerkriminalität am häufigsten in Form von Datendiebstahl und Verletzung von Geschäfts- und Betriebsgeheimnissen auf. Solche Vorkommnisse sind in den letzten Jahren wiederholt auch international bekannt geworden. Diese Fälle fügten den betroffenen Unternehmen (z. B. Sony) auch große Reputationsverluste zu.

---

[34] Vgl. *PWC* (2011b), S. 9.
[35] *PWC* (2011b), S. 9.
[36] Vgl. *KPMG* (2010b).

In der KPMG-Studie wird auch über Cyber-Crime-Typen berichtet:[37]

„In our view, there are five main types of cyber attack, each with its own distinct – though sometimes overlapping – methods and objectives. They are:

- Economic crime – this involves criminals, often highly organised and well-funded, hacking into systems and using technology as a tool to commit fraud.
- Espionage – today, an organisation's valuable intellectual property ('IP') includes electronic communications and files as well as traditional IP like research and development ('R&D'). IP theft is a persistent threat, and the victims might not even know it's happened – that is until counterfeit products suddenly appear on the market, or another company registers a patent based on their R&D.
- Activism – the attacks are carried out by supporters of an idealistic cause, most recently the supporters of WikiLeaks.
- Terrorism – terrorist groups might attack either state or private assets, often critical national infrastructure ('CNI') like power, telecoms and financial systems.
- Warfare – this involves states attacking state or private sector organisations."

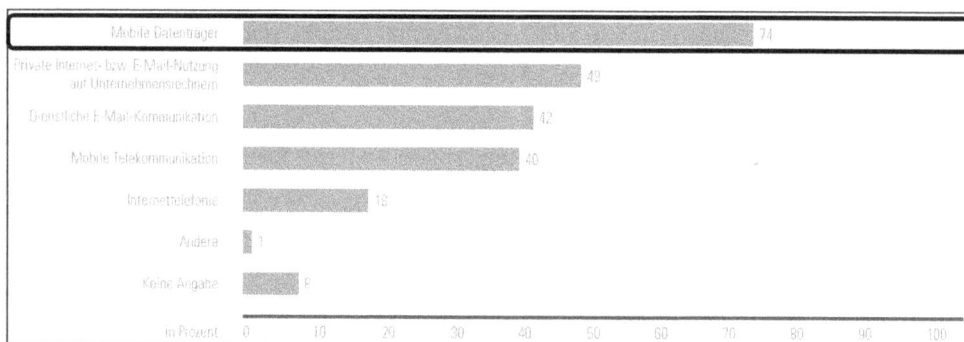

Abb. 1.9:   Besonders risikobehaftete Informationstechnologien
Quelle: KPMG (2010b), S. 10.

Die KPMG-Befragung zeigte auch, dass bei Cyber-Kriminalität die mobilen Datenträger das größte Risiko aller Informationstechnologien haben. Diese Feststellung ist leicht nachvollziehbar, wenn man sich vorstellt, dass auf den kleinen (USB-) Datenträgern heute sehr große Datenmengen gespeichert werden können.

---

[37] *KPMG* (2010b), S. 7.

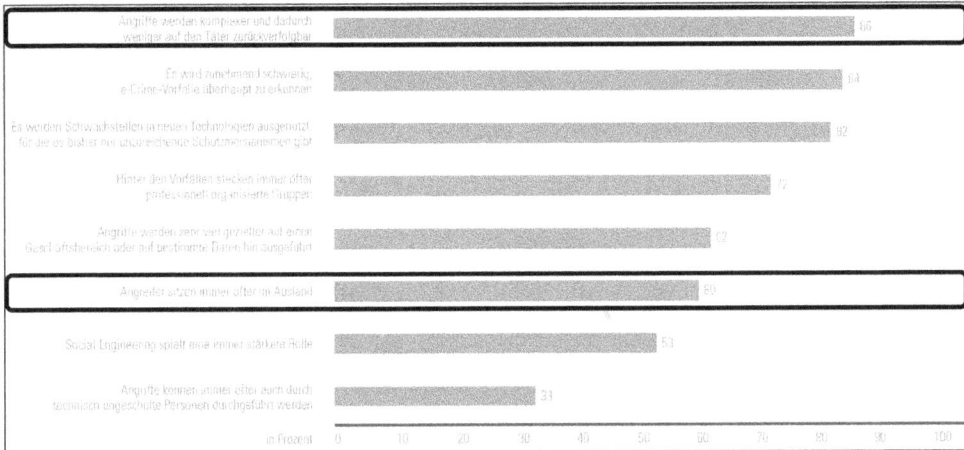

Abb. 1.10:   Veränderung der e-crime-Vorfälle
Quelle: KPMG (2010b), S. 16.

Hinsichtlich der Art der e-crime-Vorfälle wurde in der Studie festgestellt, dass die „Angriffe"
immer komplexer werden und es zunehmend schwieriger wird, die e-crime-Vorfälle überhaupt zu erkennen. Interessant erscheint uns auch, dass die Täter immer öfter vom Ausland
aus – d. h. weit entfernt vom betroffenen Unternehmen – agieren, weil über das weltweite
Netz auch überregionale Straftaten möglich werden!

1.3 Entdeckung und Folgeschäden der Wirtschaftskriminalität

In der bereits erwähnten Studie „zur Sicherheitslage der Großunternehmen in Deutschland"[38]
durch die Wirtschaftsprüfungsgesellschaft PwC wird auch über Entdeckung, Schäden und
Gründe der Wirtschaftskriminalität berichtet:

---

[38] Vgl. *PWC* (2011a), S. 71.

Anteil berichteter Fälle (nur Erstentdeckungen)

Kontrolle

Aufsichtsbehörden	0 % / 4 %
Hinweisgebersystem	9 % / 0 %
interne Revision	10 % / 6 %
Ermittlungen der Polizei/ Staatsanwaltschaft	6 % / 5 %
Risikomanagement	2 % / 0 %
Personal- oder Aufgabenwechsel	2 % / 3 %

Zufall

interner Hinweis	38 % / 46 %
externer Hinweis	23 % / 27 %
durch Zufall	5 % / 3 %
andere	3 % / 6 %

■ Unternehmen mit Hinweisgebersystem
■ Unternehmen ohne Hinweisgebersystem

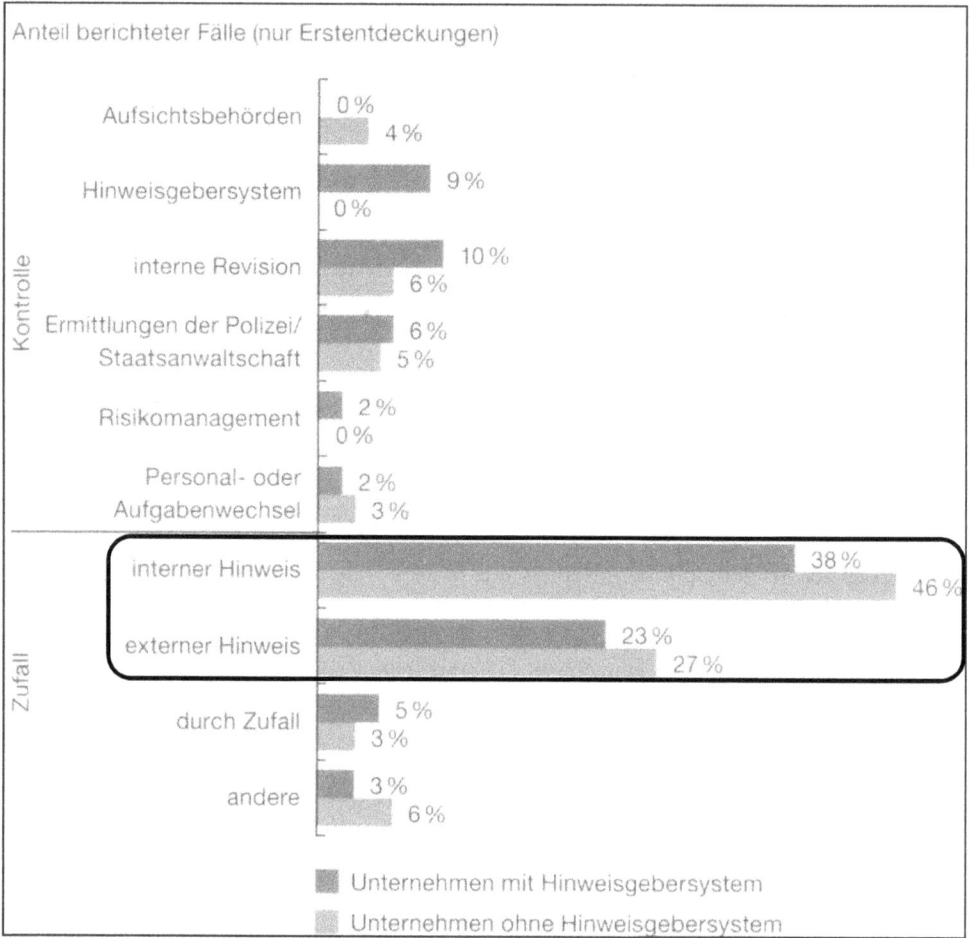

Abb. 1.11:   Entdeckung der Delikte
Quelle: PwC (2011a), S. 71.

Die Studie informiert, wie sich die Wege zur Entdeckung von Wirtschaftsdelikten verändern, wenn in den Unternehmen ein Hinweisgebersystem eingeführt wird. Nach dieser Erhebung werden noch 6 % der Delikte von der Internen Revision ermittelt. Die meisten Delikte werden jedoch zunächst per Zufall durch interne (46 %) oder externe Hinweise (27 %) aufgedeckt, bei denen die Interne Revision aber danach die detaillierte Aufklärung vornehmen muss.

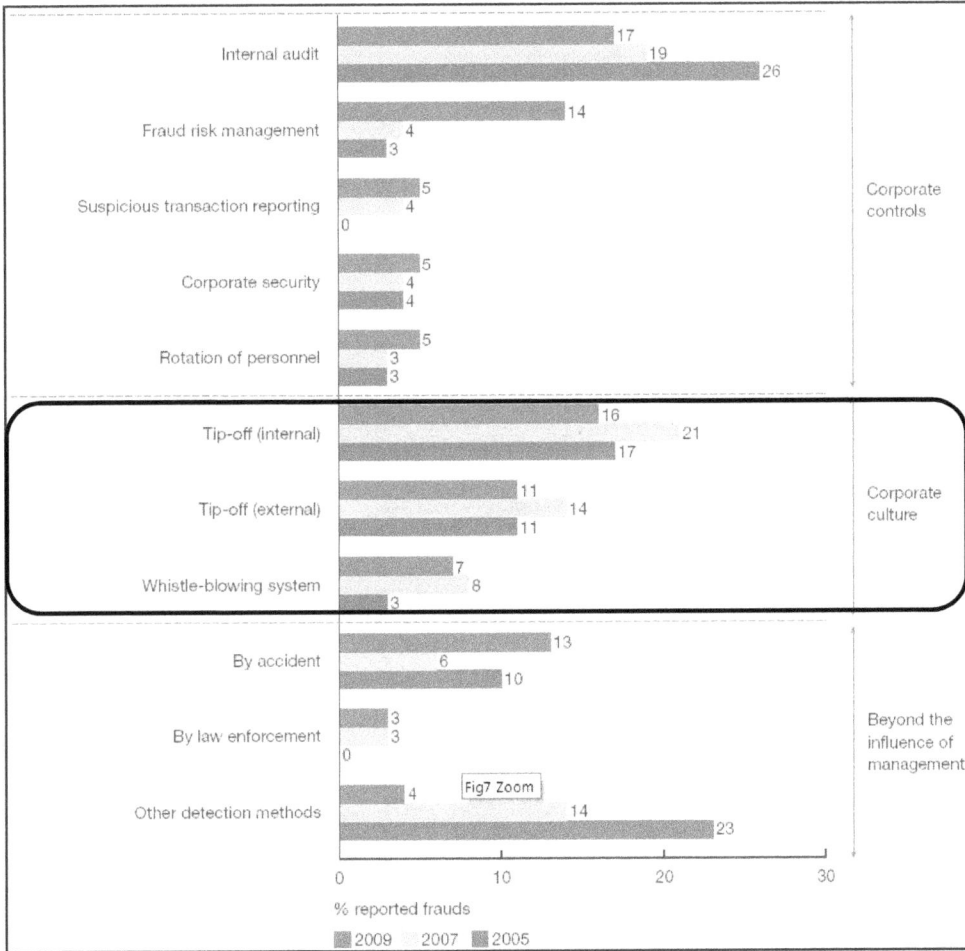

Internal audit	17 / 19 / 26	Corporate controls
Fraud risk management	14 / 4 / 3	
Suspicious transaction reporting	5 / 4 / 0	
Corporate security	5 / 4 / 4	
Rotation of personnel	5 / 3 / 3	
Tip-off (internal)	16 / 21 / 17	Corporate culture
Tip-off (external)	11 / 14 / 11	
Whistle-blowing system	7 / 8 / 3	
By accident	13 / 6 / 10	Beyond the influence of management
By law enforcement	3 / 3 / 0	
Other detection methods	4 / 14 / 23	

% reported frauds

■ 2009   2007   ■ 2005

Abb. 1.12:   Detection methods
Quelle: PwC (2009b), S. 9.

In der zitierten globalen PwC-Studie von 2009 wurden die Entdeckungswege bzw. „detection methods" auch international untersucht. Danach sind Prüfungen der Internen Revision weiterhin die wichtigste Aufklärungsmöglichkeit. Sehr stark zugenommen hat international aber auch die Entdeckung von Wirtschaftskriminalitätsfällen durch interne und externe Hinweisgeber, wozu nach unserer Auffassung sicher auch die in vielen Großunternehmen in den letzten Jahren erfolgte Einrichtung von Compliance-Stellen und Hinweisgebersystemen beigetragen hat.

Corporate control

Internal audit
14
17
19
26

Fraud risk management
10
14
4
3

Suspicious transaction monitoring
16
5
4
0

Corporate security
6
5
4
4

Rotation of personnel
2
5
3
3

Corporate culture

Tip-off (internal)
11
16
21
17

Tip-off (external)
7
11
14
11

Whistle-blowing system
5
7
9
3

Beyond the influence of management

By accident
8
13
6
10

By law enforcement/investigative media
4
3
3
0

Other detection methods
5
4
14
23

0   5   10   15   20   25   30

% reported frauds

■ 2011   ▨ 2009   ▨ 2007   ■ 2005

% respondents who experienced economic crime in the last 12 months for 2011 and 2009; and in the last two years for 2007 and 2005.

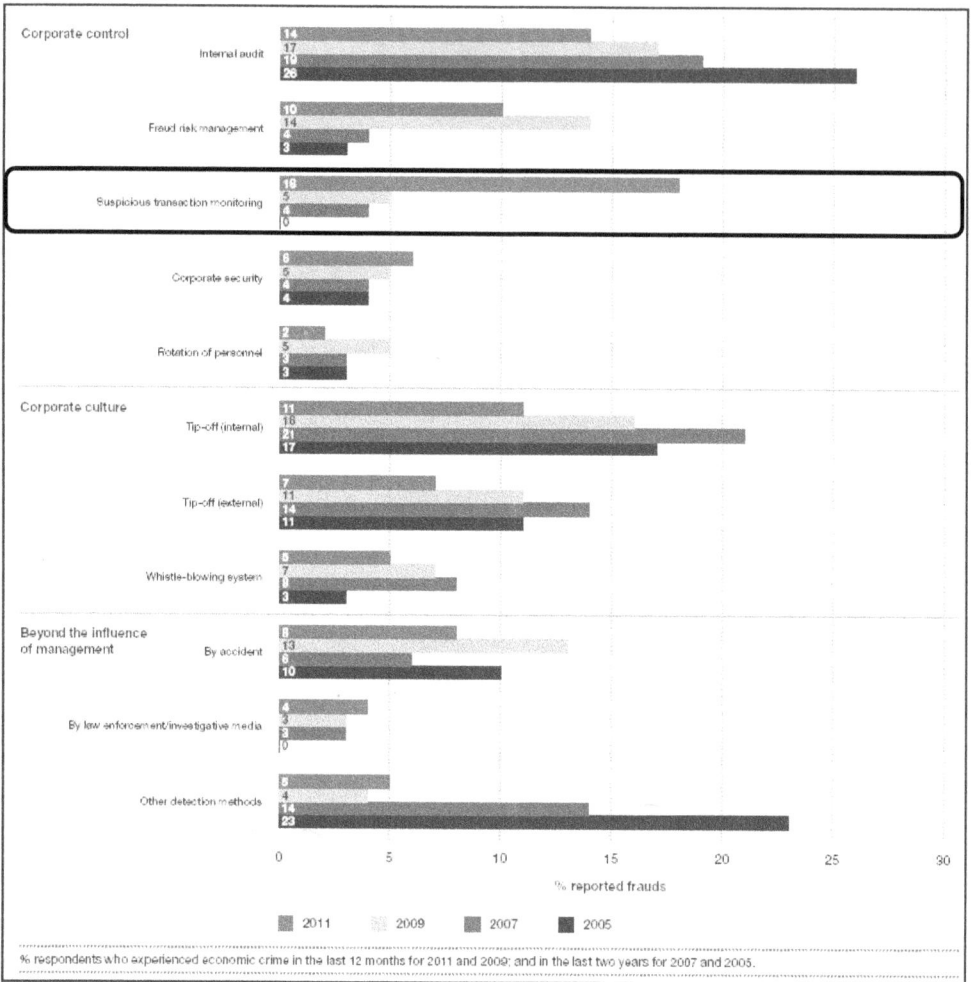

Abb. 1.13:   Detection of economic-fraud
Quelle: PWC (2011b), S. 25.

Die neueste internationale PWC Studie zeigt bei der Detection bzw. Aufklärung von Wirt-schaftskriminalität auch international ein ähnliches Bild: Während die Aufdeckung durch die Interne Revision abgenommen hat, wird die Aufklärung durch das sog. „suspicious transaction monitoring" zunehmend wichtig. Darunter versteht man die Ermittlung von Unregelmä-ßigkeiten durch automatisierte IT-gestützte Kontrollen, die bislang v. a. im Finanzressort erfolgen.

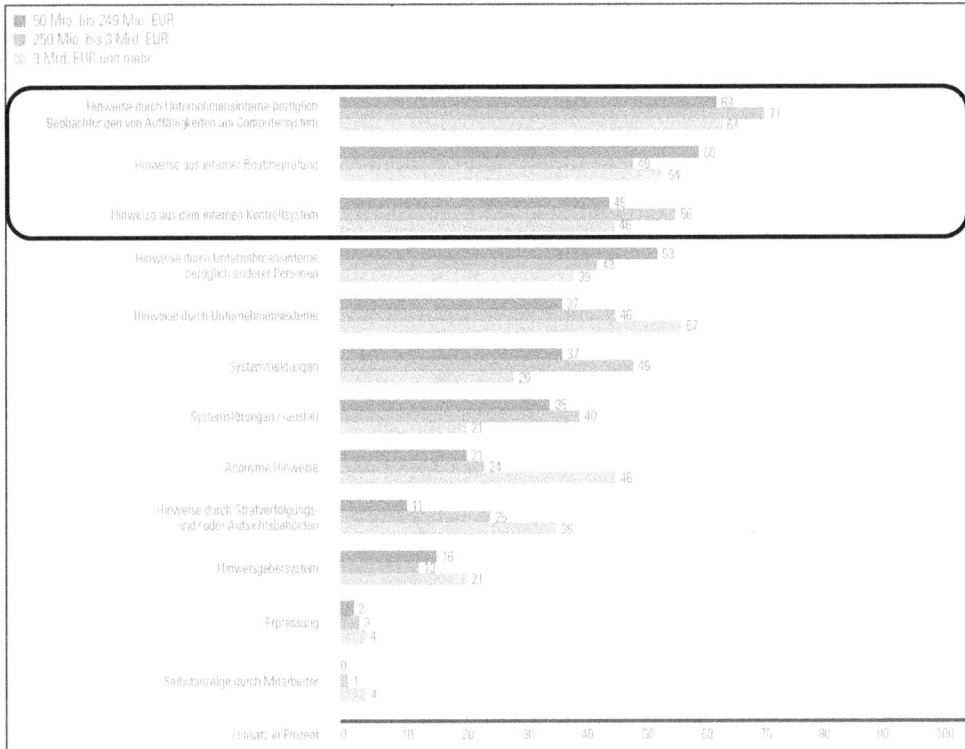

Abb. 1.14:   Aufdeckung von e-crime-Vorfällen
Quelle: KPMG (2010b), S. 28.

Speziell auf Cyber-Kriminalität bezogen wurde in der erwähnten KPMG-Studie in Deutschland festgestellt, dass die meisten Vorfälle durch interne Hinweise zu beobachteten Auffälligkeiten an den unternehmenseigenen Computersystemen entdeckt wurden. An zweiter Stelle der Aufdeckung standen Hinweise durch interne Routineprüfungen, was zeigt, dass auch bei dieser Wirtschaftskriminalitätsform ein angemessenes Internal Control von großer Bedeutung ist.

In den Studien zur Wirtschaftskriminalität wurden zumeist auch die direkten und indirekten Schäden für die Unternehmen untersucht:

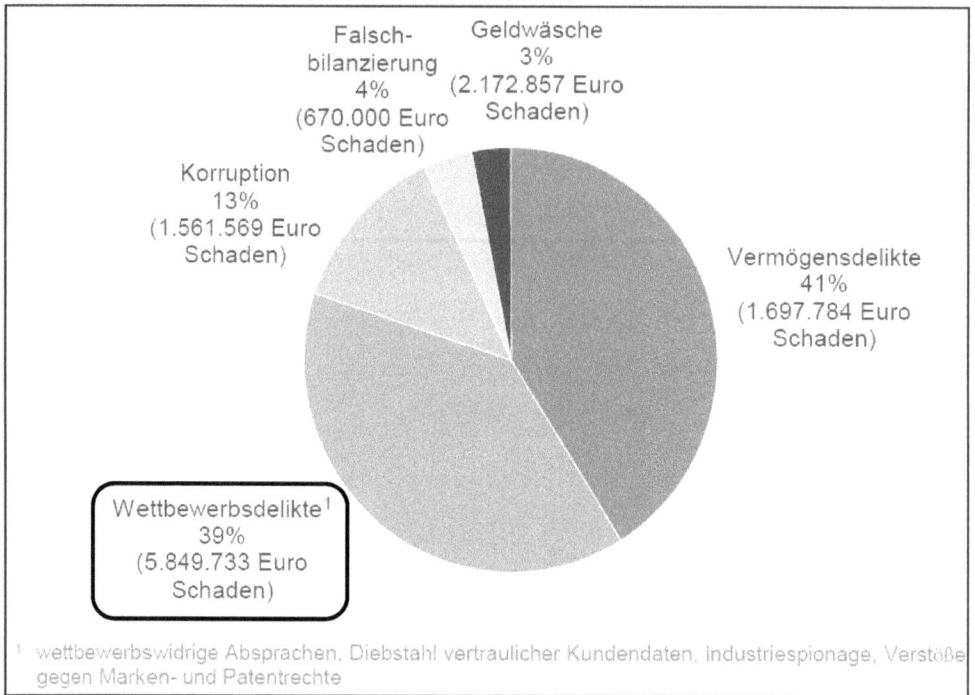

Abb. 1.15:   Anteil der Deliktgruppen und finanzieller Schaden im Vergleich
Quelle: PWC (2009a), S. 29.

In der erwähnten PwC-Studie aus 2009 wurde festgestellt, dass die deutsche Wirtschaft zu 39 % am stärksten durch Wettbewerbsdelikte geschädigt wird, bei denen ein durchschnittlicher Verlust von 5,85 Mio. Euro auftrat. Mit 41 % Anteil noch häufiger waren Vermögensdelikte, bei denen der durchschnittliche Schaden mit 1,7 Mio. Euro jedoch geringer war.

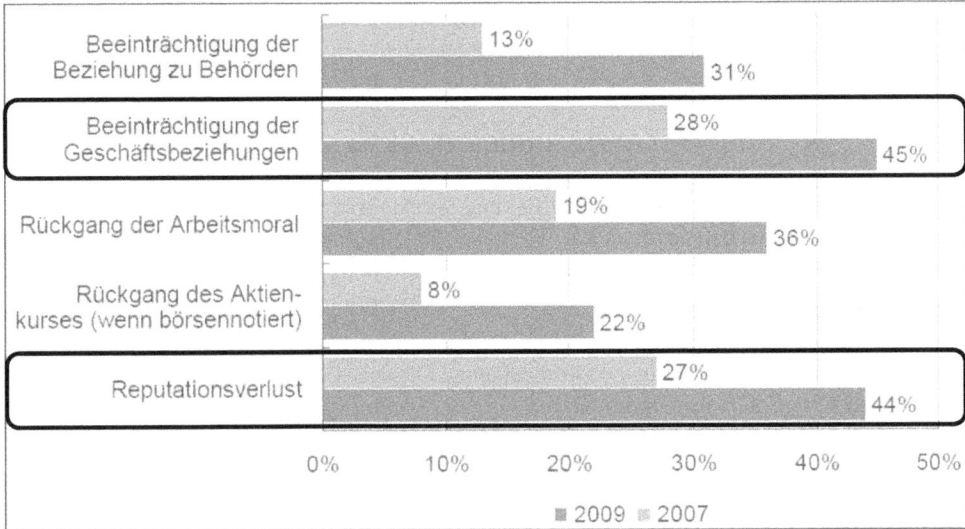

Abb. 1.16:	Gravierende indirekte Schäden durch Wirtschaftskriminalität
Quelle:	PWC (2009a), S. 14.

In dieser – deutschen – PwC-Studie aus 2009 wurde bemerkt, dass viele Unternehmen bei Wirtschaftskriminalitätsfällen zunehmend auch unter den indirekten Folgen insb. in Form von Reputationsschäden und Beeinträchtigungen der Geschäftsbeziehungen leiden. Bei öffentlich breit diskutierten Korruptionsfällen börsenorientierter Unternehmen (z. B. Siemens) oder Milliardenverlusten großer Banken durch unkontrollierte Investmentgeschäfte (z. B. UBS) wird das Kunden- und Anlegervertrauen wesentlich beeinträchtigt, was u. a. zu massiven Aktienkursverlusten führen kann.

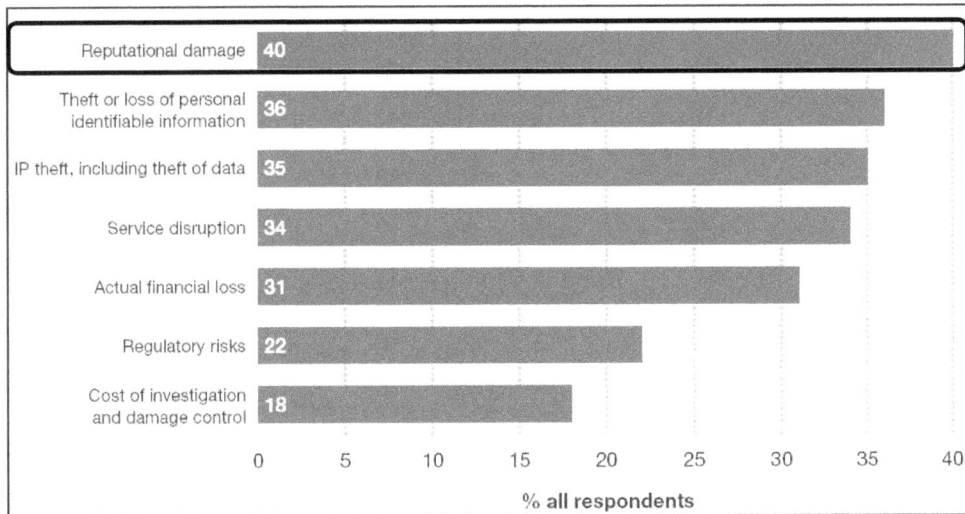

Abb. 1.17:	Concerns about cybercrime
Quelle:	PWC (2011b), S. 12.

In der erwähnten international ausgerichteten PWC-Studie werden als Schäden der
Wirtschaftskriminalität v. a. Reputationsschäden ausgewiesen.

1.4   Korruption im Besonderen (aktiv und passiv)

Korruption ist eine häufige und nach Auffassung der Autoren besonders „hässliche" Erschei-
nungsform von Wirtschaftskriminalität. Sie kann das Unternehmen sowohl „aktiv" in Form
des Täters als auch „passiv" in Form des Geschädigten betreffen und wird deshalb von uns
hier ausführlicher „gewürdigt". (Die zugehörigen Korruptions-Strafnormen werden bei den
externen Vorgaben vorgestellt.)

Die für Korruptionsbekämpfung weltweit bekannte Organisation „Transparency International
(Deutschland)" definiert Korruption als:

„Missbrauch von anvertrauter Macht zum privaten Nutzen".[39]

Transparency International gibt jährlich einen Bericht zur weltweiten Verbreitung der Korruption heraus:

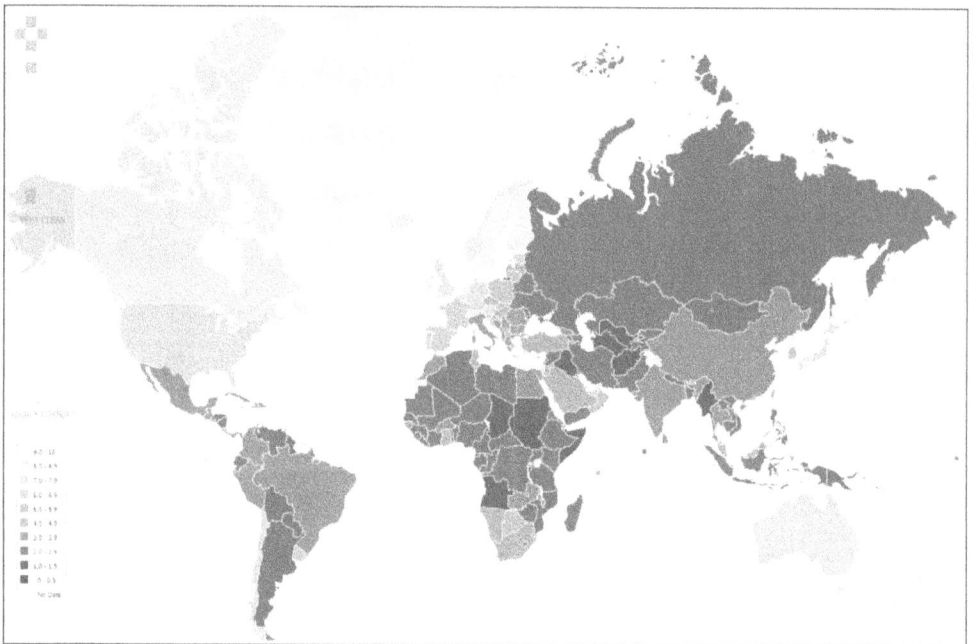

Abb. 1.18:   Corruption Perception Index 2010 – Grafik
Quelle: Transparency International (2011b).

Die Grafik-Farben symbolisieren die Korruptionsintensität in allen Ländern:

* Mit „tiefrot" besonders korrupt erscheinen viele Staaten der Dritten Welt (z. B. Afgha-
  nistan oder Usbekistan in Asien, Somalia oder Sudan in Afrika).

---

[39] *Transparency International* (2011a), S. 3.

- Korruption wird aber auch in den USA und in Westeuropa aufgezeigt.
- Die geringste Korruption wird in Europa für die skandinavischen Länder Dänemark, Schweden und Finnland ausgewiesen.

RANK	COUNTRY/ TERRITORY	SCORE			
	Denmark	9.3	168	Equatorial Guinea	1.9
	New Zealand	9.3	170	Burundi	1.8
	Singapore	9.3	171	Chad	1.7
	Finland	9.2	172	Sudan	1.6
	Sweden	9.2	172	Turkmenistan	1.6
	Canada	8.9	172	Uzbekistan	1.6
	Netherlands	8.8	175	Iraq	1.5
	Australia	8.7	176	Afghanistan	1.4
	Switzerland	8.7	176	Myanmar	1.4
	Norway	8.6	178	Somalia	1.1

Abb. 1.19:   Corruption Perception Index 2010 – (jeweils 10 Länder mit geringstem und höchstem Score)
Quelle: Transparency International (2011b).

Transparency International hat die Korruptionsintensität aller Länder auch tabellarisch aufgelistet:

- Die Bundesrepublik Deutschland steht an 15. Stelle der Korruptionsskala.
- Dänemark gilt als die „am wenigsten korrupte Nation".
- Somalia gilt als das korrupteste Land der Welt.

Die Korruptions-Einstufung Deutschlands ist nur relativ betrachtet gut; absolut, d. h. hinsichtlich der Korruptions-Geldsummen, ist Deutschland als bisher weltweit (noch) größte Exportnation anders einzuordnen. Laut einer aktuellen Meldung des „Spiegel" entsteht der deutschen Wirtschaft durch Korruption 2012 ein Schaden von 250 Mrd. Euro.[40] Wie der bereits dargestellte Korruptionsfall bei Siemens zeigt, haben auch deutsche Unternehmen versucht, „ihre Geschäfte" in großem Umfang mit aktiver Korruption zu erweitern.

Im Bereich der öffentlichen Verwaltung und der Justiz führt Korruption zu hohen materiellen, aber auch enormen immateriellen Schäden (Vertrauensverlust der Bürgerinnen und Bürger). So kann es bspw. zu Auftragsvergaben an Unternehmen kommen, obwohl sie teurere oder qualitativ schlechtere Leistungen erbringen als solche Unternehmen, die bei einer objektiven und transparenten Ausschreibung ausgewählt würden. Die den Amtsträgern gewährten Vorteile werden in der Regel bei der Rechnungsstellung eingepreist. Deshalb werden dann Leistungen abgerechnet, die entweder gar nicht oder nicht in dem ausgewiese-

---

[40] Vgl. *Spiegel* (16.3.2012).

nen Umfang erbracht wurden. Die finanziellen Lasten hat letztlich der Steuerzahler zu tragen. Eine Ausnutzung öffentlicher Positionen zum privaten Vorteil ist gemeinwohlwidrig.

Im Gesundheitswesen führt Korruption einerseits zu überhöhten Preisen, und sie erschwert andererseits den Zugang zu medizinischen Leistungen. Weiterhin kann sie dazu führen, dass sich Therapieformen oder Medikamente etablieren, die objektiv betrachtet keine medizinisch optimale Behandlung darstellen. Sogar an Pflegepersonen während der Behandlung verabreichte Trinkgelder bestechen, wenn sie Vorteile bis hin zu Zwei-Klassen-Medizin verursachen können. In Krankenhäusern in China ist Bestechung (manchmal) vorausgesetzt.

Generell führt Korruption dazu, dass die Leistungen von Organisationen in ihrem Umfang abnehmen oder qualitativ schlechter werden, die dafür zu entrichtenden Geldbeträge aber steigen.

Es wird zwischen aktiver und passiver Korruption unterschieden:

* *Aktiv* meint die Bestechung in Form einer Vorteilsgewährung.

* *Passive* Korruption meint die Bestechlichkeit oder Vorteilsannahme eines Amtsträgers, Mitarbeiters oder einer Privatperson durch Annahme einer Zuwendung zum privaten Nutzen.

Das Korruptionsdilemma betrifft folgenden Sachverhalt: Der Vorteil des Korrumpierten ist stets der Nachteil der Organisation, die ihn beschäftigt oder beauftragt hat. Gewinnorientierte Unternehmen sind daher darauf bedacht, die Korrumpierung ihrer Mitarbeiter zu verhindern. Es zeigt sich bezüglich Korruption indes ein grundsätzliches Dilemma: Einerseits liegt es im vitalen Interesse der Unternehmen, Korruption zu unterbinden, da sie diese ab einem gewissen Punkt in den ökonomischen Ruin treiben würde. Andererseits sind integre Unternehmen jederzeit durch jene anderen Marktakteure ausbeutbar, die durch Bestechungen die lukrativen Aufträge und damit ökonomische Vorteile generieren.

Persönliche Konsequenzen	Global	Aufstrebende Industrieländer	Gesättigte Industrieländer	Deutschland	Österreich	Schweiz	Stakeholder
Geldbußen & Bestrafungen	45	34	40	38	42	30	30
Gefängnisstrafen für Angestellte	21	23	23	28	22	22	44
Konsequenzen für das Unternehmen							
Ausschluss aus Märkten	44	51	51	54	54	48	53
Unfähigkeit, weiter zu wachsen	35	41	31	40	30	28	36
Erhöhung der Compliancekosten	29	30	30	30	22	40	22
Gerichtsverfahren mit Anteilseignern/Konkurrenten	29	30	28	18	36	18	36

Angaben in %

Grundlage: alle Befragten (1.186), aufstrebende Industrieländer (200), gesättigte Industrieländer (201), Deutschland (50), Österreich (50), Schweiz (50), Stakeholder (102)

Abb. 1.20:   Auswirkungen der Korruption für Unternehmen
Quelle: Ernst&Young (2008), S. 11.

Die WP-Gesellschaft Ernst&Young hat die Konsequenzen für die korrumpierenden Täter bzw. Unternehmen ermittelt: Während für einzelne Personen zumeist strafrechtliche Folgen bestehen, ist für Unternehmen der Ausschluss von Märkten die gravierendste Folge.

1.5   Dolose Handlungen im Buchhaltungsbereich

Im Rahmen der Jahresabschlussprüfung wird für Unregelmäßigkeiten im Buchhaltungsbereich von den Wirtschaftsprüfern die folgende Systematisierung verwendet:[41]

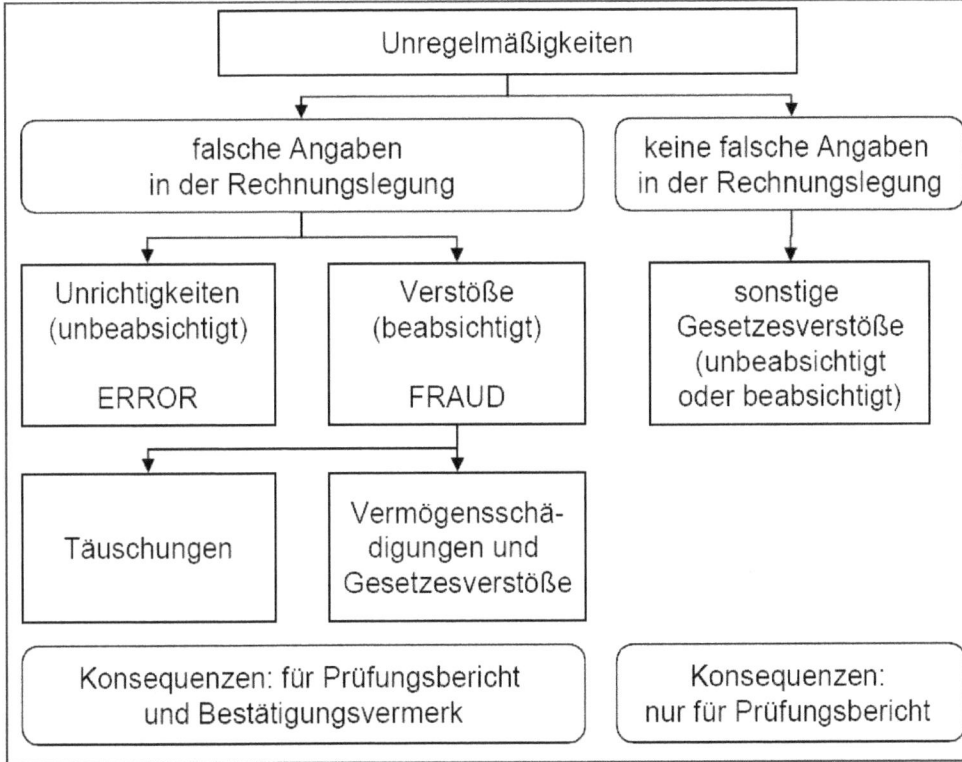

Abb. 1.21:   Klassifizierung von Unregelmäßigkeiten, IDW EPS 210
Quelle: IdW (2002), S. 4.

Als **Unrichtigkeiten (ERROR)** werden unbeabsichtigte falsche Angaben in der Rechnungslegung bezeichnet, und zwar aus:[42]

- Schreib- oder Rechenfehlern in der Buchführung oder in deren Grundlagen,
- einer unbewusst falschen Anwendung von Gesetzesnormen und Rechnungslegungsgrundsätzen,
- einem Übersehen oder einer unzutreffenden Einschätzung von Sachverhalten.

---

[41] Vgl. *IDW* (2002), S. 4.
[42] *IDW* (2002), S. 3.

Unter **Verstößen (FRAUD)** versteht man beabsichtigte falsche Angaben in der Rechnungslegung:

- Täuschungen
- Bewusst falsche Angaben (Bilanzfälschung)
- Fälschungen in der Buchführung oder deren Grundlagen
- Manipulationen wie Buchungen ohne tatsächliches Vorliegen von Geschäftsvorfällen oder unterlassene Buchungen
- Unerlaubte Änderungen der Buchführung
- Die bewusst falsche Anwendung von Gesetzen
- Vermögensschädigungen
- Unterschlagung von Zahlungseingängen
- Entwendung von Vermögenswerten oder geistigem Eigentum
- Veranlassung einer Zahlung durch die Gesellschaft für nicht empfangene Güter oder Dienstleistungen
- privater Gebrauch von Geschäftsvermögen.

„Weitere Gesetzesverstöße" betreffen z. B.:

- Gesetzliche Normen ohne Rechnungslegungsbezug
- Transparenz- bzw. Offenlegungspflichten
- Normen zum Kapitalmarkt, v. a. zur Kursmanipulation und Insiderhandel an Börsen etc.

1.6   Motive und Hintergründe für Wirtschaftskriminalität („Fraud Diamond")

Zur Vermeidung und Aufdeckung von Wirtschaftskriminalität ist es wichtig, die Motive und
Hintergründe der potenziellen Täter zu kennen. In der einschlägigen Literatur wird hierbei
inzwischen weitgehend übereinstimmend zumeist vom sog. „Fraud Triangle" und erweitert
vom „Fraud-Diamond" bei Wirtschaftskriminalität gesprochen.[43]

---

[43] Vgl. *Henselmann/Hofmann* (2010), S. 276 ff.

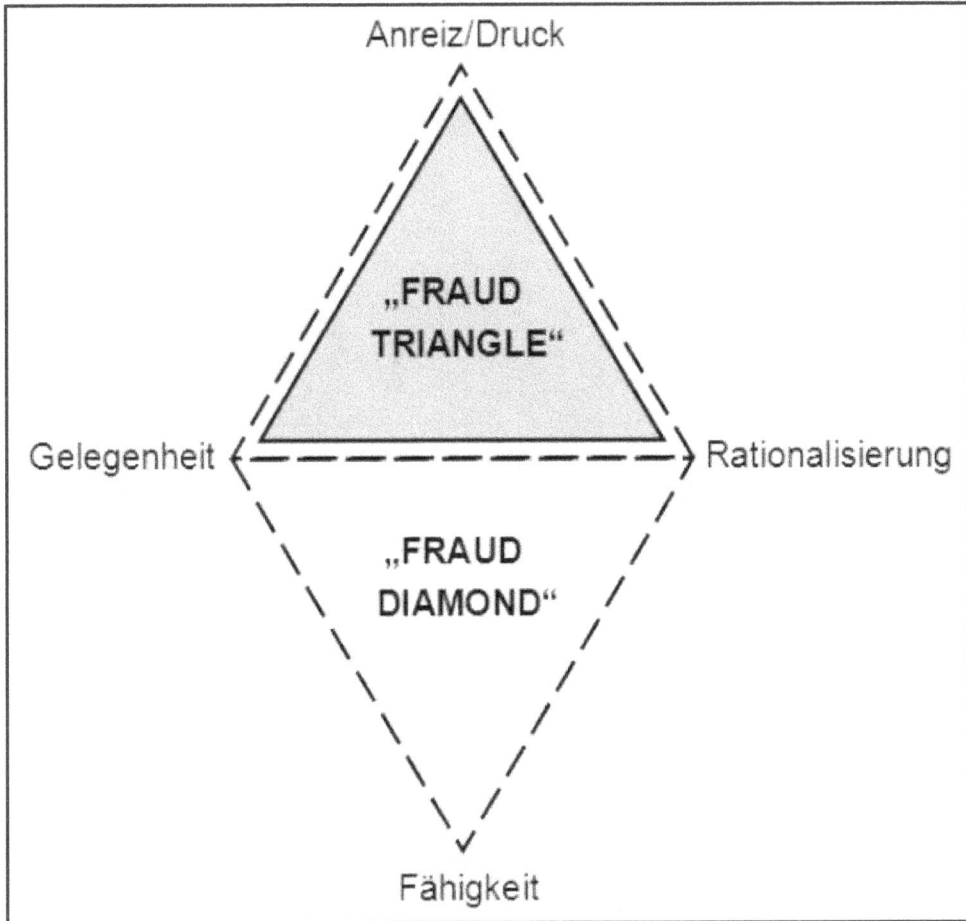

Abb. 1.22:   Vom „Fraud Triangle" zum „Fraud Diamond"
Quelle: KPMG (2011), S. 27.

Der sog. „Fraud-Diamond" will aussagen, dass Wirtschaftskriminalitätsfälle v. a. dann auftreten, wenn auf Tat und Täter die folgenden vier Rahmenbedingungen gleichzeitig zutreffen:

1. Anreiz/Druck   (Motive)
2. Gelegenheit   (Opportunity)
3. Rationalisierung   (Rationalization)
4. Fähigkeit   (Ability)

In der erwähnten weltweiten Wirtschaftskriminalitäts-Untersuchung der Wirtschaftsprüfungsgesellschaft KPMG wurde der von anderen Autoren bereits bekannte sog. „Fraud-Diamond" erneut empirisch „bestätigt". In dieser KPMG Studie finden sich zum „Fraud-Triangle" die nachstehenden Erläuterungen:

Motive	Opportunity	Rationalization
The offender's impulse to commit fraud.	The situation that enables fraud to occur.	The mindset of the fraudster that justifies them to commit fraud.
➤ Financial pressure resulting from excessive lifestyle; ➤ Gap between the financial remuneration earned and the responsability held by individual; ➤ Pressure to meet financial targets.	➤ Weaknesses in the internal controls, ➤ Trust / confidence in certain employees, ➤ Dominate position.	➤ The fraudsters convince themselves that they are owed extra remuneration by the employer; ➤ Not enough appreciation, regarding the person, or the professional activity.

Abb. 1.23:   The Elements of the Fraud Triangle
Quelle: KPMG (2011), S. 8.

Nach dieser Studie weist der typische Wirtschaftskriminalitäts-Straftäter folgende Merkmale auf:[44]

Age:	The typical fraudster is aged between 36 and 45 (70%), as per 2011 survey, which is similar to the 2007 results.
Gender:	Men were found to be more likely perpetrators. Women in the Americas and Asia pacific are almost three times more likely to be involved in fraud than in EMA.
	This might be due to fewer women in senior positions in «old Europe» and Africa.
Function/ Position:	Finance function or in a finance-related role, in a senior management position
Time:	Employed by the company for more than ten years
Collusion:	Works in collusion with another perpetrator

Abb. 1.24:   Profile of a typical fraudster
Quelle: KPMG (2011), S. 9.

---

[44] Vgl. *KPMG* (2011), S. 8.

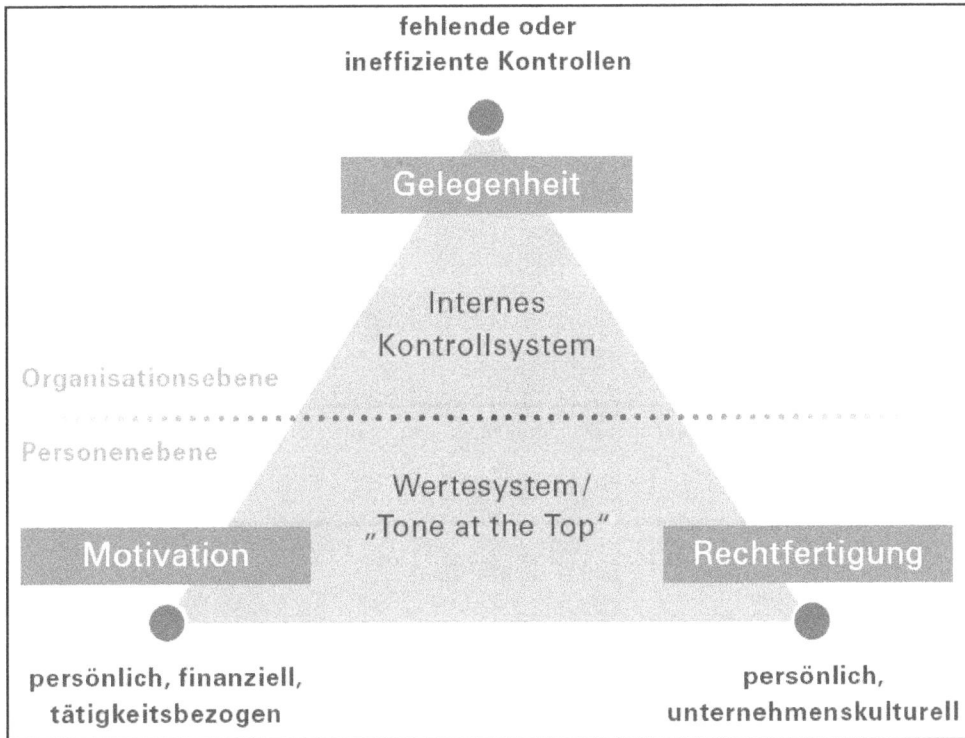

Abb. 1.25:   Faktoren, die Fraud begünstigen
Quelle: KPMG (2010b), S. 15.

Mit dieser KPMG-Grafik können Teile des Fraud Diamond hinsichtlich der Hintergrundursachen verdeutlicht werden:

- Die Tat-Gelegenheit hängt stark vom jeweils auf der Organisationsebene vorhanden Internen Kontrollsystem bzw. Internal Control ab; bei fehlenden oder ineffizienten Kontrollen ist die Gefahr von Wirtschaftskriminalität besonders hoch.
- Die Tat-Motivation zur Tat wird auf der Personenebene sehr stark vom Wertesystem bzw. „Tone at the Top" der jeweiligen Unternehmen geprägt; sie ist persönlich, finanziell und tätigkeitsbezogen beeinflusst.
- Die Tat-Rechtfertigung bzw. -Rationalisierung wird ebenfalls auf der Personenebene sehr stark vom Wertesystem bzw. „Tone at the Top" der jeweiligen Unternehmen geprägt; sie ist sowohl persönlich als auch unternehmenskulturell beeinflusst.

In der angeführten PWC-Studie zur Sicherheitslage in deutschen Großunternehmen wurden 2009 auch Herkunft und Motive der Täter empirisch untersucht:

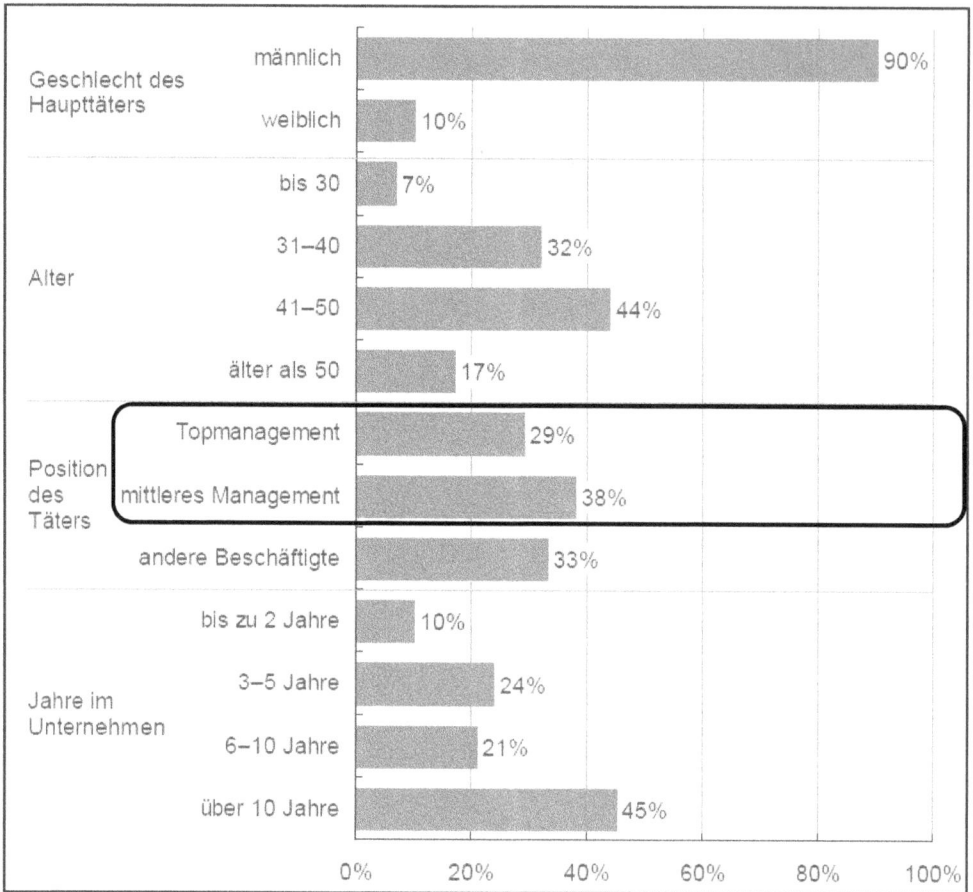

Abb. 1.26:   Täterprofil
Quelle: PWC (2009a), S. 43.

Bezogen auf den im Fraud-Diamond enthaltenen Tatgrund **„Fähigkeit"** kann aus dieser Erhebung geschlossen werden, dass

- die meisten Täter dem Management angehören und dementsprechend „fähig sind",
- die meisten Täter älter sind und über entsprechende Berufserfahrung verfügen und dass
- die meisten Täter schon lange im Unternehmen arbeiten und deshalb auch über detaillierte Unternehmenskenntnisse verfügen.

In dieser PWC-Studie wurden insb. die Gründe interner Täter empirisch näher analysiert:

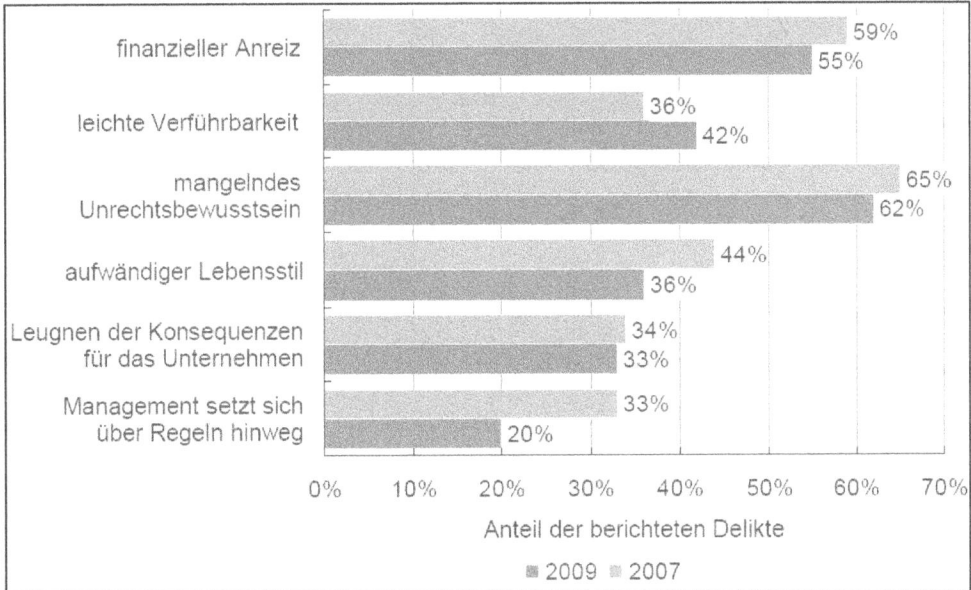

Abb. 1.27:   Persönliche Gründe für Wirtschaftskriminalität bei internen Tätern
Quelle: PWC (2009a), S. 44.

Diese Statistik unterfüttert weitere Täter-Merkmale des sog. „Fraud Diamond":

- Als **Anreiz** haben die Täter vornehmlich finanzielle Aspekte und die Vorliebe für aufwändigen Lebensstil.
- Hinsichtlich **Rationalisierung** der Tat liegt v. a. mangelndes Unrechtsbewusstsein vor.
- Hinsichtlich **Gelegenheit** kann die leichte Verführbarkeit und die Neigung des Managements, sich über Regeln hinwegzusetzen, konstatiert werden.

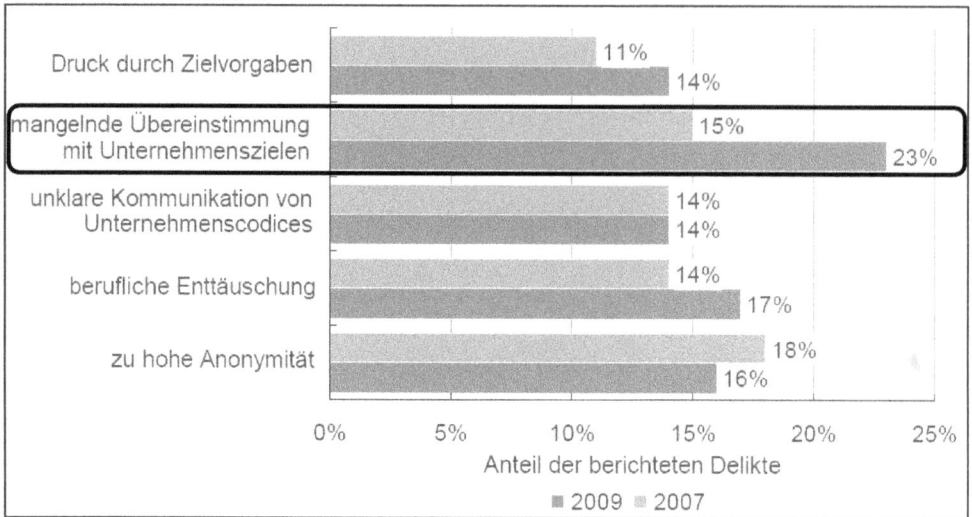

Abb. 1.28:   Unternehmensbezogene Gründe bei internen Tätern
Quelle: PWC (2009a), S. 46.

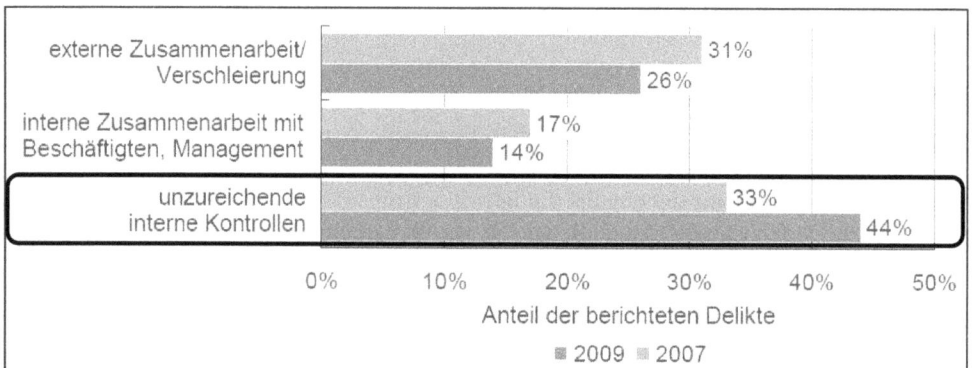

Abb. 1.29:   Mangelnde Kontrolle und subkulturelle Gründe bei internen Tätern
Quelle: PWC (2009a), S. 46.

Die Ergebnisse dieser beiden Studien stützen weitere Annahmen des „Fraud Diamond":

- Hinsichtlich **Rationalisierung** muss v. a. mangelnde Übereinstimmung mit den Unternehmenszielen beachtet werden.
- Hinsichtlich **Gelegenheit** sind neben Verschleierungs- und interner Zusammenarbeitsmöglichkeit v. a. unzureichende interne Kontrollen bedeutend.

Diese Überlegungen unterstreichen die zentrale Rolle des Internal Control.

Die Studien fokussierten auch auf die <u>Herkunft der Wirtschaftskriminalitätstäter</u>:

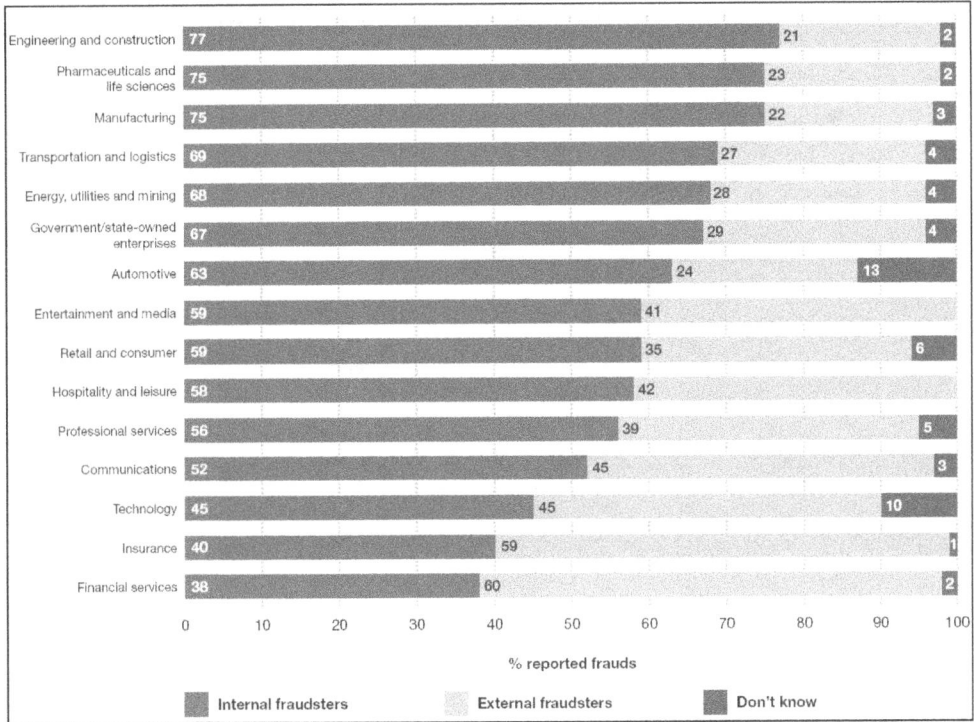

	Internal fraudsters	External fraudsters	Don't know
Engineering and construction	77	21	2
Pharmaceuticals and life sciences	75	23	2
Manufacturing	75	22	3
Transportation and logistics	69	27	4
Energy, utilities and mining	68	28	4
Government/state-owned enterprises	67	29	4
Automotive	63	24	13
Entertainment and media	59	41	
Retail and consumer	59	35	6
Hospitality and leisure	58	42	
Professional services	56	39	5
Communications	52	45	3
Technology	45	45	10
Insurance	40	59	1
Financial services	38	60	2

% reported frauds

Abb. 1.30:   Perpetrators of fraud – by industry
Quelle: PWC (2011b), S. 22.

In dieser PWC-Studie wurde auch die Beteiligung interner und externer Täter in branchen-orientierter Sicht ermittelt. Während in technologieorientierten Branchen die Täter zumeist von innen kommen, kommen im Finanzbereich die Täter meist von extern.

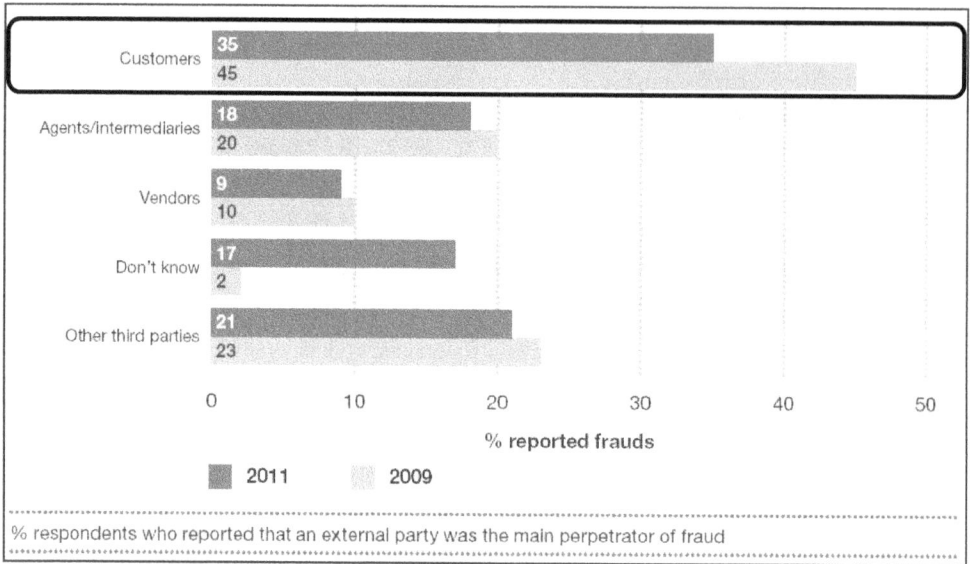

Abb. 1.31:   Profile of external fraudsters
Quelle: PWC (2011b), S. 23.

Zu den externen Tätern wurde festgestellt, dass sie überwiegend aus Kundenkreisen stammen. Auffällig ist generell, dass immer häufiger unbekannt ist, welchen Kreisen die Täter
zuzurechnen sind.

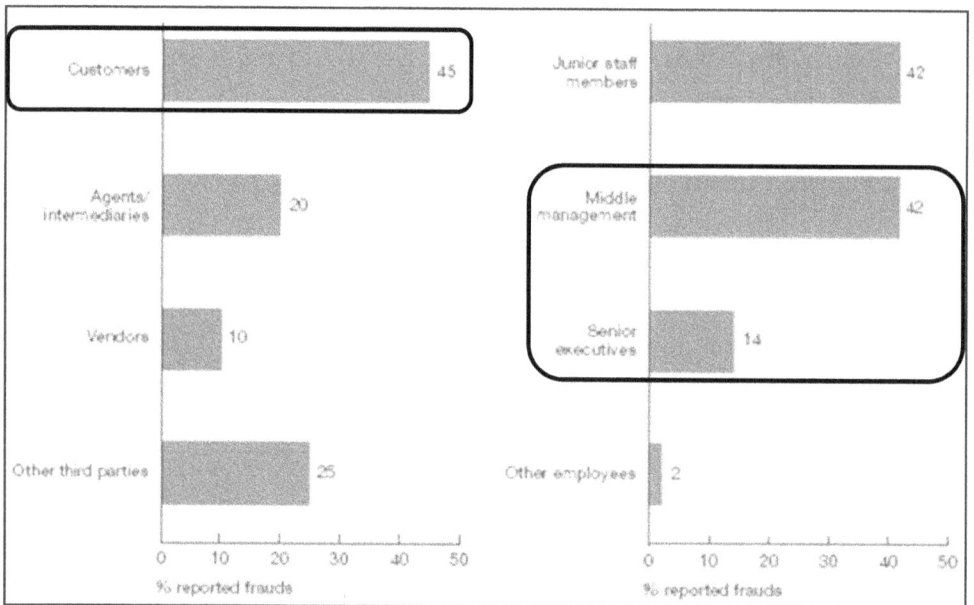

Abb. 1.32:   Profiles of external and internal fraudsters
Quelle: PWC (2009b), S. 16.

In einer 2009 erfolgten PWC-Studie zur Wirtschaftskriminalität wurden Täterprofile auch international empirisch erhoben:

Die linke Abbildung zeigt, dass externe Täter zumeist aus dem „Customer-Bereich" kamen. Bei den in der rechten Abbildung analysierten internen Tätern wurde – wie auch in den deutschen Erhebungen – festgestellt, dass die meisten Täter dem – höheren – Management angehören und demensprechende hohe berufliche Fähigkeiten besaßen.

In der 2011 veröffentlichten PWC-Studie zur Sicherheitslage in deutschen Großunternehmen wurden auch die externen Täter näher untersucht:

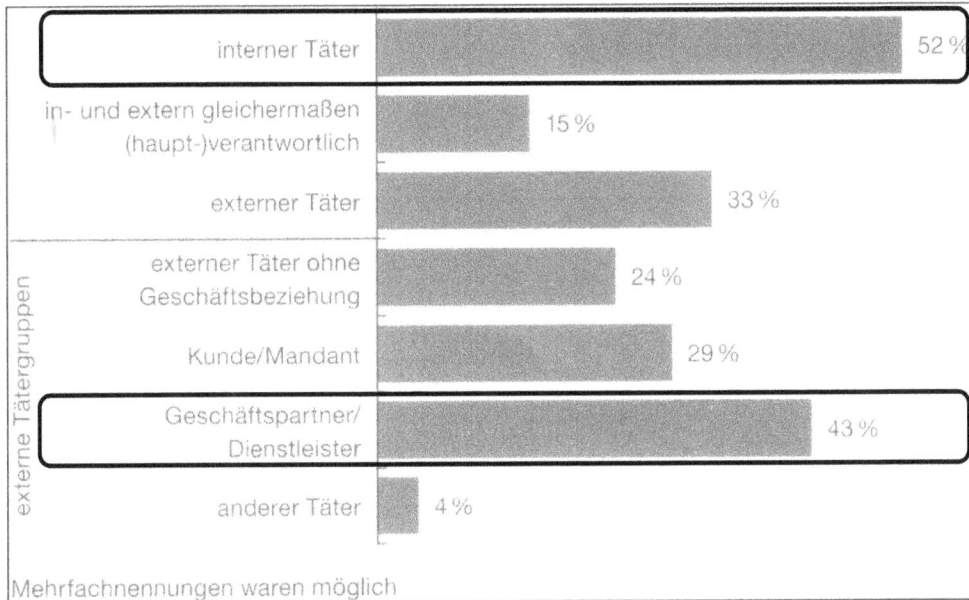

Abb. 1.33:   Beziehung der Täter zum geschädigten Unternehmen
Quelle: PWC (2011a), S. 62.

Die Studie zeigt, dass für die in den Unternehmen eingetretenen Wirtschaftskriminalitätsfälle zu 52 % allein interne Täter verantwortlich waren. In 15 % der Fälle haben interne und externe Täter zusammengewirkt und zu 33 % waren allein externe Täter verantwortlich. Bei den externen Tätern waren mit 43 % die meisten bei Geschäftspartnern tätig und 29 % entfielen auf Täter bei Kunden oder Mandanten.

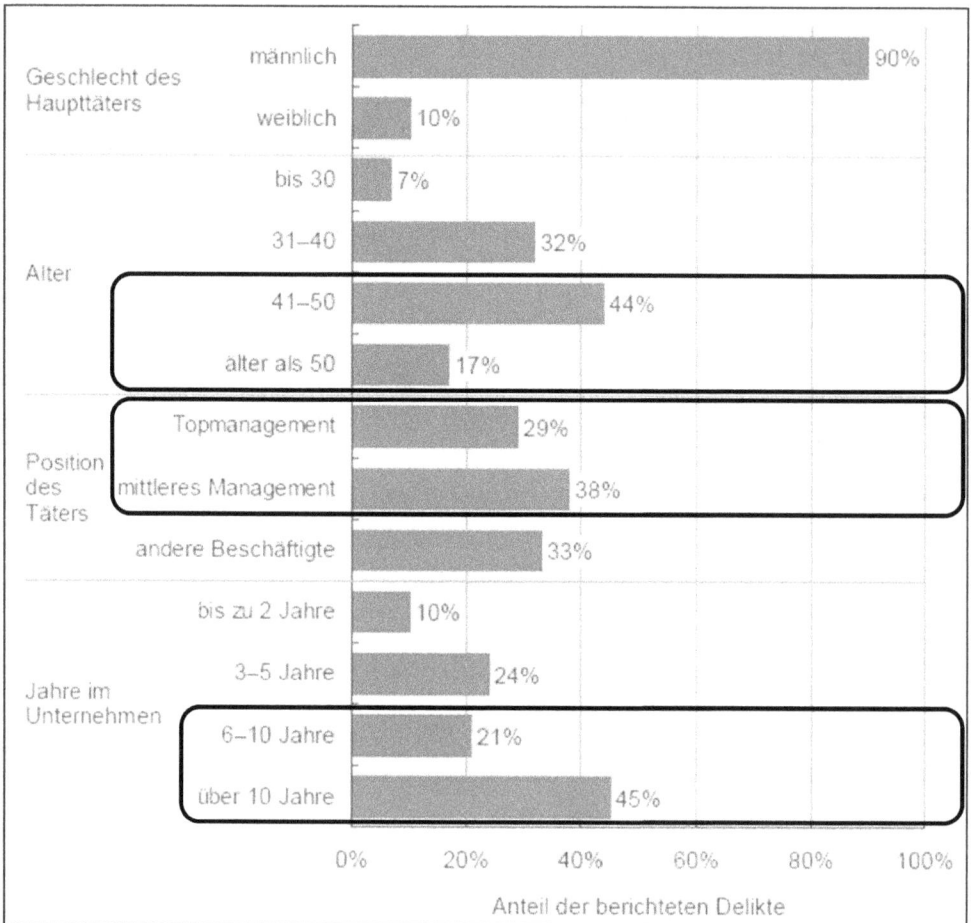

Abb. 1.34:   Profil externer Täter
Quelle: PWC (2011a), S. 64.

Bezogen auf den im „Fraud-Diamond" enthaltenen Tatgrund „**Fähigkeit**" weisen auch externe Täter die folgenden Merkmale auf: Die meisten Täter

- gehören dem Management an und sind dementsprechend „fähig",
- sind älter und verfügen über entsprechende Berufserfahrung und sie
- arbeiten schon länger in den externen Unternehmen und verfügen deshalb auch über detaillierte Unternehmenskenntnisse.

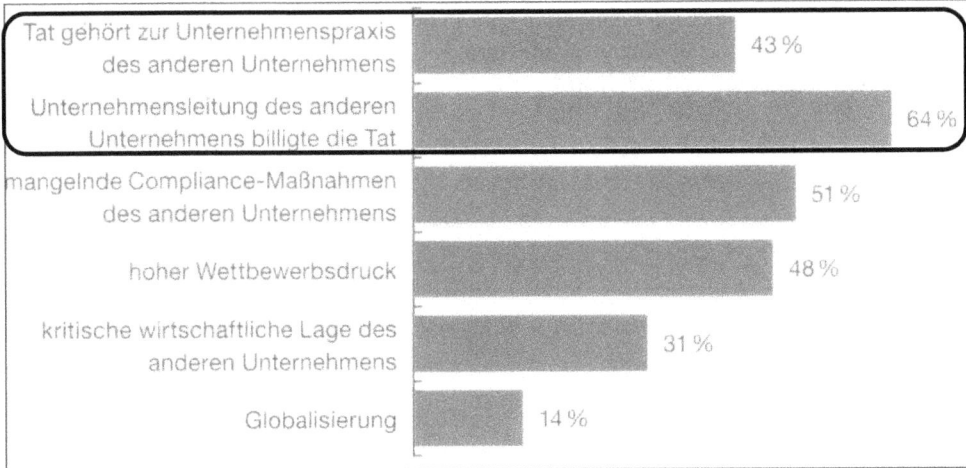

Abb. 1.35:   Tatmotive externer Täter
Quelle: PWC (2011a), S. 65.

Zu den Tatmotiven externer Täter wurde in der PwC-Studie zur Wirtschaftskriminalität ermittelt, dass in 64 % der Fälle die Leitung der anderen Unternehmen das Täterverhalten
gebilligt hatte und zu 43 % solches Verhalten sogar zur Praxis des anderen Unternehmens
gehörte.

In den Studien zur Wirtschaftskriminalität wurden auch die <u>Sanktionen</u> für die Täter untersucht:

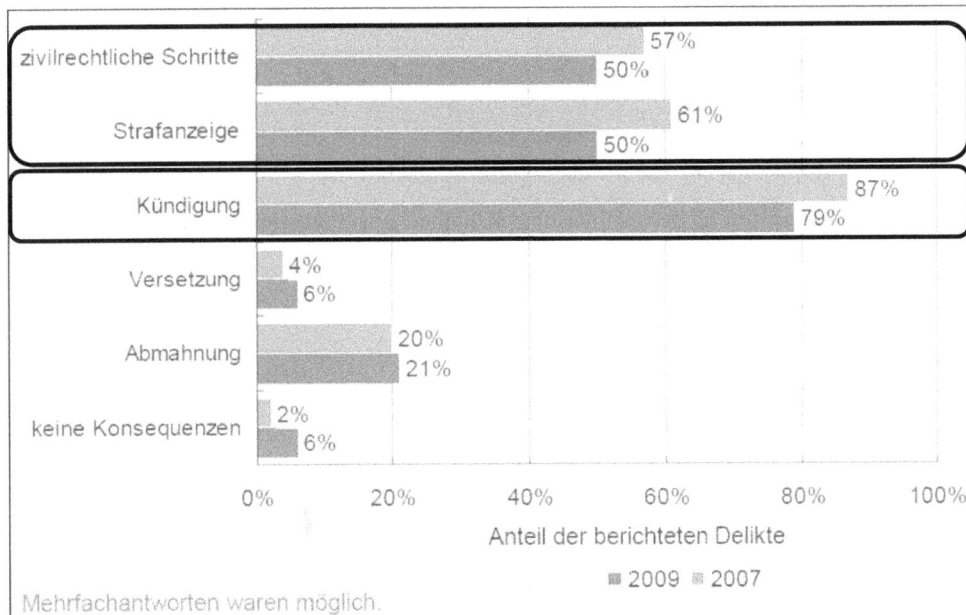

Abb. 1.36:   Entwicklung von Wirtschaftskriminalität
Quelle: PWC (2011b), S. 23.

Als Konsequenz gegenüber internen Tätern wird in der PwC-Studie zur Wirtschaftskriminalität zu 79 % v. a. deren Kündigung genannt. Nur zu 50 % erfolgen jeweils auch strafrechtliche Anzeigen und/oder zivilrechtliche Schritte.

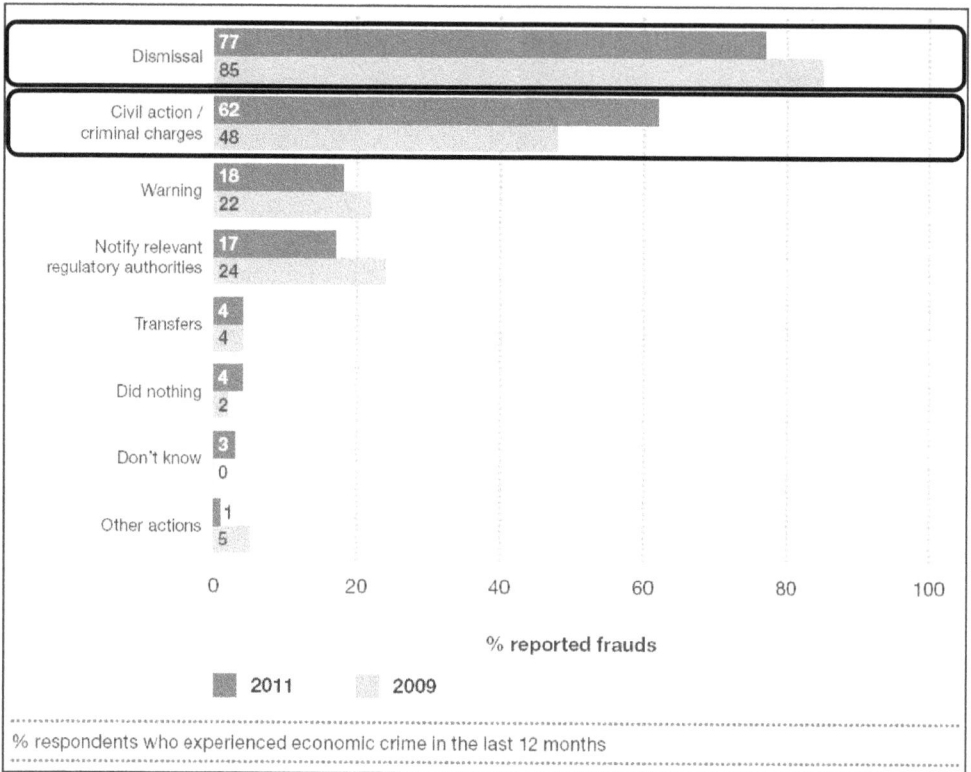

Abb. 1.37:   Actions brought against internal fraudsters
Quelle: PWC (2011b), S. 23.

Bei internen Tätern erfolgt fast immer eine Kündigung; außerdem wird zumeist auch eine zivilrechtliche Klage erhoben.

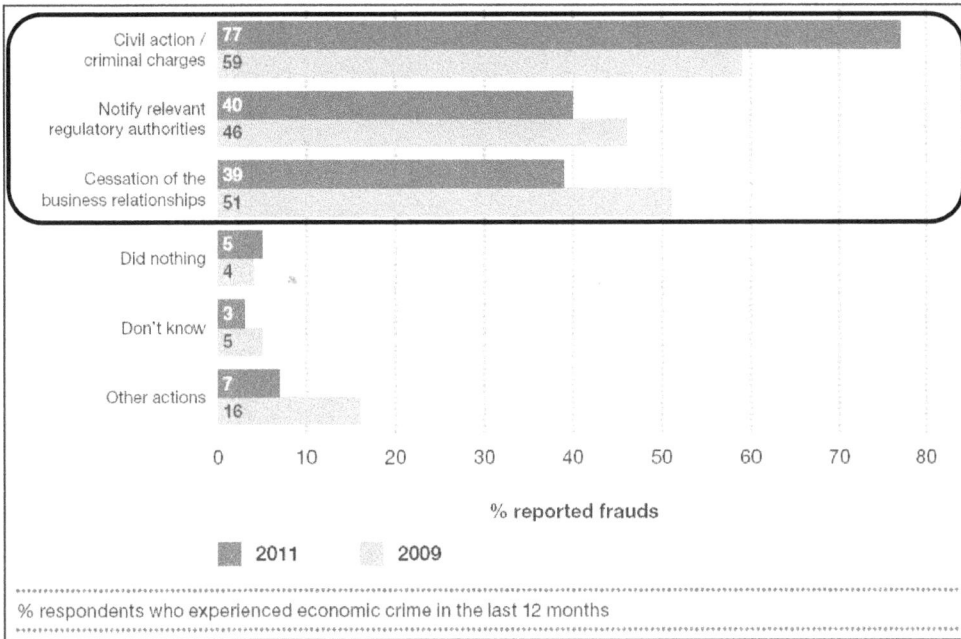

Abb. 1.38: Actions brought against external fraudsters
Quelle: PWC (2011b), S. 24.

Bei externen Tätern erfolgen zu 77 % zivilrechtliche und zu 40 % strafrechtliche Klagen. Außerdem werden sehr häufig die Geschäftsbeziehungen gestoppt.

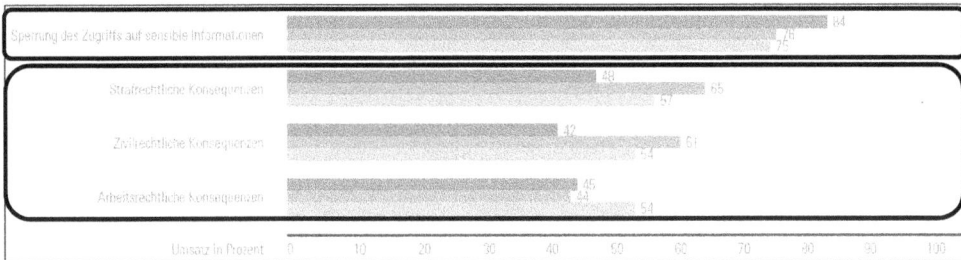

Abb. 1.39: Sanktionen gegen e-crime Täter
Quelle: KPMG (2010b), S. 29.

In der KPMG-Studie wurde speziell auf e-crime-Täter bezogen als Sanktion zunächst hauptsächlich die Sperrung des Zugriffs auf sensible Informationen ermittelt. Darüber hinaus wurden – wie auch in den anderen Studien – jeweils straf-, zivil- und arbeitsrechtliche Sanktionen festgestellt.

Hinsichtlich der Sanktionen gegenüber den Tätern kann resümiert werden, dass Wirtschaftskriminalitätsfälle zumeist mehrere – juristische – Konsequenzen haben:

• Bei Verstoß gegen deutsche Strafgesetze (z. B. Betrug oder Unterschlagung) erfolgt zunächst eine strafrechtliche Verfolgung.

- Wenn der Geschädigte (z. B. das betroffene Unternehmen) Schadenersatz anstrebt, werden zusätzlich zivilrechtliche Schritte eingeleitet.
- Sofern der Schuldige gegen seine vom Arbeitgeber ausgesprochene Kündigung Klage erhebt, ist außerdem ein Arbeitsgerichtsprozess möglich.
- Im Fall von e-crime-Straftaten werden für den Täter selbstverständlich immer sofort seine IT-Zugangsmöglichkeiten beendet.

1.7   Mangelnde Kontrolle als Ursache für Wirtschaftskriminalität

In den Studien zur Wirtschaftskriminalität wurden teilweise auch die <u>Ursachen für die Delikte</u>, insbes. die Rolle des Internal Control untersucht:

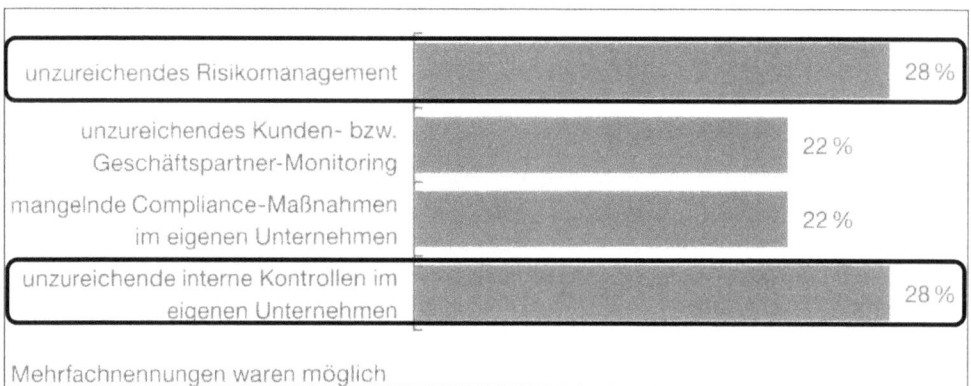

Abb. 1.40:   Schwachpunkte im eigenen Unternehmen
Quelle: PWC (2011a), S. 66.

Laut der PwC-Studie wurden als Schwachpunkte hinsichtlich Wirtschaftskriminalitätsanfälligkeit seitens externer Täter jeweils zu 28 % unzureichendes Risikomanagement und **mangelnde interne Kontrollen** genannt.

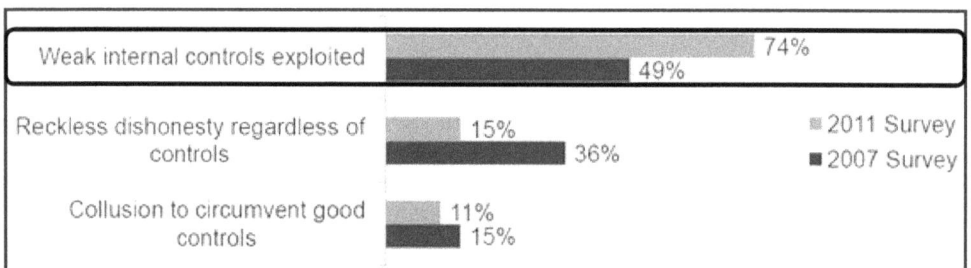

Abb. 1.41:   Gründe für Wirtschaftskriminalität
Quelle: KPMG (201), S. 12.

Die Wirtschaftsprüfungsgesellschaft KPMG hat von 2008 bis 2010 weltweit in 69 Ländern insgesamt 348 Wirtschaftskriminalitätsfälle analysiert und die Ergebnisse 2011 u. a. auf einer Pressekonferenz in Zürich vorgestellt.[45] Dabei wurde ebenfalls gezeigt, dass in 74 % der untersuchten Fälle ein schwaches Internal Control zu Wirtschaftskriminalität beiträgt. Andere, insb. in der Person des potenziellen Täters liegende Gründe für Wirtschaftskriminalität werden im Abschnitt „Motive" detailliert behandelt.

In einer aktuellen Studie der IFAC wurde für die letzten beiden Jahre (nach der 2008 einsetzenden „Finanzkrise") ein wesentlich gesteigertes Interesse der Unternehmen an einem wirksamen Internal Control empirisch belegt:[46]

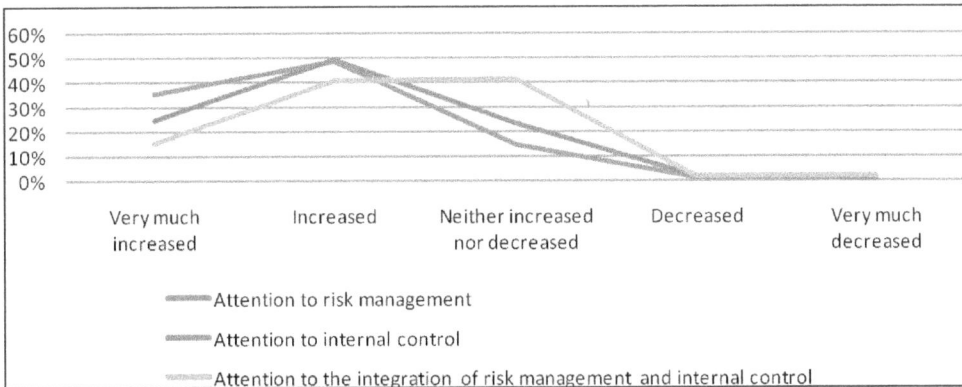

Abb. 1.42:   „Attention to Internal Control"
Quelle: IFAC (2011a) S. 14.

„Controls should also be cost-effective in a broad sense: the overall benefits – taking into account economic, environmental, and social considerations and regulation – should be larger than the costs, and the greater the difference, the more cost-effective the control. It should be recognized that some risks, albeit relatively small from a monetary perspective, can nevertheless have very significant consequences if they materialize, warranting a greater degree of control than a purely quantitative approach might suggest. For example, the payment of even a small bribe can cause very serious reputational damage to any organization.

The balance between risks and related controls is continuously changing in a dynamic environment and controls should be continuously reevaluated and re-optimized. Risk assessment and adjustment of Internal Controls should be carried out on a continuous cycle. For each business cycle, when management revisits strategy, the related risk and control policies also need to be reassessed. Changes in risk-taking strategy lead to changes in the amount of risk taken on and/or the level of controls applied. Finally, external developments may necessitate changes in Internal Controls."[47]

„Internal Control is often perceived and treated as a compliance requirement, rather than as an enabler of improved organizational performance. Effective Internal Control can help or-

---

[45] Vgl. *KPMG* (2011), S. 4.

[46] Vgl. *IFAC* (2011a), S. 14.

[47] *IFAC* (2011b), S. 16.

ganizations improve their performance by enabling them to take on additional opportunities, challenges, and risk in a more controlled way. Therefore, there needs to be a better connection between performance, risks, and controls, and how they interact."[48]

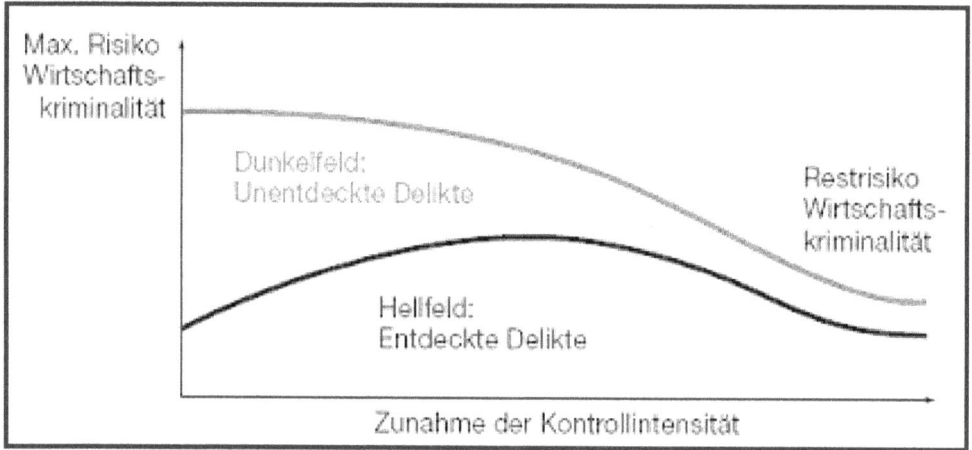

Abb. 1.43:   Auswirkungen des Kontrollparadox
Quelle: PWC (2007), S. 30.

Wie die Abbildung zeigt, kommt es bei einer Zunahme der Kontrollintensität zunächst zu einer höheren Anzahl festgestellter Wirtschaftskriminalitätsfälle. Dieses sog. „Kontrollparadoxon" wird von den Forschern bei der WP-Gesellschaft PWC wie folgt erklärt:

„Eigentlich würde man denken, dass vermehrte Kontrollen, ähnlich wie verstärkte Aufwendungen für Prävention, die Kriminalität senken. Dies ist gerade nicht der Fall. Die Auswirkungen von Kontrollen und Prävention auf die Kriminalstatistik sind anfänglich exakt gegenläufig. Durch ein besseres Kontrollumfeld werden mehr Delikte entdeckt, ohne sofortige kriminalitätssenkende Auswirkung. Aus kriminologischer Sicht handelt es sich um ein Kontrollparadox, denn die Entdeckungswahrscheinlichkeit hängt von der Kontrollintensität ab. Grundsätzlich ist auch bei Unternehmen anzunehmen, je sensibler sie gegenüber bestimmten sozialen Problemen werden – hier Wirtschaftskriminalität –, desto häufiger scheinen diese vorzukommen. Allein aufgrund höherer Sensibilität und verbessertem Kontrollumfeld werden nun Straftaten entdeckt, die früher unentdeckt blieben, so dass das Dunkelfeld aufgehellt wird. Die Erfolgsbilanz eines verbesserten Kontrollumfeldes dürfte daher zuerst erschreckend sein, indem immer mehr Fälle ans Tageslicht kommen und die Kriminalität scheinbar zunimmt. So resümiert auch das Bundeskriminalamt in seinem Bundeslagebericht zur Wirtschaftskriminalität, dass aus steigenden Fallzahlen nicht auf eine Verschärfung der Kriminalitätslage geschlossen werden kann. Erst mit der Zeit wird sich dieser Effekt allmählich abschwächen. Hellfeld und Dunkelfeld nähern sich einander zunehmend an. Denn den höchsten Abschreckungseffekt erzielen wir, wie wir aus der jahrzehntelangen Abschreckungsforschung zur Wirkung von Strafen wissen, weniger durch die Androhung strenger Konsequenzen und Strafen, sondern durch die Erhöhung des subjektiven Entdeckungsrisikos. Kontrollen sind daher am wirksamsten, wenn sie jedem bekannt sind, sie im Unternehmen kommu-

---

[48] *IFAC* (2011b), S. 10.

niziert und wahrgenommen werden. Langfristig wird daher das Dunkelfeld abnehmen, welches Unternehmen durch intensivierte Kontroll- und Entdeckungsmaßnahmen anfänglich nur aufgehellt haben.“[49]

---

[49] *PWC* (2007), S. 30.

2 Externe und interne Vorgaben zum Internal Control

2.1 Übersicht der relevanten externen und internen Vorgaben

Hinsichtlich der Notwendigkeit und Ausgestaltung des Internal Control gibt es zahlreiche externe und interne Vorgaben:

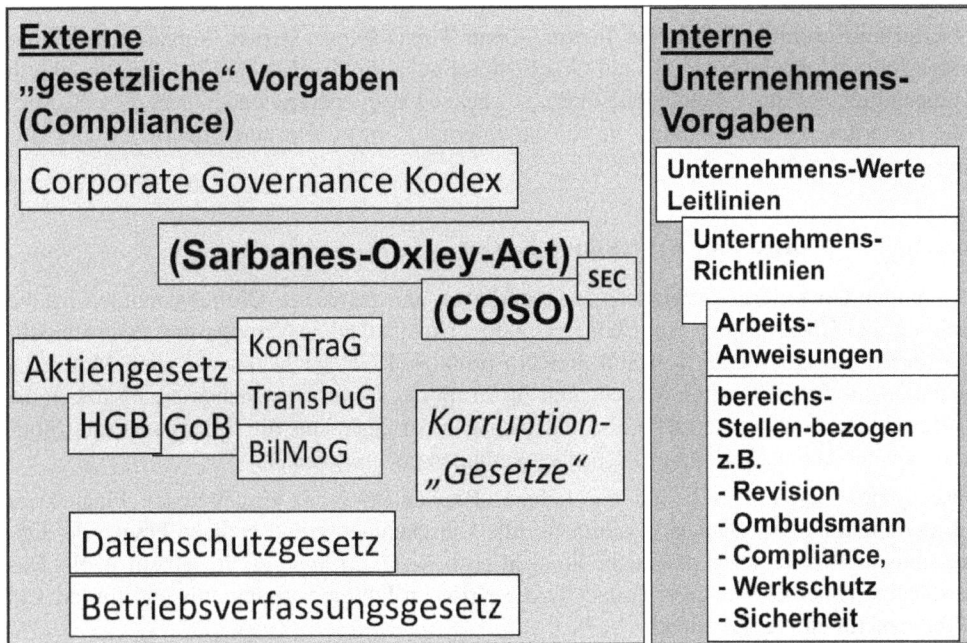

Abb. 2.1:   Überblick Vorgaben zum Internal Control
Quelle: Eigene Darstellung

Die Abbildung gibt einen Überblick über die für das Internal Control relevanten Vorgaben und unterscheidet dabei zunächst externe und interne Regelungen; außerdem soll die grobe Zusammengehörigkeit der Vorgaben dargestellt werden. Wegen seiner internationalen Bedeutung wird neben den deutschen Gesetzen insbesondere auch der US-amerikanische Sarbanes-Oxley-Act mit dem dort empfohlenen COSO-Modell erwähnt.

Alle Unternehmen müssen zunächst die nationalen und internationalen Gesetze beachten und dafür die sog. „Compliance" sicherstellen. In Deutschland sind neben dem Corporate-Governance Kodex v. a. das Aktiengesetz und das Handelsrecht mit den zugehörigen GoB maßgeblich. Aktiengesetz und Handelsrecht wurden durch das KonTraG, TransPuG und BilMoG jeweils „aktualisiert".

Zur Konkretisierung der externen und internen IC-Erfordernisse im jeweiligen Unternehmen formulieren insb. große Unternehmen zahlreiche interne Vorgaben, der Bogen reicht dabei von Leitlinien über Organisationsrichtlinien bis hin zu konkreten Arbeitsanweisungen für Teilprozesse und Arbeitsgruppen.

Führungskräfte aller Hierarchiestufen haben sowohl die für sie relevanten externen Gesetze als auch die dazu jeweils geltenden spezifischen unternehmensinternen Regelungen zu beachten und umzusetzen.

2.2   Externe IC-Vorgaben (Gesetze)

Nachstehend werden die für das Internal Control relevanten externen Vorgaben detailliert vorgestellt und dazu die wichtigsten Gesetzestexte auch im Wortlaut (mit von den Verfassern vorgenommenen Hervorhebungen) zitiert. Ausgehend vom übergreifenden generellen Corporate Governance Kodex werden die für das Internal Control relevanten deutschen und US-Gesetze aufgezeigt:

2.2.1   Corporate Governance Kodex

„Corporate Governance bezeichnet den rechtlichen und faktischen Ordnungsrahmen für die Leitung und Überwachung eines Unternehmens. Unvollständige Verträge und unterschiedliche Interessenlagen bieten den Stakeholdern prinzipiell Gelegenheiten wie auch Motive zu opportunistischem Verhalten. Regelungen zur Corporate Governance haben grundsätzlich die Aufgabe, durch geeignete rechtliche und faktische Arrangements die Spielräume und Motivationen der Akteure für opportunistisches Verhalten einzuschränken." [50]

Insbesondere seit der 2008 mit der Lehman-Banken-Insolvenz eingetretenen Finanzkrise werden nicht nur bei Banken, sondern für alle Unternehmen grundsätzliche Fragen der Unternehmensethik verstärkt diskutiert. So sieht etwa *Reinhard Sprenger* in seinem Werk „Das anständige Unternehmen" den Grund für die Krise im Führungsverständnis und fordert von Führungskräften v. a. „Anstand".[51]

Als Reaktion auf Wirtschaftsskandale und -krisen sind in Deutschland grundsätzliche Anforderungen der Unternehmensethik im Deutschen Corporate Governance Kodex fixiert worden. Eine vom Bundeministerium der Justiz eingesetzte Regierungskommission hat am 26. Februar 2002 diesen Kodex verabschiedet und im Mai 2010 aktualisiert.[52]

---

[50] *Gabler Wirtschaftslexikon* (2012a).
[51] *Sprenger* (2011), S. 70.
[52] *Deutscher Corporate Governance Kodex* (2012a), Startseite.

REGIERUNGSKOMMISSION
Deutscher Corporate Governance Kodex

- ▸ Home
- ▸ News
- ▸ Kodex
- ▸ Mitglieder
- ▸ Entsprechens-
  erklärungen (Links)
- ▸ Archiv
- ▸ Kontakt

English (full version)

News:

10. Corporate Governance
Konferenz in Berlin:

Am 29. und 30. Juni 2011
findet in Berlin die zehnte
Deutsche Corporate
Governance Kodex-
Konferenz statt.

Deutscher Corporate Governance Kodex

Die von der Bundesministerin für Justiz im September 2001 eingesetzte Regierungskommission* hat am 26. Februar 2002 den Deutschen Corporate Governance Kodex verabschiedet.

Der Kodex besitzt über die Entsprechenserklärung gemäß § 161 AktG (eingefügt durch das Transparenz- und Publizitätsgesetz, in Kraft getreten am 26. Juli 2002) eine gesetzliche Grundlage. Er ist im amtlichen Teil des elektronischen Bundesanzeigers in der für die Erklärung nach § 161 AktG maßgeblichen Fassung bekannt gemacht. Dabei ist für das Jahr 2002 zudem die Übergangsregelung gemäß § 15 EGAktG zu beachten.

Auf dieser Internetseite ist der Kodex in seiner aktuellen Fassung veröffentlicht. Berücksichtigt sind die in der Plenarsitzung am 26. Mai 2010 beschlossenen Änderungen, nachdem die Bekanntmachung der geänderten Fassung im elektronischen Bundesanzeiger nunmehr erfolgt ist.

Mit dem Deutschen Corporate Governance Kodex sollen die in Deutschland geltenden Regeln für Unternehmensleitung und -überwachung für nationale wie internationale Investoren transparent gemacht werden, um so das Vertrauen in die Unternehmensführung deutscher Gesellschaften zu stärken. Der Kodex adressiert alle wesentlichen – vor allem internationalen - Kritikpunkte an der deutschen Unternehmensverfassung, nämlich

- mangelhafte Ausrichtung auf Aktionärsinteressen;
- die duale Unternehmensverfassung mit Vorstand und Aufsichtsrat;
- mangelnde Transparenz deutscher Unternehmensführung;
- mangelnde Unabhängigkeit deutscher Aufsichtsräte;
- eingeschränkte Unabhängigkeit der Abschlußprüfer.

Die Bestimmungen und Regelungen des Kodex gehen auf jeden einzelnen dieser Kritikpunkte ein und berücksichtigen dabei die gesetzlichen Rahmenbedingungen. Der Kodex kann selbstverständlich nicht jedes Thema in allen Einzelheiten regeln, sondern gibt einen Rahmen vor, der von den Unternehmen auszufüllen sein wird.

Die Regierungskommission Deutscher Corporate Governance Kodex bleibt auch nach der Bekanntmachung des Kodex bestehen. Sie wird die Entwicklung von Corporate Governance in Gesetzgebung und Praxis verfolgen und mindestens einmal jährlich prüfen, ob der Kodex angepasst werden soll.

Abb. 2.2: Deutscher Corporate Governance Kodex (im Internet)
Quelle: CG (2012a), Startseite

Corporate Governance (CG) wird in der Präambel des „Deutschen Corporate Governance Kodex" wie folgt erläutert:

„Der vorliegende Deutsche Corporate Governance Kodex (der „Kodex") stellt wesentliche gesetzliche Vorschriften zur Leitung und Überwachung deutscher börsennotierter Gesellschaften (Unternehmensführung) dar und enthält international und national anerkannte Standards guter und verantwortungsvoller Unternehmensführung. Der Kodex soll das deutsche Corporate Governance System transparent und nachvollziehbar machen. Er will das Vertrauen der internationalen und nationalen Anleger, der Kunden, der Mitarbeiter und der Öffentlichkeit in die Leitung und Überwachung deutscher börsennotierter Gesellschaften fördern.

Der Kodex verdeutlicht die Verpflichtung von Vorstand und Aufsichtsrat, im Einklang mit den Prinzipien der sozialen Marktwirtschaft für den Bestand des Unternehmens und seine nachhaltige Wertschöpfung zu sorgen (Unternehmensinteresse)."[53]

---

[53] *Deutscher Corporate Governance Kodex* (2012b), S. 1.

Wie aus dem von den Verfassern unterstrichenen Wort „Überwachung" ableitbar ist, wird die Unternehmensführung damit bereits grundsätzlich in Richtung eines angemessenen Internal Control verpflichtet.

„Mit dem Deutschen Corporate Governance Kodex sollen die in Deutschland geltenden Regeln für Unternehmensleitung und -überwachung für nationale wie internationale Investoren transparent gemacht werden, um so das Vertrauen in die Unternehmensführung deutscher Gesellschaften zu stärken. Der Kodex adressiert alle wesentlichen – vor allem internationalen – Kritikpunkte an der deutschen Unternehmensverfassung, nämlich

- mangelhafte Ausrichtung auf Aktionärsinteressen;
- die duale Unternehmensverfassung mit Vorstand und Aufsichtsrat;
- mangelnde Transparenz deutscher Unternehmensführung;
- mangelnde Unabhängigkeit deutscher Aufsichtsräte;
- eingeschränkte Unabhängigkeit der Abschlussprüfer."[54]

„Der Kodex besitzt über die Entsprechenserklärung gemäß § 161 AktG (eingefügt durch das Transparenz- und Publizitätsgesetz, in Kraft getreten am 26. Juli 2002) eine gesetzliche Grundlage." [55]

Nachstehend wird der entsprechende Artikel des AktG wörtlich wiedergegeben:

§ 161 (AktG) Erklärung zum Corporate Governance Kodex

(1) Vorstand und Aufsichtsrat der börsennotierten Gesellschaft erklären jährlich, dass den vom Bundesministerium der Justiz im amtlichen Teil des elektronischen Bundesanzeigers bekannt gemachten Empfehlungen der „Regierungskommission Deutscher Corporate Governance Kodex" entsprochen wurde und wird oder welche Empfehlungen nicht angewendet wurden oder werden und warum nicht. Gleiches gilt für Vorstand und Aufsichtsrat einer Gesellschaft, die ausschließlich andere Wertpapiere als Aktien zum Handel an einem organisierten Markt im Sinn des § 2 Abs. 5 des Wertpapierhandelsgesetzes ausgegeben hat und deren ausgegebene Aktien auf eigene Veranlassung über ein multilaterales Handelssystem im Sinn des § 2 Abs. 3 Satz 1 Nr. 8 des Wertpapierhandelsgesetzes gehandelt werden.

(2) Die Erklärung ist auf der Internetseite der Gesellschaft dauerhaft öffentlich zugänglich zu machen.

Der Deutsche Corporate Governnace Kodex ist wie folgt gegliedert:[56]

1. Präambel
2. Aktionäre und Hauptversammlung
3. Zusammenwirken von Vorstand und Aufsichtsrat
4. Vorstand
5. Aufsichtsrat
6. Transparenz
7. Rechnungslegung und Abschlussprüfung.

---

[54] *Deutscher Corporate Governance Kodex* (2012a), Startseite.

[55] *Deutscher Corporate Governance Kodex* (2012a), Startseite.

[56] *Deutscher Corporate Governance Kodex* (2012b).

Nachfolgend werden die für das Internal Control wichtigsten Passagen des deutschen Corporate Governance Kodex (in der Fassung vom 26.5.2010) zitiert, in denen wir die für das IC besonders bedeutsamen Teile unterstrichen oder „fett" gedruckt hervorgehoben haben:

1. Präambel

…

Deutschen Aktiengesellschaften ist ein duales Führungssystem gesetzlich vorgegeben:
Der Vorstand leitet das Unternehmen in eigener Verantwortung. Die Mitglieder des Vorstands tragen gemeinsam die Verantwortung für die Unternehmensleitung.
Der Vorstandsvorsitzende koordiniert die Arbeit der Vorstandsmitglieder.
Der Aufsichtsrat bestellt, überwacht und berät den Vorstand und ist in Entscheidungen, die von grundlegender Bedeutung für das Unternehmen sind, unmittelbar eingebunden. Der Aufsichtsratsvorsitzende koordiniert die Arbeit im Aufsichtsrat. …"

3. Zusammenwirken von Vorstand und Aufsichtsrat

3.1 Vorstand und Aufsichtsrat arbeiten zum Wohle des Unternehmens eng zusammen.

3.2 Der Vorstand stimmt die strategische Ausrichtung des Unternehmens mit dem Aufsichtsrat ab und erörtert mit ihm in regelmäßigen Abständen den Stand der Strategieumsetzung.

3.3 Für Geschäfte von grundlegender Bedeutung legen die Satzung oder der Aufsichtsrat Zustimmungsvorbehalte zugunsten des Aufsichtsrats fest. Hierzu gehören Entscheidungen oder Maßnahmen, die die Vermögens-, Finanz- oder Ertragslage des Unternehmens grundlegend verändern.

3.4 Die ausreichende Informationsversorgung des Aufsichtsrats ist gemeinsame Aufgabe von Vorstand und Aufsichtsrat. Der Vorstand informiert den Aufsichtsrat regelmäßig, zeitnah und umfassend über alle für das Unternehmen relevanten Fragen der Planung, der Geschäftsentwicklung, der Risikolage, des Risikomanagements und der Compliance. Er geht auf Abweichungen des Geschäftsverlaufs von den aufgestellten Plänen und Zielen unter Angabe von Gründen ein. Der Aufsichtsrat soll die Informations- und Berichtspflichten des Vorstands näher festlegen. Berichte des Vorstands an den Aufsichtsrat sind in der Regel in Textform zu erstatten. Entscheidungsnotwendige Unterlagen, insbesondere der Jahresabschluss, der Konzernabschluss und der Prüfungsbericht, werden den Mitgliedern des Aufsichtsrats möglichst rechtzeitig vor der Sitzung zugeleitet …

4. Vorstand

4.1 Aufgaben und Zuständigkeiten
4.1.1 Der Vorstand leitet das Unternehmen in eigener Verantwortung im Unternehmensinteresse, also unter Berücksichtigung der Belange der Aktionäre, seiner Arbeitnehmer und der sonstigen dem Unternehmen verbundenen Gruppen (Stakeholder) mit dem Ziel nachhaltiger Wertschöpfung.
4.1.2 Der Vorstand entwickelt die strategische Ausrichtung des Unternehmens, stimmt sie mit dem Aufsichtsrat ab und sorgt für ihre Umsetzung.

4.1.3 <u>Der Vorstand hat für die Einhaltung der gesetzlichen Bestimmungen und der unternehmensinternen Richtlinien zu sorgen und wirkt auf deren Beachtung durch die Konzernunternehmen hin (Compliance).</u>
4.1.4 <u>Der Vorstand sorgt für ein angemessenes Risikomanagement und Risikocontrolling im Unternehmen.</u>
… .

5. Aufsichtsrat

5.1 Aufgaben und Zuständigkeiten
5.1.1 Aufgabe des Aufsichtsrats ist es, den Vorstand bei der Leitung des Unternehmens regelmäßig zu beraten und zu <u>überwachen</u>. Er ist in Entscheidungen von grundlegender Bedeutung für das Unternehmen einzubinden.
5.1.2 Der Aufsichtsrat bestellt und entlässt die Mitglieder des Vorstands. Bei der Zusammensetzung des Vorstands soll der Aufsichtsrat auch auf Vielfalt (Diversity) achten und dabei insbesondere eine angemessene Berücksichtigung von Frauen anstreben. Er soll gemeinsam mit dem Vorstand für eine langfristige Nachfolgeplanung sorgen. Der Aufsichtsrat kann die Vorbereitung der Bestellung von Vorstandsmitgliedern sowie der Behandlung der Bedingungen des Anstellungsvertrages einschließlich der Vergütung Ausschüssen übertragen. Bei Erstbestellungen sollte die maximal mögliche Bestelldauer von fünf Jahren nicht die Regel sein. Eine Wiederbestellung vor Ablauf eines Jahres vor dem Ende der Bestelldauer bei gleichzeitiger Aufhebung der laufenden Bestellung soll nur bei Vorliegen besonderer Umstände erfolgen. Eine Altersgrenze für Vorstandsmitglieder soll festgelegt werden.
5.1.3 Der Aufsichtsrat soll sich eine Geschäftsordnung geben.

5.2 Aufgaben und Befugnisse des Aufsichtsratsvorsitzenden
Der Aufsichtsratsvorsitzende koordiniert die Arbeit im Aufsichtsrat, leitet dessen Sitzungen und nimmt die Belange des Aufsichtsrats nach außen wahr. Der Aufsichtsratsvorsitzende soll zugleich Vorsitzender der Ausschüsse sein, die die
Vorstandsverträge behandeln und die Aufsichtsratssitzungen vorbereiten. <u>Den Vorsitz im Prüfungsausschuss (Audit Committee) sollte er nicht innehaben.</u> Der Aufsichtsratsvorsitzende soll mit dem Vorstand, insbesondere mit dem Vorsitzenden bzw. Sprecher des Vorstands, regelmäßig Kontakt halten und mit ihm die Strategie, die Geschäftsentwicklung und <u>das Risikomanagement des Unternehmens</u> beraten. Der Aufsichtsratsvorsitzende wird über wichtige Ereignisse, die für die Beurteilung der Lage und Entwicklung sowie für die Leitung des Unternehmens von wesentlicher Bedeutung sind, außerordentliche Aufsichtsratssitzungen einberufen.

5.3 Bildung von Ausschüssen
5.3.1 Der Aufsichtsrat soll abhängig von den spezifischen Gegebenheiten des Unternehmens und der Anzahl seiner Mitglieder fachlich qualifizierte Ausschüsse bilden. Diese dienen der Steigerung der Effizienz der Aufsichtsratsarbeit und der Behandlung komplexer Sachverhalte. Die jeweiligen Ausschussvorsitzenden berichten regelmäßig an den Aufsichtsrat über die Arbeit der Ausschüsse.

5.3.2 Der Aufsichtsrat soll einen Prüfungsausschuss (Audit Committee) einrichten, der sich insbesondere mit Fragen der Rechnungslegung, des Risikomanagements und der Compliance, der erforderlichen Unabhängigkeit des Abschlussprüfers, der Erteilung des Prüfungsauftrags an den Abschlussprüfer, der Bestimmung von Prüfungsschwerpunkten und der Honorarvereinbarung befasst. Der Vorsitzende des Prüfungsausschusses soll über besondere Kenntnisse und Erfahrungen in der Anwendung von Rechnungslegungsgrundsätzen und internen Kontrollverfahren verfügen. Er sollte unabhängig und kein ehemaliges Vorstandsmitglied der Gesellschaft sein, dessen Bestellung vor weniger als zwei Jahren endete. ... .

Wie aus obigen Corporate Governance Kodex-Passagen ersichtlich ist, werden Vorstand und Aufsichtsrat im Rahmen von Risikomanagement und „Compliance" zur Überwachung des Unternehmens verpflichtet; der Aufsichtsrat soll dazu insb. einen Prüfungsausschuss einrichten, dessen Vorsitzender über eine besondere Kenntnis von Rechnungslegungsgrundsätzen und Kontrollverfahren verfügt.

Am Beispiel des größten deutschen Unternehmens – der Volkswagen AG – kann die Umsetzung der deutschen Corporate Governance-Vorgaben demonstriert werden. Bei der VW AG finden sich Angaben dazu sowohl unter „Investor Relations" im Internet als auch im jährlichen Geschäftsbericht; der VW-Konzern hatte 2011 einen Umsatz von 159.337 Mrd. Euro und 501.956 Mitarbeiter.[57]

Abb. 2.3: VW Internet: Corporate Governance Entsprechenserklärung 2012
Quelle: VW (2012c).

Auf der VW-Internetseite findet sich jeweils die aktuelle Corporate Governance-Entsprechenserklärung, mit der das Unternehmen (entsprechend § 161 AktG) auf die Übereinstimmung mit den deutschen Corporate Governance-Vorgaben hinweist.

---

[57] *VW* (2012a), S. 175 und 205.

Erklärung des Vorstands und des Aufsichtsrats der
VOLKSWAGEN AG
zu den Empfehlungen der
„Regierungskommission Deutscher Corporate Governance Kodex"
gemäß § 161 Aktiengesetz

Vorstand und Aufsichtsrat der Volkswagen AG erklären, dass den vom Bundesministe-rium der Justiz am 02. Juli 2010 im amtlichen Teil des elektronischen Bundesanzeigers bekannt gemachten Empfehlungen der „Regierungskommission Deutscher Corporate Governance Kodex" in der Fassung vom 26. Mai 2010 seit der Abgabe der letzten Ent-sprechenserklärung am 18. November 2011 mit Ausnahme der Ziffer 4.2.3 Abs. 4 (Ab-findungs-Cap) uneingeschränkt entsprochen wurde.

Den Empfehlungen der „Regierungskommission Deutscher Corporate Governance Ko-dex" wird mit Ausnahme der Ziffern 4.2.3 Abs. 4 (Abfindungs-Cap), 5.1.2 (Altersgrenze für Vorstandsmitglieder) und 5.5.3 Satz 1 (Bericht an die Hauptversammlung über auf-getretene Interessenkonflikte und deren Behandlung) uneingeschränkt entsprochen.

Das Abfindungs-Cap wurde und wird bei Neuabschluss von Vorstandsverträgen be-rücksichtigt, nicht jedoch bei Abschluss von Verträgen mit Vorständen ab deren dritter Amtszeit, soweit im ersten Vertrag kein Cap vorgesehen war. Insoweit wurde Be-standsschutz eingeräumt.

Eine Altersgrenze für Vorstandsmitglieder wird nicht mehr für angemessen erachtet, da die Fähigkeit, das Unternehmen erfolgreich zu führen, nicht generell bei Erreichen ei-nes bestimmten Alters entfällt. Eine starre Altersgrenze könnte sich auch diskriminie-rend auswirken. Das Unternehmensinteresse kann eine Bestellung über das 65. Le-bensjahr hinaus erfordern. Eine starre Altersgrenze erscheint daher nicht sinnvoll.

Das Oberlandesgericht Frankfurt am Main hat in einem Urteil vom 5. Juli 2011(Az. 5U 104/10) die Entlastung von Vorstand und Aufsichtsrat einer börsennotierten Aktienge-sellschaft durch deren Hauptversammlung unter anderem deshalb für nichtig erklärt, weil deren Bericht an die Hauptversammlung über Interessenkonflikte und deren Be-handlung nicht detailliert genug gewesen sei.
Insbesondere vor dem Hintergrund der aktienrechtlichen Verschwiegenheitsverpflich-tung nach §§ 93, 116 AktG resultiert aus diesem Urteil eine Unsicherheit hinsichtlich des erforderlichen Umfangs der vom Kodex verlangten Berichterstattung.
Deshalb erklären wir vorsorglich die Ausnahme von Ziffer 5.5.3 Satz 1 des Deutschen Corporate Governance Kodex.
Dessen ungeachtet werden wir auch in Zukunft über aufgetretene Interessenkonflikte und deren Behandlung im bisherigen Umfang informieren.

Wolfsburg, den 27. Februar 2012

Für den Aufsichtsrat   Für den Vorstand

Abb. 2.4:   Entsprechenserklärung der VOLKSWAGEN AG
Quelle: VW (2012c) .

2.2.2 AktG

Das deutsche AktG gilt für – zumeist große – Unternehmen in der Rechtsform der Aktiengesellschaft; in vielen Fällen sind sie börsennotiert. Zur Unternehmensüberwachung bzw. -kontrolle oder Internal Control sind aus dem AktG (AktG einschließlich der durch KonTraG und BilMoG dort erfolgten Änderungen) folgende Normen von Bedeutung, wobei auch hier die uns für das IC besonders relevant erscheinenden Passagen hervorgehoben sind:

§ 76 Leitung der Aktienesellschaft
(1) Der Vorstand hat unter eigener Verantwortung die Gesellschaft zu leiten.

„§ 91 Organisation. Buchführung
(1) Der Vorstand hat dafür zu sorgen, dass die erforderlichen Handelsbücher geführt werden.
(2) Der Vorstand hat geeignete Maßnahmen zu treffen, insbesondere ein Überwachungssystem einzurichten, damit den Fortbestand der Gesellschaft gefährdende Entwicklungen früh erkannt werden."

§ 93 Sorgfaltspflicht und Verantwortlichkeit der Vorstandsmitglieder
(1) Die Vorstandsmitglieder haben bei ihrer Geschäftsführung die Sorgfalt eines ordentlichen und gewissenhaften Geschäftsleiters anzuwenden. Eine Pflichtverletzung liegt nicht vor, wenn das Vorstandsmitglied bei einer unternehmerischen Entscheidung vernünftigerweise annehmen durfte, auf der Grundlage angemessener Information zum Wohle der Gesellschaft zu handeln. Über vertrauliche Angaben und Geheimnisse der Gesellschaft, namentlich Betriebs- oder Geschäftsgeheimnisse, die den Vorstandsmitgliedern durch ihre Tätigkeit im Vorstand bekanntgeworden sind, haben sie Stillschweigen zu bewahren. Die Pflicht des Satzes 3 gilt nicht gegenüber einer nach § 342b des Handelsgesetzbuchs anerkannten Prüfstelle im Rahmen einer von dieser durchgeführten Prüfung.
(2) **Vorstandsmitglieder, die ihre Pflichten verletzen, sind der Gesellschaft zum Ersatz des daraus entstehenden Schadens als Gesamtschuldner verpflichtet.** Ist streitig, ob sie die Sorgfalt eines ordentlichen und gewissenhaften Geschäftsleiters angewandt haben, so trifft sie die Beweislast. Schließt die Gesellschaft eine Versicherung zur Absicherung eines Vorstandsmitglieds gegen Risiken aus dessen beruflicher Tätigkeit für die Gesellschaft ab, ist ein Selbstbehalt von mindestens 10 Prozent des Schadens bis mindestens zur Höhe des Eineinhalbfachen der festen jährlichen Vergütung des Vorstandsmitglieds vorzusehen."

§ 107 (AktG) Innere Ordnung des Aufsichtsrats
(1) Der Aufsichtsrat hat nach näherer Bestimmung der Satzung aus seiner Mitte einen Vorsitzenden und mindestens einen Stellvertreter zu wählen. Der Vorstand hat zum Handelsregister anzumelden, wer gewählt ist. Der Stellvertreter hat nur dann die Rechte und Pflichten des Vorsitzenden, wenn dieser verhindert ist.
…
(3) Der Aufsichtsrat kann aus seiner Mitte einen oder mehrere Ausschüsse bestellen, namentlich, um seine Verhandlungen und Beschlüsse vorzubereiten oder die Ausführung seiner Beschlüsse zu überwachen. Er kann insbesondere einen **Prüfungsausschuss** bestellen, der sich mit der **Überwachung des Rechnungslegungsprozesses**, der **Wirksamkeit des internen Kontrollsystems**, des **Risikomanagementsystems** und des **internen Revisi-**

onssystems sowie der Abschlussprüfung, hier insbesondere der Unabhängigkeit des Abschlussprüfers und der vom Abschlussprüfer zusätzlich erbrachten Leistungen, befasst.
….

 (4) Richtet der Aufsichtsrat einer Gesellschaft im Sinn des § 264d des Handelsgesetzbuchs einen Prüfungsausschuss im Sinn des Absatzes 3 Satz 2 ein, so muss mindestens ein Mitglied die Voraussetzungen des § 100 Abs. 5 erfüllen."

§ 111 Aufgaben und Rechte des Aufsichtsrats
(1) **Der Aufsichtsrat hat die Geschäftsführung zu überwachen.**
(2) Der Aufsichtsrat kann die Bücher und Schriften der Gesellschaft sowie die Vermögensgegenstände, namentlich die Gesellschaftskasse und die Bestände an Wertpapieren und Waren, einsehen und prüfen. Er kann damit auch einzelne Mitglieder oder für bestimmte Aufgaben besondere Sachverständige beauftragen. Er erteilt dem Abschlußprüfer den Prüfungsauftrag für den Jahres- und den Konzernabschluss gemäß § 290 des Handelsgesetzbuchs.
(3) Der Aufsichtsrat hat eine Hauptversammlung einzuberufen, wenn das Wohl der Gesellschaft es fordert. Für den Beschluss genügt die einfache Mehrheit.
(4) Maßnahmen der Geschäftsführung können dem Aufsichtsrat nicht übertragen werden. Die Satzung oder der Aufsichtsrat hat jedoch zu bestimmen, daß bestimmte Arten von Geschäften nur mit seiner Zustimmung vorgenommen werden dürfen. Verweigert der Aufsichtsrat seine Zustimmung, so kann der Vorstand verlangen, daß die Hauptversammlung über die Zustimmung beschließt. Der Beschluss, durch den die Hauptversammlung zustimmt, bedarf einer Mehrheit, die mindestens drei Viertel der abgegebenen Stimmen umfaßt. Die Satzung kann weder eine andere Mehrheit noch weitere Erfordernisse bestimmen.
(5) Die Aufsichtsratsmitglieder können ihre Aufgaben nicht durch andere wahrnehmen lassen.

§ 171 (AktG) Prüfung durch den Aufsichtsrat
(1) Der Aufsichtsrat hat den Jahresabschluß, den **Lagebericht** und den Vorschlag für die Verwendung des Bilanzgewinns zu prüfen, bei Mutterunternehmen (§ 290 Abs. 1, 2 des Handelsgesetzbuchs) auch den Konzernabschluß und den Konzernlagebericht. Ist der Jahresabschluss oder der Konzernabschluss durch einen Abschlussprüfer zu prüfen, so hat dieser an den Verhandlungen des Aufsichtsrats oder des **Prüfungsausschusses** über diese Vorlagen teilzunehmen und über die wesentlichen Ergebnisse seiner Prüfung, insbesondere **wesentliche Schwächen des internen Kontroll- und des Risikomanagementsystems bezogen auf den Rechnungslegungsprozess,** zu berichten. Er informiert über Umstände, die seine Befangenheit besorgen lassen und über Leistungen, die er zusätzlich zu den Abschlussprüfungsleistungen erbracht hat.
(2) Der Aufsichtsrat hat über das Ergebnis der Prüfung schriftlich an die Hauptversammlung zu berichten. In dem Bericht hat der Aufsichtsrat auch mitzuteilen, in welcher Art und in welchem Umfang er die Geschäftsführung der Gesellschaft während des Geschäftsjahrs geprüft hat; bei börsennotierten Gesellschaften hat er insbesondere anzugeben, welche Ausschüsse gebildet worden sind, sowie die Zahl seiner Sitzungen und die der Ausschüsse mitzuteilen. Ist der Jahresabschluß durch einen Abschlußprüfer zu prüfen, so hat der Aufsichtsrat ferner zu dem Ergebnis der Prüfung des Jahresabschlusses durch den Abschlußprüfer Stellung zu nehmen. Am Schluß des Berichts hat der Aufsichtsrat zu erklären, ob

nach dem abschließenden Ergebnis seiner Prüfung Einwendungen zu erheben sind und ob er den vom Vorstand aufgestellten Jahresabschluß billigt. Bei Mutterunternehmen (§ 290 Abs. 1, 2 des Handelsgesetzbuchs) finden die Sätze 3 und 4 entsprechende Anwendung auf den Konzernabschluss.
…"

Wie aus den obigen AktG-Auszügen ableitbar ist, werden Vorstand und Aufsichtsrat hiermit explizit zur Überwachung bzw. Kontrolle des Unternehmens verpflichtet:

- Der Vorstand ist zunächst bereits aus seiner generellen Leitungs- und Sorgfaltspflicht heraus zu ausreichenden Kontrollen verpflichtet. Mit § 91 wird ihm die Einrichtung eines Überwachungssystems explizit abverlangt.
- Der Aufsichtsrat ist im deutschen Aktienrecht bereits grundsätzlich als Überwachungsgremium vorgesehen. Mit § 171 wird ihm bzw. dem zugeordneten Prüfungsausschuss ausdrücklich eine „Überwachung des Rechnungslegungsprozesses, der Wirksamkeit des internen Kontrollsystems, des Risikomanagementsystems und des internen Revisionssystems sowie der Abschlussprüfung" auferlegt.

2.2.3   HGB (und GoB)

Das Handelsgesetzbuch (HGB) gilt in Deutschland für alle Unternehmen unabhängig von der Rechtsform. Bestimmte Gesellschaften wie Aktiengesellschaften müssen zusätzliche Normen, etwa das Aktienrecht, beachten.

„Die Vorschriften des Handelsrechts betreffen im Wesentlichen die Rechtsbeziehungen des Kaufmanns zu seinen Geschäftspartnern, die wettbewerbsrechtlichen und gesellschaftsrechtlichen Beziehungen zu anderen Unternehmern. Das Handelsgesetzbuch (HGB) vom 10.5.1897 (RGBl. 219) m. spät. Änd. geht in § 1 HGB vom Kaufmannsbegriff aus, der seit dem Handelsrechtsreformgesetz vom 22.6.1998 (BGBl. I 1474) jeden Betreiber eines Handelsgewerbes erfasst (Kaufmann). …

Der Schwerpunkt des Handelsrechts liegt beim Privatrecht. …

Das Handelsrecht gilt für alle Kaufleute mit Vorrang vor dem Bürgerlichen Recht (Art. 2 EGHGB). Oft ergänzt das allgemeine Bürgerliche Recht jedoch das Handelsrecht, z. B. bei der Vollmacht, dem Recht der OHG und KG, dem Kauf- und Werkvertragsrecht. Das Handelsrecht ist auch auf einseitige Handelsgeschäfte anzuwenden, bei denen nur ein Vertragspartner Kaufmann ist, es sei denn, dass die Geltung ausdrücklich auf beiderseitige Handelsgeschäfte beschränkt ist (z. B. die Mängelrüge gemäß § 377 HGB)."[58]

Zur Unternehmensüberwachung bzw. -kontrolle oder Internal Control sind im Handelsgesetzbuch (HGB einschließlich der durch KonTraG und BilMoG dort erfolgten Änderungen) folgende wiedergegebene Paragraphen bedeutend, in denen wir die für das IC besonders relevanten Passagen hervorheben:

§ 289 (HGB)
(1) Im Lagebericht sind der Geschäftsverlauf einschließlich des Geschäftsergebnisses und die Lage der Kapitalgesellschaft so darzustellen, dass ein den tatsächlichen Verhältnissen entsprechendes Bild vermittelt wird. Er hat eine ausgewogene und umfassende, dem Um-

---

[58] *Gabler Wirtschaftslexikon* (2012b).

fang und der Komplexität der Geschäftstätigkeit entsprechende Analyse des Geschäftsverlaufs und der Lage der Gesellschaft zu enthalten. In die Analyse sind die für die Geschäftstätigkeit bedeutsamsten finanziellen Leistungsindikatoren einzubeziehen und unter Bezugnahme auf die im Jahresabschluss ausgewiesenen Beträge und Angaben zu erläutern. Ferner ist im Lagebericht die voraussichtliche Entwicklung mit ihren wesentlichen Chancen und Risiken zu beurteilen und zu erläutern; zugrunde liegende Annahmen sind anzugeben. Die gesetzlichen Vertreter einer Kapitalgesellschaft im Sinne des § 264 Abs. 2 Satz 3 haben zu versichern, dass nach bestem Wissen im Lagebericht der Geschäftsverlauf einschließlich des Geschäftsergebnisses und die Lage der Kapitalgesellschaft so dargestellt sind, dass ein den tatsächlichen Verhältnissen entsprechendes Bild vermittelt wird, und dass die wesentlichen Chancen und Risiken im Sinne des Satzes 4 beschrieben sind.

(2) Der Lagebericht soll auch eingehen auf:

1. Vorgänge von besonderer Bedeutung, die nach dem Schluß des Geschäftsjahrs eingetreten sind;

2. a) die Risikomanagementziele und -methoden der Gesellschaft einschließlich ihrer Methoden zur Absicherung aller wichtigen Arten von Transaktionen, die im Rahmen der Bilanzierung von Sicherungsgeschäften erfasst werden, sowie
b) die Preisänderungs-, Ausfall- und Liquiditätsrisiken sowie die Risiken aus Zahlungsstromschwankungen, denen die Gesellschaft ausgesetzt ist, jeweils in Bezug auf die Verwendung von Finanzinstrumenten durch die Gesellschaft und sofern dies für die Beurteilung der Lage oder der voraussichtlichen Entwicklung von Belang ist;

3. den Bereich Forschung und Entwicklung;

4. bestehende Zweigniederlassungen der Gesellschaft;

5. die Grundzüge des Vergütungssystems der Gesellschaft für die in § 285 Nr. 9 genannten Gesamtbezüge, soweit es sich um eine börsennotierte Aktiengesellschaft handelt. Werden dabei auch Angaben entsprechend § 285 Nr. 9 Buchstabe a Satz 5 bis 8 gemacht, können diese im Anhang unterbleiben.

(3) Bei einer großen Kapitalgesellschaft (§ 267 Abs. 3) gilt Absatz 1 Satz 3 entsprechend für nichtfinanzielle Leistungsindikatoren, wie Informationen über Umwelt- und Arbeitnehmerbelange, soweit sie für das Verständnis des Geschäftsverlaufs oder der Lage von Bedeutung sind.
…
(5) Kapitalgesellschaften im Sinn des § 264d haben im Lagebericht die wesentlichen Merkmale des internen Kontroll- und des Risikomanagementsystems im Hinblick auf den Rechnungslegungsprozess zu beschreiben."

§ 289a Erklärung zur Unternehmensführung

(1) Börsennotierte Aktiengesellschaften sowie Aktiengesellschaften, die ausschließlich andere Wertpapiere als Aktien zum Handel an einem organisierten Markt im Sinn des § 2 Abs. 5 des Wertpapierhandelsgesetzes ausgegeben haben und deren ausgegebene Aktien auf eigene Veranlassung über ein multilaterales Handelssystem im Sinn des § 2 Abs. 3 Satz

1 Nr. 8 des Wertpapierhandelsgesetzes gehandelt werden, <u>haben eine Erklärung zur Unternehmensführung in ihren Lagebericht aufzunehmen, die dort einen gesonderten Abschnitt bildet</u>. Sie kann auch auf der Internetseite der Gesellschaft öffentlich zugänglich gemacht werden. In diesem Fall ist in den Lagebericht eine Bezugnahme aufzunehmen, welche die Angabe der Internetseite enthält.

(2) In die Erklärung zur Unternehmensführung sind aufzunehmen

1. <u>die Erklärung gemäß § 161 des Aktiengesetzes;</u>

2. relevante Angaben zu Unternehmensführungspraktiken, die über die gesetzlichen Anforderungen hinaus angewandt werden, nebst Hinweis, wo sie öffentlich zugänglich sind;

3. eine Beschreibung der Arbeitsweise von Vorstand und Aufsichtsrat sowie der Zusammensetzung und Arbeitsweise von deren Ausschüssen; sind die Informationen auf der Internetseite der Gesellschaft öffentlich zugänglich, kann darauf verwiesen werden.

§ 315 (HGB)

(1) Im Konzernlagebericht sind der Geschäftsverlauf einschließlich des Geschäftsergebnisses und die Lage des Konzerns so darzustellen, dass ein den tatsächlichen Verhältnissen entsprechendes Bild vermittelt wird. Er hat eine ausgewogene und umfassende, dem Umfang und der Komplexität der Geschäftstätigkeit entsprechende Analyse des Geschäftsverlaufs und der Lage des Konzerns zu enthalten. In die Analyse sind die für die Geschäftstätigkeit bedeutsamsten finanziellen Leistungsindikatoren einzubeziehen und unter Bezugnahme auf die im Konzernabschluss ausgewiesenen Beträge und Angaben zu erläutern. Satz 3 gilt entsprechend für nichtfinanzielle Leistungsindikatoren, wie Informationen über Umwelt- und Arbeitnehmerbelange, soweit sie für das Verständnis des Geschäftsverlaufs oder der Lage von Bedeutung sind. Ferner ist im Konzernlagebericht die voraussichtliche Entwicklung mit ihren wesentlichen Chancen und Risiken zu beurteilen und zu erläutern; zugrunde liegende Annahmen sind anzugeben. Die gesetzlichen Vertreter eines Mutterunternehmens im Sinne des § 297 Abs. 2 Satz 4 haben zu versichern, dass nach bestem Wissen im Konzernlagebericht der Geschäftsverlauf einschließlich des Geschäftsergebnisses und die Lage des Konzerns so dargestellt sind, dass ein den tatsächlichen Verhältnissen entsprechendes Bild vermittelt wird, und dass die wesentlichen Chancen und Risiken im Sinne des Satzes 5 beschrieben sind.

(2) Der Konzernlagebericht soll auch eingehen auf:

1. Vorgänge von besonderer Bedeutung, die nach dem Schluß des Konzerngeschäftsjahrs eingetreten sind;

2. a) <u>die Risikomanagementziele und -methoden des Konzerns</u> einschließlich seiner Methoden zur Absicherung aller wichtigen Arten von Transaktionen,

b) die Preisänderungs-, Ausfall- und Liquiditätsrisiken sowie die Risiken aus Zahlungsstromschwankungen, denen der Konzern ausgesetzt ist, jeweils in Bezug auf die Verwendung von Finanzinstrumenten durch den Konzern und sofern dies für die Beurteilung der Lage oder der voraussichtlichen Entwicklung von Belang ist;

3. den Bereich Forschung und Entwicklung des Konzerns;

4. die Grundzüge des Vergütungssystems für die in § 314 Abs. 1 Nr. 6 genannten Gesamtbezüge, soweit das Mutterunternehmen eine börsennotierte Aktiengesellschaft ist. Werden
dabei auch Angaben entsprechend § 314 Abs. 1 Nr. 6 Buchstabe a Satz 5 bis 8 gemacht,
können diese im Konzernanhang unterbleiben;

5. die wesentlichen Merkmale des internen Kontroll- und des Risikomanagementsystems
im Hinblick auf den Konzernrechnungslegungsprozess, sofern eines der in den Konzernabschluss einbezogenen Tochterunternehmen oder das Mutterunternehmen kapitalmarktorientiert im Sinn des § 264d ist.

Wie aus den obigen HGB-Auszügen ableitbar ist, werden hierin dem AktG vergleichbare
Vorgaben zum Internal Control gemacht:

- Die Unternehmen müssen eine Erklärung zur Unternehmensführung abgeben, die der
  Erklärung gemäß § 161 des AktG entspricht.
- Die Unternehmen müssen beim Jahresabschluss einen Lagebericht erstellen, in dem die
  wesentlichen Chancen und Risiken sowie die Risikomanagementziele und -methoden
  aufgezeigt werden.
- Im Lagebericht müssen insbesondere auch die wesentlichen Merkmale des internen
  Kontroll- und des Risikomanagementsystems im Hinblick auf den Konzernrechnungsle-
  gungsprozess dargestellt werden.

Grundsätze ordnungsmäßiger Buchführung

Die Vorgaben des HGB werden in Deutschland durch die GoB (Grundsätze ordnungsmäßiger Buchführung) ergänzt. Die GoB beinhalten bestimmte Regeln der Rechnungslegung; sie
„bilden die allg. Grundlage für die handelsrechtliche Bilanzierung und sollen die mit der
Erstellung und Veröffentlichung von Jahresabschlüssen verbundenen legislatorischen
Zwecksetzungen gewährleisten." [59]

„Die Grundsätze ordnungsmäßiger Buchführung (GoB) haben Rechtsnormcharakter, d. h. sie
sind verbindlich anzuwenden, wenn Gesetzeslücken vorhanden sind, Zweifelsfragen bei der
Gesetzesauslegung auftreten und eine Rechtsanpassung an veränderte wirtschaftliche Ver-
hältnisse stattfinden muss. Insofern spricht man auch von einem unbestimmten Rechtsbe-
griff. Im HGB 1985 hat der Gesetzgeber erstmalig bestimmte Prinzipien, die seit langem als
rechtsform- und größenunabhängige Grundsätze ordnungsmäßiger Buchführung (GoB) anerkannt waren, einzeln kodifiziert. Die Anwendungsbereiche der Grundsätze ordnungsmäßiger
Buchführung (GoB) können nach überwiegender Meinung unterschieden werden in Grundsätze ordnungsmäßiger Buchführung (i.e.S.), Grundsätze ordnungsmäßiger Inventur sowie
Grundsätze ordnungsmäßiger Bilanzierung." [60]

Es werden folgende Grundsätze ordnungsmäßiger Buchführung (GoB) i.e.S. unterschieden:[61]

„Als Ausfluss des **Grundsatzes der Klarheit und Übersichtlichkeit (Nachprüfbarkeit)**
soll die Buchführung so beschaffen sein, dass sie einem sachverständigen Dritten innerhalb
angemessener Zeit einen Überblick über die Geschäftsvorfälle, ihre Entstehung und Abwick-

---

[59] *Gabler Wirtschaftslexikon* (2012c).
[60] *Gabler Wirtschaftslexikon* (2012c).
[61] *Gabler Wirtschaftslexikon* (2012c).

lung und die Lage des Unternehmens vermitteln kann." (§ 238 HGB, § 145 I AO). Notwendig sind Eintragungen in einer lebenden Sprache; bes. bei EDV-Buchführung dürfen auch Abkürzungen, Ziffern, Buchstaben oder Symbole verwendet werden, wenn ihre Bedeutung in Organisationsplänen, Programmbeschreibungen, Datenflussplänen o.Ä. eindeutig festliegt (§ 239 HGB).

Die **Grundsätze der Vollständigkeit sowie formellen und materiellen Richtigkeit** verlangen, dass keine Geschäftsvorfälle weggelassen, hinzugefügt oder anders dargestellt werden als sie sich tatsächlich abgespielt haben. Konten dürfen nicht auf falsche oder erdichtete Namen geführt werden. Bei der Führung von Büchern oder bei Belegbuchhaltung soll Blatt für Blatt oder Seite für Seite fortlaufend nummeriert sein. Der ursprüngliche Buchungsinhalt darf nicht unleserlich gemacht werden. Zwischen den Buchungen dürfen keine Zwischenräume gelassen werden (Buchhalternase). Bei EDV-Buchführungen müssen Änderungen und Korrekturen automatisch aufgezeichnet werden (§ 239 III HGB).

Sämtliche Buchungen müssen aufgrund der Belege jederzeit nachprüfbar sein (**„keine Buchung ohne Beleg", Belegprinzip**). Der Zusammenhang zwischen Geschäftsvorfall, Beleg und Konto ist durch ein Grundbuch herzustellen, das auch in einer geordneten und übersichtlichen Belegablage bestehen kann. Die Erfüllung der Grundbuchfunktion ist bei EDV-Buchführung durch Ausdruck oder Ausgabe auf Mikrofilm, bei der Speicherbuchführung durch jederzeitige Ausdruckbereitschaft sicherzustellen.

Der **Grundsatz der rechtzeitigen und geordneten Buchung** verlangt, dass die Buchungen innerhalb einer angemessenen Frist in ihrer zeitlichen Reihenfolge vorgenommen werden. Kasseneinnahmen und -ausgaben sollen i. d. R. täglich festgehalten werden (§ 146 I AO). Im Kontokorrentbuch sind alle Käufe und Verkäufe auf Kredit kontenmäßig festzuhalten. Bei nur gelegentlich unbarem Geschäftsverkehr braucht ein Kontokorrentbuch nicht geführt zu werden, wenn für jeden Bilanzstichtag über die bestehenden Forderungen und Schulden Personenübersichten geführt werden. Bei Einzelhändlern ist eine vereinfachte Buchung kleinerer Kreditgeschäfte zulässig (im Wareneingangsbuch in einer bes. Spalte, Kreditverkäufe in einer Kladde, Debitoren- oder Kreditorenverzeichnis zum Bilanzstichtag). Die ersatzweise Führung einer Offene-Posten-Buchführung ist bei Einhaltung der Ordnungsmäßigkeitsvoraussetzung möglich.

Die **Aufbewahrungsfrist** für Bücher und Buchungsbelege beträgt zehn Jahre (§ 257 IV HGB).

Bei Verstößen gegen die Grundsätze ordnungsmäßiger Buchführung (GoB) gilt:[62]

„1. Bei erheblichen **formellen Mängeln**, die das Wesen der Buchführung berühren, liegt keine ordnungsmäßige Buchführung vor (z. B. Fehlen notwendiger Aufzeichnungen des Tagebuchs, Kassenbuchs oder des Inventarbuchs, mangelnde Ausdruckbereitschaft bei Speicherbuchführung). Bei kleineren formellen Mängeln ist die Ordnungsmäßigkeit der Buchführung nicht zu beanstanden, wenn das sachliche Ergebnis nicht beeinflusst wird (Buchführungspflicht).

2. Bei **materiellen Mängeln** der Buchführung (z. B. Nichtbuchung oder Falschbuchung von Geschäftsvorfällen, Passivsalden im Kassenbuch) kann sich Folgendes ergeben:

(1) Die Fehler in der Buchführung werden berichtigt;

---

[62] *Gabler Wirtschaftslexikon* (2012c).

(2) das Buchführungsergebnis wird durch eine ergänzende Schätzung berichtigt;

(3) das gesamte Ergebnis wird unter Verwendung der Buchführungsunterlagen geschätzt."

Folgen fehlender Ordnungsmäßigkeit sind:[63]

„1. Steuerlich:

(1) Schätzung der Besteuerungsgrundlagen;

(2) Entzug derjenigen steuerlichen Vergünstigungen, die an das Vorliegen bestimmter Buch-nachweise geknüpft sind;

(3) Umkehrung der Beweislast;

(4) Zwangsmittel, ggf. Steuerstrafverfahren.

2. Straf- und zivilrechtlich:

(1) mangelnder Beweiswert der Geschäftsbücher;

(2) Insolvenzvergehen nach §§ 283 ff. StGB strafbar (Bankrott);

(3) bei Kapitalgesellschaften Versagung des Bestätigungsvermerks."

Die folgende Abbildung gibt einen grafischen Überblick über alle Buchhaltungsgrundsätze:

Dokumentationsgrundsätze	Rahmengrundsätze								

Abb. 2.5:   Das System der handelsrechtlichen GOB
Quelle: in Anlehnung an Baetge (2007), S. 601.

Die GoB stellen grundsätzliche Vorgaben zur Gestaltung der Finanzbuchhaltung und zur Erarbeitung der jahresabschlussbezogenen Berichtsformate dar.[64] Aus der Perspektive des In-ternen Kontrollsystems bzw. des Internal Control zählen sie zu jenen (externen) Vorgaben,

---

[63] *Gabler Wirtschaftslexikon* (2012c).

[64] Vgl. *Baetge* (2007), S. 599 f.

die vornehmlich auf die Beziehungen zu den Stakeholdergruppen der Eigentümer des Unternehmens, ggf. der Arbeitnehmer (z. B. im Fall von Erfolgsbeteiligungen) und des Fiskus gerichtet sind. Vergleichbare Grundsätze finden wir in den USA in den sog. US-GAAPs (US Generally Accepted Accounting Principles); diese umfassen allerdings auch jene Rechnungslegungsvorschriften, die hierzulande gesetzlich kodifiziert sind. Während man früher von dem sog. „House of GAAP" ausging, fasste das FASB 2009 die relevanten Standards, Interpretationen und Stellungnahmen in systematischer Weise in der „Accounting Standard Codification" zusammen. Demnach unterscheidet man heute in den USA zwischen vom FASB autorisierten und nicht autorisierten GAAPs.

2.2.4 Relevante Artikelgesetze (KonTraG, TransPuG, BilMoG)

Das Aktiengesetz und das Handelsrecht wurden in Deutschland durch mehrere sog. Artikelgesetze hinsichtlich Internal Control-Erfordernissen ergänzt und verschärft:

* 1998   KonTraG
* 2002   TransPuG
* 2008   BilMoG

Das **KonTraG (Gesetz zur Kontrolle und Transparenz im Unternehmensbereich)** ist ein „vom Deutschen Bundestag am 5.3.1998 beschlossenes und am 1.5.1998 in Kraft getretenes Artikelgesetz, das insbesondere im Handels- und Aktienrecht Änderungen vornahm. …Mit dem KonTraG sollte die Corporate Governance in deutschen Unternehmen fortentwickelt werden. Zu den bedeutsamsten Neuregelungen gehörte die Erweiterung der Haftung von Vorstand, Aufsichtsrat und Wirtschaftsprüfer. Aktiengesellschaften und Unternehmen, auf die die entsprechenden Bestimmungen des Aktienrechts Ausstrahlungswirkungen haben (z. B. bestimmte GmbH), wurden durch den neu eingeführten § 91 II AktG verpflichtet „geeignete Maßnahmen zu treffen, insbesondere ein Überwachungssystem einzurichten, damit den Fortbestand der Gesellschaft gefährdende Entwicklungen früh erkannt werden" können („Risikofrüherkennungssystem"). Die adäquate Funktionsweise des Risikofrüherkennungssystems ist Teil der Sorgfaltspflicht des Vorstands (§ 93 I S. 1 AktG) und des Aufsichtsrats (§ 116 AktG). Darüber hinaus müssen Aussagen zu den Risiken des Unternehmens im Lagebericht veröffentlicht werden, und das Bestehen und der Betrieb des Risikofrüherkennungssystems müssen vom Abschlussprüfer geprüft werden."[65] Mit dem KonTraG wurde in Bezug auf Überwachung/Kontrolle im Aktiengesetz insb. der Absatz 2 des § 91 „Organisation, Buchführung" ergänzt.

Das **TransPuG/Transparenz- und Publizitätsgesetz** (Langtitel: **Gesetz zur weiteren Reform des Aktien- und Bilanzrechts zu Transparenz und Publizität**) ist ein Artikelgesetz zur Reform des Aktien- und Bilanzrechts. Es ist am 26. Juli 2002 in Kraft getreten ist und soll nach dem Willen des Gesetzgebers einen weiteren Schritt in Richtung auf ein modernes, europakompatibles Unternehmensrecht darstellen.

Am deutschen Unternehmensrecht, bes. am Aktien- und Bilanzrecht wurde bemängelt, dass es die Transparenz der unternehmerischen Entscheidungen nicht gewährleiste. Ziel des Gesetzes war es – nach einer Vielzahl spektakulärer Pannen auf der Ebene der Unternehmens-

---

[65] *Gabler Wirtschaftslexikon* (2012d).

führung – diese Transparenz in der Führung und Überwachung von Unternehmen zu erhöhen. Das Transparenz- und Publizitätsgesetz ändert zu diesem Zweck Regelungen des AktG und erweitert die Publizitätspflichten nach dem HGB. Hinsichtlich Überwachung/Kontrolle wurde vornehmlich der schon erörterte § 161 „Erklärung zum Corporate Governance Kodex" in das AktG eingefügt.

Das BilMoG (Gesetz zur **Modernisierung des Bilanzrechts** oder **Bilanzrechtsmodernisierungsgesetz**) „vom 25.5.2009 (BGBl. 1102) ist am 29.5.2009 in Kraft getreten. ... Es soll nach dem Ziel der Bundesregierung die Wirtschaft durch Herbeiführung von Deregulierungseffekten finanziell in erheblichem Umfang entlasten und das Bilanzrecht des Handelsgesetzbuches für den Wettbewerb mit internationalen Rechnungslegungsstandards (insbes. IFRS) stärken... Das BilMoG wird allseits als eine der tiefgreifendsten Modernisierungen des HGB-Bilanzrechts der letzten Jahre angesehen."[66]

Das BilMoG hat insb. auch die internen Überwachungsvorgaben u. a. durch Änderungen des AktG und des HGB verschärft:

* Aus den Änderungen in § 289 und § 315 HGB ergibt sich vornehmlich eine Verpflichtung zur Dokumentation des internen Kontroll- und Risikomanagementsystems.
* Aus den Änderungen des AktG in § 107 und 171 resultiert, dass der Aufsichtsrat bzw. der von ihm beauftragte Prüfungsausschuss sich auch mit der „Überwachung des Rechnungslegungsprozesses, der Wirksamkeit des internen Kontrollsystems, des Risikomanagementsystems und des internen Revisionssystems" befassen muss. Mit dieser Vorgabe wird in Aktiengesellschaften erstmals auch explizit die Existenz einer Internen Revision verlangt.

Im Gesetz gibt es keine konkreten Vorgaben zur Ausgestaltung des Kontroll- und Risikomanagementsystems.[67] Hinsichtlich Organisation und Dokumentation des Kontroll- und Risikomanagementsystems empfehlen viele WP-Gesellschaften aber eine enge Anlehnung an das in den USA übliche COSO-Modell.

2.2.5   Spezielle Gesetze zur Korruption

Zu den bereits anhand von Statistiken und Erhebungen vorgestellten Wirtschaftskriminalitätsstraftaten gibt es im deutschen Strafgesetzbuch (StGB) u. a. folgende Straftatbestände:

* § 242   Diebstahl
* § 266   Veruntreuung
* § 246   Unterschlagung
* § 263   Betrug

Die speziell für Korruption geltenden deutschen Straftatbestände wurden vom Deutschen Bundestag zuletzt 1997 durch das „Gesetz zur Bekämpfung der Korruption" geändert, indem dazu insbesonders das StGB überarbeitet wurde. Nachfolgend werden die wichtigsten Normen wiedergegeben, wobei wir besonders themenrelevante Passagen wiederum hervorheben:

---

[66] *Gabler Wirtschaftslexikon* (2012e).
[67] *Sybon* (2011), S. 94.

Wie an den Unterstreichungen erkennbar ist, gelten die §§ 299 und 300 für den geschäftlichen privaten Verkehr (Straftaten gegen den Wettbewerb) und die §§ 331 bis 336 insb. für Straftatbestände mit Amtsträgern aus dem öffentlichen Bereich (Straftaten im Amt).

§ 299 Bestechlichkeit und Bestechung im geschäftlichen Verkehr

(1) Wer als Angestellter oder Beauftragter eines geschäftlichen Betriebes im geschäftlichen Verkehr einen Vorteil für sich oder einen Dritten als Gegenleistung dafür fordert, sich versprechen läßt oder annimmt, daß er einen anderen bei dem Bezug von Waren oder gewerblichen Leistungen im Wettbewerb in unlauterer Weise bevorzuge, wird mit Freiheitsstrafe bis zu drei Jahren oder mit Geldstrafe bestraft.

(2) Ebenso wird bestraft, wer im geschäftlichen Verkehr zu Zwecken des Wettbewerbs einem Angestellten oder Beauftragten eines geschäftlichen Betriebes einen Vorteil für diesen oder einen Dritten als Gegenleistung dafür anbietet, verspricht oder gewährt, daß er ihn oder einen anderen bei dem Bezug von Waren oder gewerblichen Leistungen in unlauterer Weise bevorzuge.

§ 300 Besonders schwere Fälle der Bestechlichkeit und Bestechung im geschäftlichen Verkehr

In besonders schweren Fällen wird eine Tat nach § 299 mit Freiheitsstrafe von drei Monaten bis zu fünf Jahren bestraft. Ein besonders schwerer Fall liegt in der Regel vor, wenn
1. die Tat sich auf einen Vorteil großen Ausmaßes bezieht oder
2. der Täter gewerbsmäßig oder als Mitglied einer Bande handelt, die sich zur fortgesetzten Begehung solcher Taten verbunden hat.

§ 331 Vorteilsannahme

(1) Ein Amtsträger oder ein für den öffentlichen Dienst besonders Verpflichteter, der für die Dienstausübung einen Vorteil für sich oder einen Dritten fordert, sich versprechen läßt oder annimmt, wird mit Freiheitsstrafe bis zu drei Jahren oder mit Geldstrafe bestraft.

(2) Ein Richter oder Schiedsrichter, der einen Vorteil für sich oder einen Dritten als Gegenleistung dafür fordert, sich versprechen läßt oder annimmt, daß er eine richterliche Handlung vorgenommen hat oder künftig vornehme, wird mit Freiheitsstrafe bis zu fünf Jahren oder mit Geldstrafe bestraft. Der Versuch ist strafbar.

(3) Die Tat ist nicht nach Absatz 1 strafbar, wenn der Täter einen nicht von ihm geforderten Vorteil sich versprechen läßt oder annimmt und die zuständige Behörde im Rahmen ihrer Befugnisse entweder die Annahme vorher genehmigt hat oder der Täter unverzüglich bei ihr Anzeige erstattet und sie die Annahme genehmigt.

§ 332 Bestechlichkeit

(1) Ein Amtsträger oder ein für den öffentlichen Dienst besonders Verpflichteter, der einen Vorteil für sich oder einen Dritten als Gegenleistung dafür fordert, sich versprechen läßt oder annimmt, daß er eine Diensthandlung vorgenommen hat oder künftig vornehme und dadurch seine Dienstpflichten verletzt hat oder verletzen würde, wird mit Freiheitsstrafe von sechs Monaten bis zu fünf Jahren bestraft. In minder schweren Fällen ist die Strafe Freiheitsstrafe bis zu drei Jahren oder Geldstrafe. Der Versuch ist strafbar.

(2) Ein Richter oder Schiedsrichter, der einen Vorteil für sich oder einen Dritten als Gegenleistung dafür fordert, sich versprechen läßt oder annimmt, daß er eine richterliche Handlung vorgenommen hat oder künftig vornehme und dadurch seine richterlichen Pflichten

verletzt hat oder verletzen würde, wird mit Freiheitsstrafe von einem Jahr bis zu zehn Jahren bestraft. In minder schweren Fällen ist die Strafe Freiheitsstrafe von sechs Monaten bis zu fünf Jahren.

(3) Falls der Täter den Vorteil als Gegenleistung für eine künftige Handlung fordert, sich versprechen läßt oder annimmt, so sind die Absätze 1 und 2 schon dann anzuwenden, wenn er sich dem anderen gegenüber bereit gezeigt hat,

1. bei der Handlung seine Pflichten zu verletzen oder,

2. soweit die Handlung in seinem Ermessen steht, sich bei Ausübung des Ermessens durch den Vorteil beeinflussen zu lassen.

§ 333 Vorteilsgewährung

(1) Wer einem <u>Amtsträger</u>, einem <u>für den öffentlichen Dienst besonders Verpflichteten</u> oder einem Soldaten der Bundeswehr für die Dienstausübung einen Vorteil für diesen oder einen Dritten anbietet, verspricht oder gewährt, wird mit Freiheitsstrafe bis zu drei Jahren oder mit Geldstrafe bestraft.

(2) Wer einem Richter oder Schiedsrichter einen Vorteil für diesen oder einen Dritten als Gegenleistung dafür anbietet, verspricht oder gewährt, daß er eine richterliche Handlung vorgenommen hat oder künftig vornehme, wird mit Freiheitsstrafe bis zu fünf Jahren oder mit Geldstrafe bestraft.

(3) Die Tat ist nicht nach Absatz 1 strafbar, wenn die zuständige Behörde im Rahmen ihrer Befugnisse entweder die Annahme des Vorteils durch den Empfänger vorher genehmigt hat oder sie auf unverzügliche Anzeige des Empfängers genehmigt.

§ 334 Bestechung

(1) Wer einem <u>Amtsträger</u>, einem <u>für den öffentlichen Dienst besonders Verpflichteten</u> oder einem Soldaten der Bundeswehr einen Vorteil für diesen oder einen Dritten als Gegenleistung dafür anbietet, verspricht oder gewährt, daß er eine Diensthandlung vorgenommen hat oder künftig vornehme und dadurch seine Dienstpflichten verletzt hat oder verletzen würde, wird mit Freiheitsstrafe von drei Monaten bis zu fünf Jahren bestraft. In minder schweren Fällen ist die Strafe Freiheitsstrafe bis zu zwei Jahren oder Geldstrafe.

(2) Wer einem Richter oder Schiedsrichter einen Vorteil für diesen oder einen Dritten als Gegenleistung dafür anbietet, verspricht oder gewährt, daß er eine richterliche Handlung

1. vorgenommen und dadurch seine richterlichen Pflichten verletzt hat oder

2. künftig vornehme und dadurch seine richterlichen Pflichten verletzen würde, wird in den Fällen der Nummer 1 mit Freiheitsstrafe von drei Monaten bis zu fünf Jahren, in den Fällen der Nummer 2 mit Freiheitsstrafe von sechs Monaten bis zu fünf Jahren bestraft. Der Versuch ist strafbar.

(3) Falls der Täter den Vorteil als Gegenleistung für eine künftige Handlung anbietet, verspricht oder gewährt, so sind die Absätze 1 und 2 schon dann anzuwenden, wenn er den anderen zu bestimmen versucht, daß dieser

1. bei der Handlung seine Pflichten verletzt oder,

2. soweit die Handlung in seinem Ermessen steht, sich bei der Ausübung des Ermessens durch den Vorteil beeinflussen läßt.

§ 335 Besonders schwere Fälle der Bestechlichkeit und Bestechung

(1) In besonders schweren Fällen wird

1. eine Tat nach
a) § 332 Abs. 1 Satz 1, auch in Verbindung mit Abs. 3, und
b) § 334 Abs. 1 Satz 1 und Abs. 2, jeweils auch in Verbindung mit Abs. 3, mit Freiheitsstrafe von einem Jahr bis zu zehn Jahren und 2. eine Tat nach § 332 Abs. 2, auch in Verbindung mit Abs. 3, mit Freiheitsstrafe nicht unter zwei Jahren bestraft.
(2) Ein besonders schwerer Fall im Sinne des Absatzes 1 liegt in der Regel vor, wenn
1. die Tat sich auf einen Vorteil großen Ausmaßes bezieht,
2. der Täter fortgesetzt Vorteile annimmt, die er als Gegenleistung dafür gefordert hat, daß er eine Diensthandlung künftig vornehme, oder
3. der Täter gewerbsmäßig oder als Mitglied einer Bande handelt, die sich zur fortgesetzten Begehung solcher Taten verbunden hat.

§ 336 Unterlassen der Diensthandlung
Der Vornahme einer Diensthandlung oder einer richterlichen Handlung im Sinne der §§ 331 bis 335 steht das Unterlassen der Handlung gleich.

Die nachstehende Abbildung zeigt die bei Korruption zumeist auftretende Überlappung mehrerer Straftatbestände:

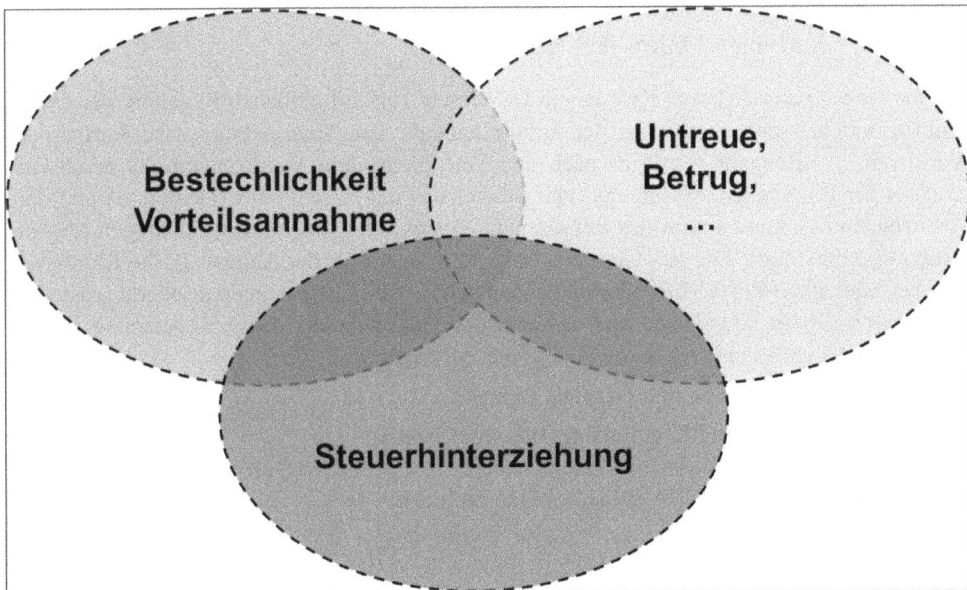

Abb. 2.6:   Überschneidende Straftatbestände bei <u>passiver</u> Korruption
Quelle: Eigene Darstellung

In Tateinheit mit der Bestechlichkeit (im geschäftlichen Verkehr) bzw. der Vorteilsannahme (durch Amtsträger) begehen die Täter zumeist Untreue- oder Betrugsdelikte gegenüber ihrem Arbeitgeber oder Amt, weil sie dem Bestecher einen Vorteil verschaffen müssen. Da die Bestechungsgelder zumeist nicht versteuert werden, erfolgt in der Regel zusätzlich auch noch eine Steuerhinterziehung, denn der Bestochene will seine Korruptionsstraftat natürlich nicht durch Steuerangaben verraten.[68]

Interessanterweise ist bei Korruption in vielen Fällen für die Staatsanwaltschaft die Steuerhinterziehung die am einfachsten beweisbare Straftat, weil unversteuerte Geldzuwendungen sicher belegbar sind, während die Bestechlichkeit und Untreue teilweise nur schwer beweisbar sind. So konnte z. B. die Staatsanwaltschaft im Fall der vom ehemaligen Landesbank-Vorstand *Gribkowsky* im Rahmen von „Formel-1-Anteilverkäufen" erhaltenen Überweisungen von 44 Mio. Dollar zunächst nur die zugehörige Steuerhinterziehung sicher anklagen, während Bestechlichkeit und/oder Untreue schwer nachweisbar waren.[69]

Korruptionsdelikte werden von US-Behörden weltweit intensiv verfolgt. Auch deutsche Firmen, die an US-Börsen notiert sind oder waren, werden nach Korruptionsfällen vom US-Justizministerium und der US-Börsenaufsicht SEC streng bestraft und überwacht. Der Automobilhersteller Daimler musste 185 Mio. USD Strafe unter der Auflage zahlen, unsaubere Geschäftspraktiken in Zukunft zu verhindern. Von den US-Behörden wurde Daimler mit dem ehemaligen FBI-Chef *Louis Freh* dazu ein sogenanter Monitor zur Überwachung zugeordnet, dem der Autokonzern umfangreichste geschäftsinterne Untersuchungen ermöglichen muss. Nach Strafzahlungen von 800 Mio. EUR wegen Korruptionsdelikten steht auch das Unternehmen Siemens unter Aufsicht der SEC.[70]

2.2.6   Sarbanes-Oxley-Act (in USA)

Der Sarbanes-Oxley-Act von 2002 ist ein US-Gesetz zur verbindlichen Regelung der Unternehmensberichterstattung infolge der Bilanzskandale von Unternehmen wie Enron oder Worldcom.[71] [72] Benannt wurde es nach den Verfassern, dem Vorsitzenden des Senatsausschusses für Bankwesen, Wohnungs- und Städtebau *Paul S. Sarbanes* (Demokrat) und dem Vorsitzenden des Ausschusses des Repräsentantenhauses für Finanzdienstleistungen *Michael Oxley* (Republikaner). Ziel des Gesetzes ist es, das Vertrauen der Anleger in die Richtigkeit und Verlässlichkeit der veröffentlichten Finanzdaten von Unternehmen wiederherzustellen. Das Gesetz gilt für inländische und ausländische Unternehmen, deren Wertpapiere an US-Börsen gelistet sind sowie für deren Tochterunternehmen.[73]

Der Sarbanes-Oxley-Act enthält folgende Rubriken:

I   Public Company Accounting Oversight Board
Festlegung von Organisation und Aufgabenbereich des Aufsichtsgremiums über die Abschlussprüfung der in den USA gelisteten Unternehmen.

II   Auditor Independence
Bestimmungen zur Unabhängigkeit der Wirtschaftsprüfer

---

[68] Vgl. *Splinter* (2011), S. 39–67.
[69] Vgl. *SZ* (12.2.2011), S. 25.
[70] Vgl. *Spiegel* (50/2011), S. 82–84.
[71] Vgl. *Henselmann/Hofmann* (2010), S. 80–90.
[72] Vgl. *Westhausen* (2005), S. 98.
[73] Vgl. *Westhausen* (2005), S.101.

III Corporate responsibility
Erläuterung und Erweiterung der Verantwortlichkeiten der einzelnen Unternehmen

IV Enhanced Financial Disclosures
Festlegung von erweiterten Veröffentlichungspflichten für Finanzinformationen

V Analyst Conflicts of Interest
Vorschriften zur Verhinderung von Interessenkonflikten der Finanzanalysten

VI Commission Resources and Authority
Einzelregelung bzgl. Finanzierung und Befugnissen der SEC

VII Studies and Reports
Festlegung der Themen, zu denen US-Behörden Studien und Berichte zu ersellen haben

VIII Corporate and Criminal Fraud Accountability
Regelungen zum Informantenschutz und zu den erweiterten Aufbewahrungspflichten für Dokumente

IX White-Collar Crime Penalty Enhancements
Verschärfung der strafrechtlichen Bestimmungen bei unrichtiger eidessattlicher Bestätigung

X Corporate tax returns
Festlegung zur Unterzeichnung der Steuererklärung durch den CEO

XI Corporate Fraud and Accountability
Bestimmungen zur Verantwortlichkeit der Geschäftsleitung im Falle von Unregelmäßigkeiten

Für das Internal Control besonders bedeutsam ist im Sarbanes-Oxley-Act in Title IV die Section 404, wobei wir auch hier essentielle Passagen hervorheben:

SEC. 404. MANAGEMENT ASSESSMENT OF Internal Controls.

(a) RULES REQUIRED. - The Commission shall prescribe rules requiring each annual report required by section 13(a) or 15(d) of the Securities Exchange Act of 1934 (15 U.S.C. 78m or 78o(d)) to contain an Internal Control report, which shall
(1) state the responsibility of management for establishing and maintaining an adequate Internal Control structure and procedures for financial reporting; and
(2) contain an assessment, as of the end of the most recent fiscal year of the issuer, of the effectiveness of the Internal Control structure and procedures of the issuer for financial reporting.
(b) INTERNAL CONTROL EVALUATION AND REPORTING. - With respect to the Internal Control assessment required by subsection (a), each registered public accounting firm that prepares or issues the audit report for the issuer shall attest to, and report on, the assessment made by the management of the issuer. An attestation made under this subsection shall be made in accordance with standards for attestation engagements issued or

adopted by the Board. Any such attestation shall not be the subject of a separate engagement.

Nach Section 404, der populärsten und kostenintensivsten Vorgabe, muss jeder Jahresbericht eine Beurteilung der Wirksamkeit des internen Kontrollsystems für die Rechnungslegung durch die Geschäftsleitung des Unternehmens und ein Urteil des Wirtschaftsprüfers über die Beurteilung enthalten. Ein internes Kontrollsystem umfasst dabei alle Maßnahmen, die die Qualität der mit der Rechnungslegung erstellten Quartals- und Jahresabschlüsse sicherstellen sollen.

Insgesamt führte dieses Gesetz zu weitreichenden Veränderungen des Corporate Governance. Das 66 Seiten lange Gesetz tangiert verschiedene Aspekte der Corporate Governance, der Compliance und der Berichterstattungspflichten von Publikumsgesellschaften sowie der damit zusammenhängenden Durchsetzung. Einige der wesentlichen Regelungen betreffen:

* Rückzahlung erfolgsabhängiger Vergütungen von CEO und CFO im Falle unrichtiger Abschlüsse, die nachträglich zu Korrekturen führen.
* Verbot der Darlehensgewährung an das Management
* Verschärfte Vorschriften zur Unabhängigkeit der Mitglieder des Prüfungsausschusses (engl. „Audit-Committee")
* Erweiterte finanzielle Offenlegungspflichten (z. B über das interne Kontrollsystem), Verschärfung der Strafvorschriften.

Das SOX macht keine konkreten Vorgaben zur Ausprägung des Internal Control. Das – später vorgestellte – COSO-Kontroll-Modell wird jedoch von der SEC und der PCOAB in den USA als gültiges Instrument zur Umsetzung der Kontrollanforderungen angesehen.[74]

2.3   Unternehmensinterne IC-Vorgaben

Hinsichtlich des Internal Control sind von den jeweiligen Führungskräften neben den für alle Unternehmen allgemein gültigen externen Gesetzen natürlich immer auch die konkretisierten unternehmensspezifischen IC-Umsetzungsvorgaben „ihres" jeweiligen Unternehmens zu beachten. Auch unabhängig von externen Vorschriften sind im Rahmen der Leitungsaufgaben ausreichende Überwachungsmaßnahmen zu setzen, um letztlich die Unternehmensziele zu erreichen.

In jedem Unternehmen gibt es verschiedene interne Vorgaben, von denen ein großer Teil zumeist auch der Detaillierung der internen Kontrollen gewidmet ist.

Entsprechend der Reichweite dieser Vorgaben können grob unterschieden werden:

* Leitlinien auf oberster Unternehmensebene, die auch die sog „Lines of Conduct" umfassen
* Organisationsrichtlinien für das gesamte Unternehmen
* Arbeitsanweisungen bezogen auf bestimmte Bereiche oder Stellen.

---

[74] Vgl. *Westhausen* (2005), S. 101.

Beim BilMoG wurde bereits erwähnt, dass damit durch entsprechende HGB-Änderungen zum Lagebericht auch eine angemessene Dokumentation der „wesentlichen Merkmale des internen Kontroll- und des Risikomanagementsystems im Hinblick auf den Konzernrechnungslegungsprozess" vorgeschrieben wurde. Diese Dokumentationspflicht kann zum Teil bereits durch die Herausgabe von entsprechenden unternehmensspezifischen Richtlinien und Arbeitsanweisungen abgedeckt werden und wird i. d. R. zusätzlich durch detaillierte textliche und grafische (Workflow-) Ablaufdarstellungen der Kontrollprozesse erfüllt.

2.3.1 Unternehmensleitlinien

Für jedes Unternehmen sind grundsätzliche Leitlinien von strategischer Bedeutung; sie tangieren die lang- und mittelfristigen Unternehmensziele und sollen auch auf die Grundeinstellungen der Mitarbeiter prägend wirken. Zum Teil sind diese grundlegenden Vorgaben auch für das Internal Control des Unternehmens relevant. Die wichtigsten Unternehmensleitlinien beinhalten zumeist:

• Strategische Leitlinien
• Codes of Conduct
• Konzernleitlinien und Satzung (insb. bei Aktiengesellschaften).

Nachfolgend wird die Ausgestaltung von Unternehmensleitlinien am Beispiel des größten deutschen Unternehmens, der Volkswagen AG, aufgezeigt. Die VW AG veröffentlicht im Internet ihre grundsätzlichen strategischen Leitlinien:

Abb. 2.7: Strategy 2018 der VW AG
Quelle: VW (2012b), S. 42.

Aus dieser Abbildung ist ersichtlich, dass die VW AG sechs grundsätzliche Unternehmensziele verfolgt:

1. Growth market focus
2. Modular toolkit strategy
3. Capital discipline
4. Operating profit measures
5. Synergy potential
6. Potential upside.

Diese sechs Ziele betreffen teilweise auch das Internal Control; unter Punkt 4 wird z. B.
„strong cost control" explizit erwähnt.

Im Internet zeigt die VW AG auch ihre „Lines of Conduct" mit den grundsätzlichen Verhaltensanforderungen an ihre Mitarbeiter:

Allgemeine Verhaltensanforderungen

Verantwortung für das Ansehen des Volkswagen Konzerns

Verantwortung für die sozialen Grundrechte und Prinzipien

Chancengleichheit und gegenseitiger Respekt

Mitarbeiter und Arbeitnehmervertretung

Führungskultur und Zusammenarbeit

Vermeidung von Interessenkonflikten und Korruption

Interessenkonflikte

Nebentätigkeiten

Beteiligungen an Unternehmen

Korruptionsbekämpfung

Anti-Korruptions-Beauftragter

Ombudsmann

Umgang mit Geschäftspartnern und Dritten

Fairer Wettbewerb

Umgang mit Spenden und Sponsoring

Interessenwahrnehmung

Abb. 2.8:   Verhaltensgrundsätze des VW-Konzerns / Inhalt
Quelle: VW (2012d), S. 2.

Diese Darstellung zeigt, dass die Lines of Conduct der VW AG auch für das Internal Control
relevante Erwartungen z. B. hinsichtlich der „Vermeidung von Interessenkonflikten und
Korruption" enthalten.

Im VW-Geschäftsbericht sind grundlegende Festlegungen zur organisatorischen Unterneh-
mensstruktur enthalten:

Die Volkswagen AG und der Volkswagen Konzern werden vom Vorstand der Volkswagen AG auf Grundlage der Satzung der Volkswagen AG und der durch den Aufsichtsrat erlassenen Geschäftsordnung für den Vorstand der Volkswagen AG geleitet. Die Konzernleitung trägt im gesetzlichen Rahmen Sorge dafür, dass die Konzerninteressen bei Entscheidungen der Marken und Gesellschaften des Konzerns beachtet werden. Dieses Gremium besteht aus den Mitgliedern des Vorstands, den Vorsitzenden der größeren Marken und ausgewählten Top-Managern mit Konzernsteuerungsfunktionen. Jede Marke des Volkswagen Konzerns wird von einem Markenvorstand geleitet. Dabei sind die vom Vorstand der Volkswagen AG beziehungsweise von der Konzernleitung festgelegten Konzernziele und -vorgaben zu berücksichtigen, soweit dies gesetzlich zulässig ist. Angelegenheiten von konzernweiter Bedeutung werden der Konzernleitung vorgelegt, um – im gesetzlich zulässigen Rahmen – eine Abstimmung zu erreichen. Die Rechte und Pflichten der gesetzlichen Aufsichtsgremien der betreffenden Markengesellschaft bleiben davon unberührt.
Die Gesellschaften des Volkswagen Konzerns werden von ihrer jeweiligen Geschäftsleitung in eigener Verantwortung geführt. Dabei berücksichtigen die Geschäftsleitungen in Übereinstimmung mit den gesetzlichen Rahmenbedingungen neben den Interessen der Gesellschaft auch die Interessen des Konzerns und der einzelnen Marken.

Abb. 2.9:   Organisatorische Unternehmenstruktur (im GB der VW AG)
Quelle: VW (2012a), S. 143.

Im Geschäftsbericht sind grundsätzliche Aufgaben der verschiedenen Leitungsgremien enthalten, und zwar grundlegend die für das Internal Control vorrangige Funktionstrennung und das Vier-Augen-Prinzip.

In der vom AktG geforderten Satzung der VW AG finden sich die unternehmensspezifischen Regelungen für Vorstand und Aufsichtsrat:

III. DER VORSTAND
§ 6 Zusammensetzung und Geschäftsordnung
(1) Die Zahl der Vorstandsmitglieder wird vom Aufsichtsrat festgesetzt. Der Vorstand muss aus mindestens drei Personen bestehen.
(2) Der Aufsichtsrat kann einen Vorsitzenden des Vorstands ernennen. Der Vorsitzende des Vorstands hat bei Meinungsverschiedenheiten im Vorstand kein Alleinentscheidungsrecht. Bei Stimmengleichheit gibt seine Stimme den Ausschlag.
(3) Der Aufsichtsrat erlässt nach Anhörung des Vorstands eine Geschäftsordnung für den Vorstand, in der auch die Verteilung der Geschäfte innerhalb des Vorstands geregelt wird.

§ 7 Gesetzliche Vertretung
Die Gesellschaft wird durch zwei Vorstandsmitglieder oder durch ein Vorstandsmitglied und einen Prokuristen vertreten.

§ 8 Stellvertretende Vorstandsmitglieder
Die Bestimmungen über Vorstandsmitglieder gelten auch für stellvertretende Vorstandsmitglieder.

---

§ 9 Zustimmungsbedürftige Geschäfte

(1) Der Vorstand bedarf der vorherigen Zustimmung des Aufsichtsrats zur Vornahme folgender Geschäfte:

1. Errichtung und Aufhebung von Zweigniederlassungen;

2. Errichtung und Verlegung von Produktionsstätten;

3. Gründung und Auflösung anderer Unternehmen oder Erwerb und Veräußerung von Beteiligungen an anderen Unternehmen;

4. Investitionen im Rahmen regelmäßig vorzulegender Investitionsprogramme und außerhalb dieser Investitionsprogramme, soweit die Kosten im Einzelfall eine vom Aufsichtsrat festzulegende Grenze übersteigen;

5. Aufnahme von Anleihen oder Aufnahme von Krediten, die den Rahmen des laufenden Geschäfts überschreiten;

6. Übernahme von Bürgschaften, Garantien und ähnlichen Haftungen sowie Gewährung von Krediten, soweit diese Maßnahmen den Rahmen des laufenden Geschäfts überschreiten;

7. Erwerb, Veräußerung und Belastung von Grundeigentum und grundstücksgleichen Rechten;

8. Bestellung von Prokuristen und Generalbevollmächtigten.

(2) Der Aufsichtsrat kann weitere Arten von Geschäften von seiner Zustimmung abhängig machen. …

Abb. 2.10:   Satzung der VW AG
Quelle: VW (2012e), S. 4–5.

Der dargestellte Satzungsauszug enthält ebenfalls bereits wichtige, von uns wiederum hervorgehobene grundsätzliche Festlegungen zum Internal Control. Im Sinne des für die Unternehmenskontrolle wichtigen Vier-Augen-Prinzips wird festgelegt, dass die Gesellschaft immer nur durch zwei Vorstände oder Prokuristen vertreten werden kann.

2.3.2   Organisationsrichtlinien

In jedem Unternehmen sind neben den grundsätzlichen Leitlinien auch unternehmensweit gültige detaillierte Vorgaben bzw. Organisationsrichtlinien für bestimmte Prozesse notwendig. Sie regeln Vorgänge, die für alle Mitarbeiter und alle Bereiche gleichermaßen relevant sind. Viele dieser Organisationsrichtlinien sind zugleich auch Beschreibungen wichtiger Internal Control-Regelungen, wie z. B. zur Funktionstrennung und zu bestimmten Genehmigungswegen.

Zumeist anzutreffende unternehmensweit gültige Organisationsrichtlinien sind:

- Externes Zeichnungsrecht
- Internes Zeichnungsrecht
- Reisekosten-Richtlinie
- Arbeitsordnung.

Nachfolgend wird ein Beispiel für eine unternehmensweite Organisationsrichtlinie zu dem für das Internal Control sehr bedeutsamen Zeichnungsrecht dargestellt:

1.   Kollektivzeichnung:

Alle Erklärungen, die die MUSTER AG verpflichten, sind schriftlich abzugeben und <u>von zwei Zeichnungsberechtigten zu unterschreiben</u>.

2.   Besondere Erklärungen

Erklärungen über Vorgänge, die nach der Satzung oder der Geschäftsordnung für den Vorstand der Zustimmung des Aufsichtsrates bedürfen oder sonst von besonderer Bedeutung sind, müssen entweder von

-     <u>zwei</u> Vorstandsmitgliedern oder
-     einem Vorstandsmitglied <u>und einem</u> Prokuristen

unterzeichnet werden.

3.   Verzeichnis der Zeichnungsrechte und Unterschriftsberechtigungen

Sämtliche Zeichnungsrechte werden in das Unterschriftenverzeichnis aufgenommen. Dieses Verzeichnis wird von der Organisationsabteilung gepflegt und im Intranet bereitgestellt.

Abb. 2.11:   Muster einer Richtlinie
Quelle: Eigene Darstellung

Die als Beispiel vorgestellte unternehmensweit gültige Organisationsrichtlinie zum Zeichnungsrecht regelt in dem Muster-Unternehmen vornehmlich das für die Unternehmensüberwachung grundlegende Vier-Augen-Prinzip.

2.3.3   Arbeitsanweisungen

Zusätzlich zu grundsätzlichen Unternehmens-Leitlinien und unternehmensweit geltenden Organisationsrichtlinien benötigen insb. große Unternehmen auch spezielle Detailvorgaben bzw. Arbeitsanweisungen, mit denen prozess- und bereichsspezifische Einzelvorgaben dokumentiert werden. Auch ein Großteil dieser Arbeitsanweisungen ist zugleich Beschreibung wichtiger Internal Control-Regelungen, z. B. für die Kreditorenabwicklung bzw. Rechnungsprüfung.

V. a. in größeren Unternehmen notwendige Arbeitsanweisungen sind z. B.:

• Zahlungsabwicklung	im Rechnungswesen
• Kassenordnung	im Rechnungswesen
• Bestellungsabwicklung	im Einkauf
• Wareneingangsabwicklung	in der Logistik
• Reklamationenabwicklung	im Verkauf
• Ausschusserfassung	in der Produktion.

2.4   Notwendigkeit des Internal Control (Nutzen)

Jeder kennt das – nicht authentische – Lenin-Zitat „Vertrauen ist gut, Kontrolle ist besser". Tatsächlich soll Lenin aber die Losung der marxistischen Arbeiter „Nicht aufs Wort glauben, aufs Strengste prüfen" benutzt und den russischen Spruch: „Dowjerai, no prowjerai" („Ver-traue, aber prüfe nach") gekannt haben.[75]

Selbstverständlich dürfen Kontrollen nicht übertrieben werden, sondern müssen angemessen gestaltet werden und vorrangig auch auf die Einstellung der Mitarbeiter eingehen. „Das anständige Unternehmen verzichtet auf Kontrollexzesse: auf wuchernde Reporting- und Monitoringsysteme. Daher können sich dort die Routinen der täglichen Kooperationen kostengünstig entfalten. Das anständige Unternehmen sorgt für stabile Freiräume, weniger Aufsicht, mehr Selbstkontrolle."[76]

Internal Control wird von den meisten Unternehmen und vielen Führungskräften häufig als „notwendiges Übel" angesehen, das hohe Kosten verursacht und wenig Nutzen erbringt. Aufbau, Anwendung und v. a. detaillierte Dokumentationen von Internen Kontrollsystemen gelten weithin als bloße Pflichtübung der Unternehmen hinsichtlich Erfüllung gesetzlicher Auflagen (in Deutschland insb. gemäß KonTraG und in USA entsprechend SOX).[77]

Die Erfolgspotenziale und der konkrete Nutzen eines angemessenen Internal Control sind weitgehend unbekannt, obwohl die aus zahlreichen Unternehmensskandalen bekannten Milliardenschäden aufgrund schlechter Unternehmenskontrolle den meisten Führungskräften doch aus den Medien bekannt sein müssten. Offensichtlich werden die zahlreichen Schadensfälle von vielen Führungskräften vielfach immer noch als „bloße" Bankenproblematik gesehen und nicht auch als für ihre Branche und ihr Unternehmen ebenso relevant. Umso größer ist dann häufig das Entsetzen, wenn einmal auch das eigene Unternehmen oder die eigene Branche existentiell von Kontrollversäumnissen betroffen ist; dann wird mit vielen sofortigen und teilweise übertriebenen Aktionen versucht, ähnliches Unheil mit Maximalaufwand schnellstens zu vermeiden.

Hilfreich hinsichtlich einer Einschätzung des Kontrollnutzens könnte sicher die für jede Führungskraft vorstellbare Überlegung sein, was wohl im Unternehmen oder in der eigenen Abteilung passieren würde, wenn es keinerlei Kontrollen gäbe. Aus persönlicher Anschauung der eigenen Arbeitseinstellung heraus kann sich wohl jeder unschwer vorstellen, dass dann sowohl die Arbeitsleistung sinken als auch die Fehler- und Manipulationsgefahr stark ansteigen würden. Eigennutz ist schließlich eine sehr menschliche Eigenschaft, der ohne Kontrolle meist „ausufern" würde.

Bereits im Vorwort haben wir darauf hingewiesen, dass Unternehmensüberwachung und Kontrolle grundsätzliche Bestandteile der Betriebswirtschaft und Unternehmensleitung auch unabhängig von externen Vorgaben sind, weil nur so im Unternehmen sichergestellt werden kann, dass das Handeln auf die Unternehmensziele ausgerichtet wird. D. h. das IC soll nicht nur zur Verhinderung oder Aufdeckung von Wirtschaftskriminalität beitragen, sondern auch das Erreichen der wirtschaftlichen Unternehmensziele absichern. Kontrolle verhindert auch Schäden durch Unachtsamkeit und nicht nur durch bewusstes Fehlverhalten!

Aus der Sicht des sog. „Führungszyklus", also aus managementorientierter Perspektive bildet die „Kontrolle" den Abschluss des Führungsprozesses. Dieser Zyklus beginnt mit der „Ziel- und Willensbildung", die am Ende dieses Planungsprozesses zu treffende Entscheidung gilt es dann umzusetzen (Prozessabschnitt „Handlung" mit Handlungsergebnis) und schließlich

---

[75] *Wikipedia* (2012).

[76] *Sprenger* (2011), S. 70.

[77] Vgl. *Hiendlmeier/Maier* (2009), S.119 und 121.

sind das Gewollte und das Geplante einander gegenüberzustellen („Kontrolle").[78] In einer erweiterten Form des Führungszyklus wird nach der „Willensbildung" ein besonderer Fokus auf die „Willensdurchsetzung" gelenkt; bei dieser zusätzlichen Führungsaufgabe geht es um die Ausrichtung der Willensbildung anderer Handlungsträger, die hinterher auch zu kontrollieren ist.[79]

Abweichungen vom Gewollten können ihre Ursachen haben

- in der Person des Geführten: „Könnensprobleme" (wie Überforderung oder Verständnisprobleme) und „Wollensprobleme" (wie Arbeitsleid oder abweichendes Geschäftsverständnis)
- in der Person der Führungskraft wie missverständliche oder unrealistische Anweisungen
- in der wirtschaftlichen Umwelt.

Die Willensdurchsetzung „hat dafür Sorge zu tragen, dass das als Willen Weitergegebene vom Aufgabenträger auch tatsächlich umgesetzt wird".[80] Dies erfordert zum einen – im Sinne einer ex-ante-Wirkung – das Setzen von Anreizen und zum anderen – im Sinn einer ex-post-Betrachtung (mit präventiver Funktion) – die Kontrolle der Durchführung der angewiesenen Aufgaben; im Übrigen sind „Anreize" und „Kontrollen" auch zentrale Ansatzpunkte der modernen Prinzipal-Agenten-Theorie.

Kontrollanforderungen resultieren mithin generell aus der Führungsaufgabe, wobei v. a. auf die Willensdurchsetzung und die klassische Kontrolle am Ende des Führungszyklus fokussiert wird. Aus rechtlicher Perspektive entstehen sie aus der grundsätzlichen Leitungsaufgabe im Sinne von § 76 AktG, aus der in § 91 genannten Überwachungsaufgabe des Vorstands und ergänzend aus der in § 93 normierten Sorgfaltspflicht des Vorstands.

Obwohl die Überwachungs- und Kontrollaufgaben in einem Unternehmen zunächst dem Vorstand obliegen, gilt natürlich auch dafür die notwendige Delegations-Möglichkeit und -Notwendigkeit auf alle folgenden (Management-)Ebenen und Mitarbeiter. D. h. Kontrollaufgaben müssen letztlich von allen Beschäftigten eines Unternehmens entsprechend ihrer Stellung und konkreten Aufgabe in angemessener Form wahrgenommen werden.

Kontrollen verursachen natürlich auch Kosten! Nach Herausgabe des SOX und des dazu dort empfohlenen COSO-Kontrollmodells in den USA beklagen viele Unternehmen den hohen Einführungs- und Anwendungsaufwand für das Internal Control. In Europa wird über den notwendigen Umfang ähnlicher gesetzlicher Überwachungsvorgaben diskutiert.

---

[78] Vgl. z. B. *Weber* (2011), S. 57.
[79] Zur „Willensdurchsetzung" und den folgenden Ausführungen hierzu vgl. *Weber* (2011), S. 58 f.
[80] *Weber* (2011), 59.

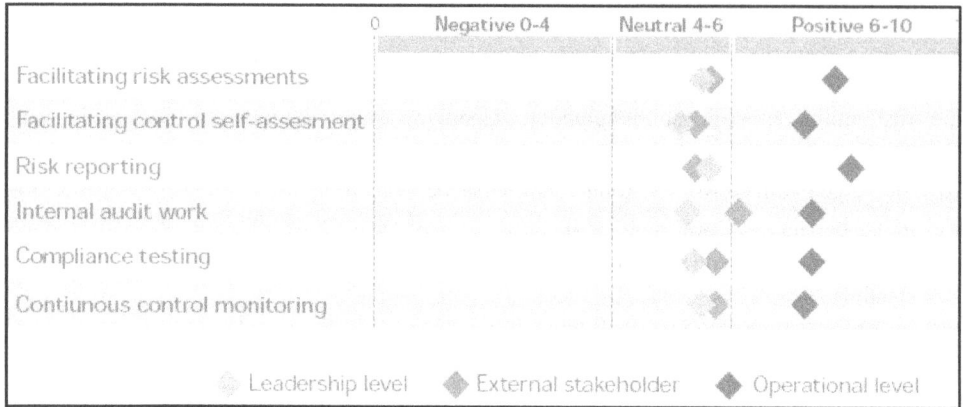

	0	Negative 0-4	Neutral 4-6	Positive 6-10

Facilitating risk assessments

Facilitating control self-assesment

Risk reporting

Internal audit work

Compliance testing

Contiunous control monitoring

Leadership level   External stakeholder   Operational level

Abb. 2.12:   Management's perceptions of value from GRC
Quelle: Ernst&Young (2010), S. 5.

Die WP-Gesellschaft Ernst&Young hat in einer Studie die in der Abbildung dargestellten Diskrepanzen hinsichtlich der Erwartungen an GRC-Investments (Governance, Risk and Compliance) ermittelt:[81] Demnach sieht die operative Ebene („operational level") Aufwendungen zur Unternehmensüberwachung wesentlich positiver als die Führungsebene und externe „Stakeholder". Nach der Ernst&Young-Studie dürfen Mehraufwendungen hinsichtlich „Governance, Risk and Compliance" nicht in einem „Black hole" verschwinden, sondern müssen systematisch geplant und angemessen durchgeführt werden. Jedes Unternehmen muss ein seinen jeweiligen Risiken entsprechendes spezifisches IC einrichten.

Auch ein sachgerecht gestaltetes internes Kontrollsystem kann nicht in jedem Fall gewährleisten, dass die mit dem internen Kontrollsystem verfolgten Ziele erreicht werden. Als Gründe hierfür kommen in Betracht:

- menschliche Fehlleistungen bspw. infolge von Nachlässigkeit, Ablenkung, Beurteilungsfehlern und Missverstehen von Arbeitsanweisungen,
- nicht routinemäßige Geschäftsvorfälle, die vom internen Kontrollsystem nur bedingt, schwer oder überhaupt nicht erfasst werden können,
- die Umgehung oder Außerkraftsetzung des internen Kontrollsystems durch das Management und andere Mitarbeiter oder durch das Zusammenwirken dieser Personen mit unternehmensexternen Personen,
- der Missbrauch oder die Vernachlässigung der Verantwortung durch für bestimmte Kontrollen verantwortliche Personen,
- die zeitweise Unwirksamkeit des internen Kontrollsystems aufgrund veränderter Unternehmens- und Umweltbedingungen sowie
- der Verzicht des Managements auf bestimmte Maßnahmen, weil die Kosten dafür höher eingeschätzt werden als der erwartete Nutzen.[82]

---

[81] *Ernst&Young* (2010), S. 5.
[82] *IdW* (2011), S.10.

Bei der Ausgestaltung eines internen Kontrollsystems sind u. a. zu berücksichtigen:

- Größe und Komplexität des Unternehmens,
- Rechtsform und Organisation des Unternehmens,
- Art der Geschäftstätigkeit des Unternehmens,
- Komplexität und Diversifikation der Geschäftstätigkeit,
- Methoden der Erfassung, Verarbeitung, Aufbewahrung und Sicherung von Informationen,
- Art und Umfang der zu beachtenden rechtlichen Vorschriften.

In kleineren und mittleren Unternehmen, die bspw. von einem Gesellschafter-Geschäftsführer geleitet werden, übersichtlich sind, eine flache Hierarchie mit täglichen persönlichen Kontakten und einfache Geschäftsprozesse aufweisen, wird das interne Kontrollsystem i. d. R. weniger formalisiert sein als in großen Unternehmen mit mehreren hierarchischen Ebene

3 Internal Control (Begriffe, Modelle, Instrumente)

3.1 Begriffe zum Internal Control (Internes Kontrollsystem)

Für unseren Themenrahmen sind folgende nahestehende Begriffe abzugrenzen:

- Internal Control (IC)
- Risikomanagement
- Kontrolle und Überwachung
- Internes Kontrollsystem (IKS)
- Governance

Die für alle Wirtschaftsprüfer international maßgebliche „International Federation of Accountants (IFAC)" definiert Internal Control wie folgt:[83]

„**Internal Control** is an integrated part of an organization's governance and risk management system, which is effected, understood, and actively followed by the organization's governing body, management, and other personnel, to exploit opportunities and to manage the risks in achieving the organization's objectives through:

1. effective and efficient strategic and operational processes;
2. providing reliable information to internal and external users for timely and effective decision making;
3. ensuring conformance with applicable laws and regulations, as well as with the organization's own policies, procedures, and guidelines;
4. safeguarding the organization's resources against loss, fraud, misuse, and damage; and
5. safeguarding the availability, confidentiality, and integrity of the organization's information systems, including IT."

Eine ähnliche IC-Definition findet sich beim hinsichtlich Kontrollmodellen international angesehenen „Committee of Sponsoring Organizations of the Treadway Commission (COSO)", das mit der IFAC eng kooperiert:[84]

„**Internal Control** is a process, effected by an entity's board of directors, management, and other personnel, designed to provide reasonable assurance regarding the achievement of objectives in the following categories:

---

[83] *IFAC* (2011b), S.22.

[84] *COSO* (2011a), S. 1.

- Effectiveness and efficiency of operations,
- Reliability of financial reporting,
- Compliance with applicable laws and regulations."

Zur Bedeutung des Internal Control stellt die IFAC in ihrem neuesten „International Good Practice Guidance (Evaluating and Improving Internal Control in Organizations)" fest:[85] „One of the best defenses against business failure, as well as an important driver of business performance, is strong Internal Control, which mitigates risk and adds sustainable value. Successful organizations know how to exploit and manage risks, in many instances through Internal Control, and therefore realize long-term sustainable performance. This is true for organizations globally and was clearly reinforced by various financial crises in recent years."

In diesem „Guidance" hat die IFAC auch eine anschauliche grafische Einordnung der drei wesentlichen Begriffe vorgenommen. „Internal Control can be considered an integral part of an organization's governance and risk management system – effected, understood, and actively followed by the governing body, management, and other personnel – to exploit the opportunities and to manage the risks in achieving the organization's objectives."[86]

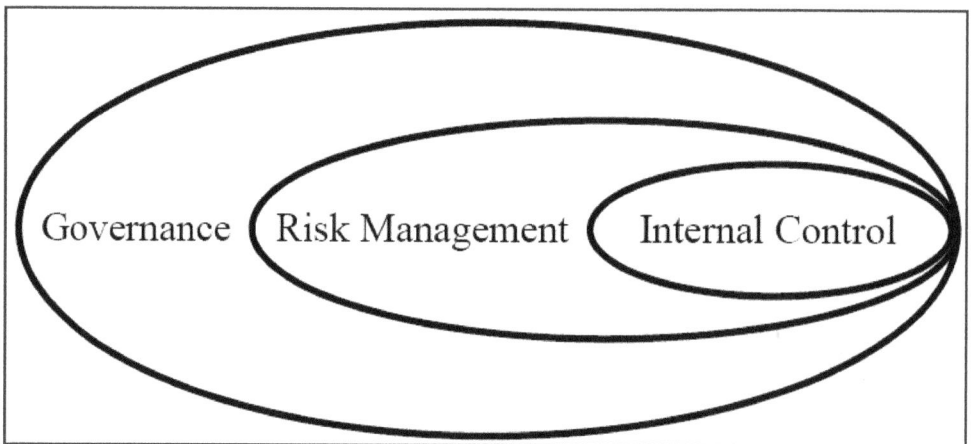

Abb. 3.1:   Einordnung des Internal Control
Quelle: IFAC (2011b), S. 6.

Der übergreifende Begriff **Governance** wurde bereits bei der Vorstellung des deutschen „Corporate Governance Kodex" erwähnt. Die IFAC definiert „**Governance**" wie folgt:[87]

„The set of responsibilities and practices exercised by the governing body with the goal of:

(a) providing strategic direction,

(b) ensuring that objectives are achieved,

(c) ascertaining that risks are managed appropriately, and

---

[85] *IFAC* (2011b), S. 6.

[86] *IFAC* (2011b), S. 6.

[87] *IFAC* (2011b), S.23.

(d) verifying that the organization's resources are used responsibly.

This definition reflects both the performance and conformance aspects of governance."

Das Risk-Management als Rahmen für das Internal Control wird von der IFAC in einer aktuellen empirischen Studie[88] wie folgt inhaltlich umrissen:

„**Risk management** is an integrated part of an entity's management system, effected by an entity's board of directors, management, and other personnel, applied in strategy setting and across the enterprise, designed to

(a) identify, understand, and assess potential risks and opportunities (and their interdependence) that may affect the entity, and

(b) manage those risks and opportunities to be within its risk appetite, so as to provide proper disclosure and reasonable assurance regarding the achievement of entity objectives.

Risk management also relates to generating ideas and promoting good practice, and is most effective when line managers

(a) embrace it and use it as part of their management process, and

(b) provide their employees with a better understanding of the entity's risk appetite, to help manage risk across the organization."

Eine ähnliche Definition des Risikomanagements findet sich bei COSO:[89]

„Unternehmensweites **Risikomanagement** ist ein Prozess, ausgeführt durch Überwachungs- und Leitungsorgane, Führungskräfte und Mitarbeiter einer Organisation, angewandt bei der Strategiefestlegung sowie innerhalb der Gesamtorganisation, gestaltet um die die Organisation beeinflussenden, möglichen Ereignisse zu erkennen, und um hinreichende Sicherheit bezüglich des Erreichens der Ziele der Organisation zu gewährleisten."

In ihrem aktuellen Guidance empfiehlt die IFAC eine Einbettung von Internal Control und Risk-Management in das **Corporate Governance-Framework** eines Unternehmens:[90]

„Sustainable organizational success depends on how well organizations can integrate risk management and Internal Control into a wider corporate governance framework as an integral part of the organization's overall activities and business processes, not as separate and distinct systems. A strong, integrated governance framework is a key and integral part of managing a disciplined and controlled organization. If effectively integrated, it can result in an enterprise-wide governance, risk, and control system that:

- supports management in moving an organization forward in a cohesive, integrated, and aligned manner to improve performance, while operating effectively, efficiently, ethically, and legally within established risk-taking tolerances; and
- integrates and aligns activities and processes related to planning, risk management, policies and procedures, culture, competence, implementation, performance measurement, monitoring, continuous improvement, and reporting."

---

[88] *IFAC* (2011a), S. 9.
[89] *COSO* (2004), S. 2.
[90] *IFAC* (2011b), S. 11.

Aufgrund aktueller weltweiter Umfragen unter Wirtschaftsprüfern und Unternehmensführern plädiert die IFAC (wie auch das COSO-Comittee) auch für eine – häufig noch fehlende – Integration von Risikomanagement und Internal Control.[91]

„In recent years, focus has shifted from the concept of Internal Control as a separate issue, toward Internal Control as an integrated part of risk management. For example, corporate governance frameworks worldwide have put greater emphasis on risk management than on Internal Control. Internal Control can be most effective when it is integrated with risk management and embedded in all the processes of an organization. Risk management and Internal Control should therefore be viewed as two sides of the same coin, in that risk management concerns identification of threats and opportunities, while an Internal Control system is designed to effectively manage such threats and opportunities. Internal Controls are risk controls, and once this is properly understood, the barriers to integration will be removed."

Mit dem erweiterten COSO ERM Modell wurde diesem Integrationsziel entsprochen.

Um Internal Control inhaltlich zu umreißen, erscheint uns ein kurzer Blick auf den Inhalt des Führungsabschnitts „**Kontrolle**" hilfreich. Der Inhalt von Kontrolle wird unterschiedlich weit gezogen, was u. a. im Kontext eines Internen Kontrollsystems oder von Internal Control zu bedeutenden Missverständnissen und unter Umständen auch zu problematischen Herangehensweisen führen kann. „Kontrolle" kann stehen für:[92]

- die Durchführung von Soll-Ist-Vergleichen, also für den Vergleich eines vorgegebenen Soll mit dem eingetretenen Ist; hiermit wird noch nicht gesagt, welche Kontrollbereiche angesprochen werden; häufig wird lediglich an Ergebniskontrollen z. B. im Kontext der Budgetierung gedacht, was allerdings dem weiten Konzept des Soll-Ist-Vergleichs keineswegs gerecht wird.
- die Analyse der Gründe für Soll-Ist-Abweichungen, die mehr darstellt als eine Informationsverdichtung.
- Die Unterbreitung von Korrekturmaßnahmen, wobei eine Überschneidung mit der Planung vorliegt; diese Maßnahmen werden dann der Kontrolle zugerechnet, wenn es um die Beseitigung von Schwachpunkten geht, werden dagegen z. B. Wissensbasen anderer Handlungsträger benötigt, so wird man eher von (Neu-)Planung sprechen.

Im Kontext von Internal Control erscheint uns auch ein Blick auf die grundsätzlichen „Zwecke von Kontrolle" unumgänglich: Der Zweck der „Dokumentation" ist zentral v. a. auch im Hinblick auf externe (gesetzliche) Vorgaben zur Kontrolle. Der Zweck der „Erhöhung des Handlungspotenzials" fokussiert auf die bessere Ausrichtung des Handelns des Kontrollträgers auf die Ziele durch Erkenntnisgewinne und auf das Lernen bei den Kontrollierten. Der dritte Zweck in Gestalt der „Durchsetzungsfunktion" fokussiert auf die verhaltensbeeinflussende Funktion der Kontrolle, auf das Commitment in Bezug auf die gesetzten Ziele. Bei diesem Zweck erscheint erwähnenswert, dass trotz der ex-post-Ausrichtung der Kontrolle mit der Durchsetzungsfunktion explizit oder implizit zukünftiges Verhalten beeinflusst wird. Dieser Umstand entspringt der grundsätzlichen (alten) Erkenntnis, „dass menschliches Han-

---

[91] *IFAC* (2011b), S.10.
[92] Zu diesen Umfängen des Kontrollbegriffs vgl. z. B. *Weber* (2011), S. 253 f.

deln durch eine Kontrolle, die Ankündigung einer Kontrolle und selbst nur durch das Vorhandensein einer Kontrollinstanz beeinflusst werden kann."[93]

Im Kontext von Kontrollen ist auch zu entscheiden über „Kontrollsubjekte", d. h. wer führt Kontrollen durch (Selbst- und Fremdkontrolle), über „Kontrollprozesse" (Ablauf und Phasen der Kontrolle) und über „Kontrollinstrumente" (wie Pläne, Kennzahlen etc.). Eine Diskussion über das Verhältnis zwischen „Kontrolle" und „Überwachung", bei der Kontrolle nur prozessintegrierte Soll-Ist-Vergleiche und Überwachung dieser Kontrolle und auch prozessunabhängige Vergleiche („Prüfung") umfasst, erscheint uns deshalb für problematisch, weil heute von „Internen Kontrollsystemen" gesprochen wird, die sowohl diese herkömmliche Kontrolle als auch prozessunabhängige Vergleiche, die etwa von der Internen Revision durchzuführen ist, umfassen und insofern die „Rangordnung" zumindest verwässert wird.

Aus inhaltlicher Perspektive erachten wir bei Kontrollen die unterschiedlichen „Kontrollbereiche" für zentral: Häufig wird lediglich auf Ergebniskontrollen, wie z. B. bei Budgetkontrollen fokussiert, doch die Bereiche sind viel weiter zu ziehen:[94]

- Prämissenkontrolle: zentrale Voraussetzungen und Annahmen der Planung
- Zielkontrolle: realistische, zu hohe, zu tiefe Ziele
- Maßnahmenkontrolle: Eignung von Maßnahmen zur Zielerreichung
- Mittelkontrolle: ausreichende Mittel vorhanden, zweckmäßiger Einsatz
- Verfahrenskontrolle: finanz- und leistungswirtschaftliche Prozesse
- Ergebniskontrolle: Resultate quantitativer Art (z. B. Kosten, Erlöse, Gewinne etc.), qualitativer Art (z. B. Produktqualität, Unternehmensklima etc.) und zeitlicher Art (z. B. Einhaltung von Lieferterminen)
- Verhaltenskontrolle: Verhalten von Mitarbeitern in Bezug auf Leistung und gegenüber anderen Mitarbeitern, Kunden, Lieferanten usw.
- Führungskontrolle: Führungsprozesse (Planungs- und Entscheidungsprozesse), Führungsorganisation (z. B. Kompetenzaufteilung, organisatorische Regelungen) und Führungsinstrumente (z. B. Pläne, Stellenbeschreibungen).

Analysiert man die Vielfalt der Kontrollbereiche, so wird deutlich, dass damit generell und v. a. mit den Bereichen der „Verfahrenskontrolle" und der „Führungskontrolle" genau jene Felder angesprochen werden, auf die etwa das COSO-Modell heute fokussiert. Ein im obigen Sinn umfassendes Verständnis von „Kontrolle" bildet die Grundlage eines „Internen Kontrollsystems" oder des „Internal Control".

Für den international gebräuchlichen Begriff „Internal Control" wird im deutschsprachigen Raum häufig noch die Bezeichnung „Internes Kontrollsystem (IKS)" verwendet. Das Institut der Wirtschaftsprüfer definiert in einem aktuellen Neuentwurf des relevanten Prüfungsstandards (IDW EPS 261 n.F.):[95]

Unter einem internen Kontrollsystem werden die von dem Management im Unternehmen eingeführten Grundsätze, Verfahren und Maßnahmen (Regelungen) verstanden, die gerichtet sind auf die organisatorische Umsetzung der Entscheidungen des Managements:

---

[93] *Weber* (2011), 263 mit weiteren Nachweisen; zu den Kontrollzwecken vgl. *Weber* (2011), S. 252 f.

[94] Zu diesen Kontrollbereichen vgl. z. B. *Thommen/Achleitner* (2009), S. 893 f.

[95] *IdW* (2011), S. 8.

- zur Sicherung der Wirksamkeit und Wirtschaftlichkeit der Geschäftstätigkeit (hierzu gehört auch der Schutz des Vermögens, einschließlich der Verhinderung und Aufdeckung von Vermögensschädigungen),
- zur Ordnungsmäßigkeit und Verlässlichkeit der internen und externen Rechnungslegung sowie
- zur Einhaltung der für das Unternehmen maßgeblichen rechtlichen Vorschriften.

Zur Abgrenzung zugehöriger Begriffe findet sich in diesem IDW-Standard auch eine übersichtliche grafische Darstellung der Regelungsbereiche des internen Kontrollsystems mit zugehörigen Teilbegriffen:

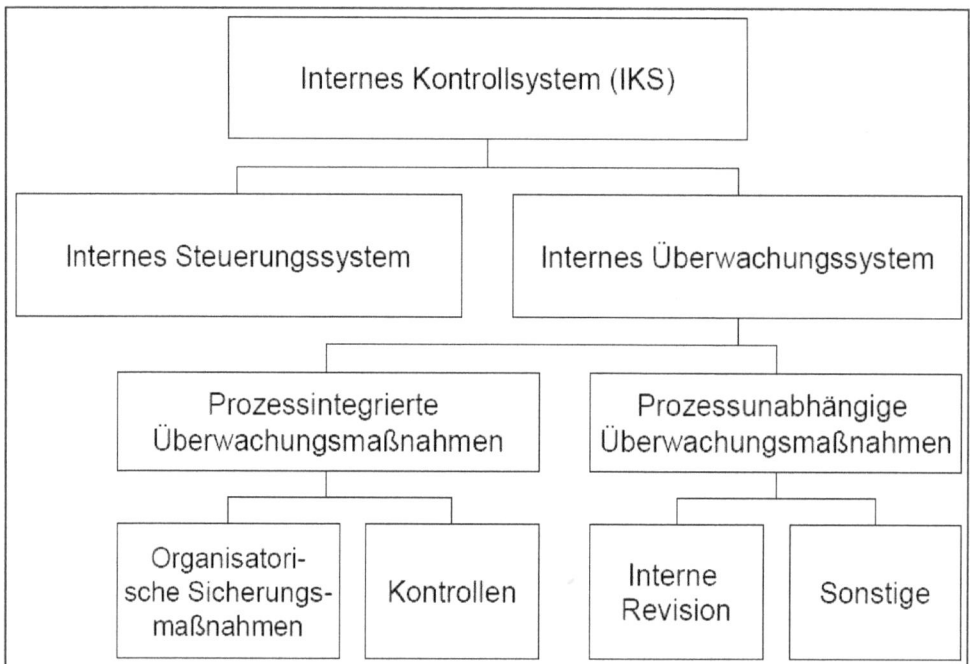

Abb. 3.2:   Regelungsbereiche des internen Kontrollsystems
Quelle: IDW EPS 261 n.F. (2011), S. 9.

Das IdW beschreibt die Bereiche des internen Kontrollsystems wie folgt:[96]

- „Das **interne Kontrollsystem** besteht aus Regelungen zur Steuerung der Unternehmensaktivitäten (internes Steuerungssystem) und Regelungen zur Überwachung der Einhaltung dieser Regelungen (internes Überwachungssystem).
- Das **interne Überwachungssystem** beinhaltet prozessintegrierte (organisatorische Sicherungsmaßnahmen, Kontrollen) und prozessunabhängige Überwachungsmaßnahmen, die vor allem von der **Internen Revision** durchgeführt werden.

---

[96] *IdW* (2011), S.8.

- **Organisatorische Sicherungsmaßnahmen** werden durch laufende, automatische Einrichtungen wahrgenommen. Sie umfassen fehlerverhindernde Maßnahmen, die sowohl in die Aufbau- als auch die Ablauforganisation eines Unternehmens integriert sind und ein vorgegebenes Sicherheitsniveau gewährleisten sollen (z. B. Funktionstrennung, Zugriffsbeschränkungen im IT-Bereich, Zahlungsrichtlinien).
- **Kontrollen** erfolgen durch Maßnahmen, die in den Arbeitsablauf integriert sind. Erfolgen die Kontrollen durch Überwachungsträger, so können diese sowohl für das Ergebnis des überwachten Prozesses als auch für das Ergebnis der Überwachung verantwortlich sein. Kontrollen sollen die Wahrscheinlichkeit für das Auftreten von Fehlern in den Arbeitsabläufen vermindern bzw. aufgetretene Fehler aufdecken (z. B. Überprüfung der Vollständigkeit und Richtigkeit von erhaltenen oder weitergegebenen Daten, manuelle Soll/Ist-Vergleiche, programmierte Plausibilitätsprüfungen in der Software).
- Die **Interne Revision** ist eine prozessunabhängige Institution, die innerhalb eines Unternehmens Strukturen und Aktivitäten prüft und beurteilt. Dieser unternehmensinterne Überwachungsträger darf weder in den Arbeitsablauf integriert noch für das Ergebnis des überwachten Prozesses verantwortlich sein.
- Daneben können **sonstige prozessunabhängige Überwachungsmaßnahmen** festgelegt sein, z. B. in Form von High-level controls, die im besonderen Auftrag der gesetzlichen Vertreter oder durch diese selbst vorgenommen werden."

Das IdW hat im aktuellen Entwurf seines „Prüfungsstandards 261" auch die Ziele eines internen Kontrollsystems aufgezeigt:[97]

- „Die **auf die Geschäftsaktivität des Unternehmens ausgerichteten Teile** des internen Kontrollsystems sollen deren Wirksamkeit und Wirtschaftlichkeit sicherstellen und dienen auch dem Schutz des Vermögens und der Verhinderung und Aufdeckung von Vermögensschädigungen. Sie sind z. T. Gegenstand der Abschlussprüfung. Hierzu zählen bspw. Maßnahmen, die gewährleisten sollen, dass auf Vermögensgegenstände und Aufzeichnungen des Unternehmens nur mit Genehmigung des Managements oder von ihm Bevollmächtigter zugegriffen werden kann.
- Die auf die **Sicherung der Ordnungsmäßigkeit und Verlässlichkeit der Rechnungslegung** (Buchführung, Abschluss und Lagebericht) gerichteten Teile des internen Kontrollsystems sind sämtlich für die Abschlussprüfung von Bedeutung. Sie zielen insb. darauf ab, dass
  - Geschäftsvorfälle in Übereinstimmung mit den gesetzlichen Vorschriften vollständig und zeitnah, mit dem richtigen Wert, in der richtigen Buchungsperiode und auf den richtigen Konten erfasst werden,
  - Geschäftsvorfälle in Übereinstimmung mit der Satzung oder dem Gesellschaftsvertrag und den generellen oder besonderen Regelungen des Managements erfasst, verarbeitet und dokumentiert werden,
  - Buchführungsunterlagen richtig und vollständig sind,
  - Inventuren ordnungsgemäß durchgeführt und bei festgestellten Inventurdifferenzen geeignete Maßnahmen eingeleitet werden,
  - die Vermögensgegenstände und Schulden im Abschluss zutreffend angesetzt, ausgewiesen und bewertet werden und dass

---

[97] *IdW* (2011), S. 9–10.

– verlässliche und relevante Informationen zeitnah und vollständig bereitgestellt werden."

Die auf die **Einhaltung sonstiger gesetzlicher Vorschriften** gerichteten Teile des internen Kontrollsystems sind für die Abschlussprüfung insoweit von Bedeutung, als sich daraus üblicherweise Rückwirkungen auf den geprüften Abschluss und Lagebericht ergeben können (z. B. Einhaltung der Vorschriften des Steuerrechts, des Sozialversicherungs- und Arbeitsrechts, des Gesetzes gegen Wettbewerbsbeschränkungen sowie Preisvorschriften, Vorschriften des Außenwirtschaftsrechts, Verbraucherschutzbestimmungen oder sämtlicher Umweltschutzbestimmungen)."

Mit zunehmender Verbreitung US-amerikanischer Kontroll-Vorgaben und -Modelle wird der Begriff „Internal Control" vielfach bereits auch im deutschsprachigen Raum zur Bezeichnung von Unternehmens-Überwachung und -Kontrolle verwendet. Anstelle der deutschsprachigen Ausdrucksweise „Internes Kontrollsystem (IKS)" werden wir deshalb dazu nachfolgend ebenfalls nur noch den international gebräuchlichen Begriff „Internal Control (IC)" verwenden.

Sowohl im COSO-Modell als auch aus IdW-Sicht wird dem Verhältnis zwischen Risk-Management und Internal Control große Aufmerksamkeit geschenkt und vornehmlich eine Integration angestrebt. „Unternehmerische Risiken" werden heute als Gefahren gesehen, dass durch Störfaktoren Ergebnisse von den Erwartungen bzw. Zielen abweichen. Diese Abweichungen können in beide Richtungen gehen, d. h. sie umfassen positive und negative Abweichungen. Insofern liegt grundsätzlich ein „symmetrischer Risikobegriff" vor, bei manchen Störfaktoren, wie z. B. Brand oder Unterschlagung, ist das Risiko von der Sache her ausschließlich „asymmetrisch" im Sinne eines Schadenspotenzials zu verstehen.[98] **Risikomanagement** (Risk-Management) umfasst „sämtliche Tätigkeiten, Prozesse, Strukturen und Instrumente, die bei der Bewältigung der Risiken eines Unternehmens dienen".[99]

Im „Prozess des Risikomanagement" geht es – mit besonderem Blick auf das Internal Control – um folgende Abschnitte:[100]

• Risikoidentifikation und -analyse – als Risikofelder können hierbei abgegrenzt werden: Marktrisiken, Managementrisiken (die z. B. Unzulänglichkeiten im Planungs- und Kontrollsystem, aber auch persönliches Fehlverhalten von Führungskräften umfassen), strategische Risiken, operative Risiken (bei denen es auch um Fehlverhalten von Mitarbeitern geht), finanzielle Risiken (die auf Finanzziele fokussieren), ferner IT-Risiken und auch ökologische Risiken
• Risikobewertung einschließlich eines Risiko-Reporting
• Risikosteuerung – Akzeptanz, Vermeidung, Verminderung, Abwälzung
• Risikoüberwachung und Risiko-Reporting.

Das „Risikomanagementsystem" umfasst über diese Prozesse hinaus auch eine Risikostrategie, die Risikokultur und besonders die Organisation des Risikomanagements. Die Gestal-

---

[98] Vgl. *Burger/Buchhart* (2002), S. 3 f.
[99] *Thommen/Achleitner* (2009), S. 1014.
[100] Vgl. *Thommen/Achleitner* (2009), S. 1017 ff.

tung des Risikomanagementsystems hängt auf der Grundlage der gesetzlichen Minimalan-forderungen im Wesentlichen von der spezifischen Situation des Unternehmens ab.[101]

Zum Verhältnis zwischen Risikomanagement und Internal Control halten wir zwei Punkte für wesentlich: Erstens pflichten wir zunächst jener Aussage bei, die in der obigen Abbildung der IFAC zum Ausdruck kommt: Internal Control ist als Teil des Risikomanagements zu verstehen. Internal Control ist deshalb „lediglich" ein Teil des unternehmerischen Risikoma-nagements, weil z. B. die Abbildung, Bewertung und Steuerung mancher Risiken nicht das „Kerngeschäft" des Internal Control berührt oder weil Entscheidungen zur Risikosteuerung über den Fokus der Ziele eines Internal Control hinausgehen. Je weiter man die Aufgaben des Internal Control zieht, umso größer wird sein Überlappungsbereich mit dem Risikoma-nagementsystem; (erst) eine sehr weite Fassung des Internal Control führt zu einem integrier-ten System im Sinne eines „Enterprise Risk Management".

Zweitens halten wir eine differenzierte Sicht auf Risikomanagement und Internal Control vor dem Hintergrund ihrer grundsätzlichen Ziele für notwendig. Das Risikomanagement legt sein Augenmerk auf die expliziten und impliziten unternehmerischen Ziele; die Interessen der Stakeholdergruppen und das Herunterbrechen oder Ober- auf Zwischen- und Unterziele führen letztlich zu nach Möglichkeit operational formulierten Zielen für alle Mitarbeiter. Risikomanagement beschäftigt sich damit, ob und inwieweit Abweichungen von Zielen durch Störfaktoren ausgelöst werden können und welche Maßnahmen angesichts möglicher Störfaktoren zu ergreifen sind.

Das Internal Control hat dagegen eine etwas andere Perspektive einzunehmen. Denn seine Aufgabe ist es, v. a. auch externe Vorgaben in den Führungsprozess, beginnend mit der Ziel-bildung und Planung, zu integrieren. Internal Control soll sicherstellen, dass die Stakeholder, die das Unternehmen letztlich ausmachen und zu denen die Eigentümer (z. B. in Gestalt von Aktionären), die Arbeitnehmer, Kunden und Lieferanten des Unternehmens, der Fiskus und die Öffentlichkeit zählen, in ihren Ansprüchen – die einerseits gesetzlich und andererseits vertraglich bestimmt sind – nicht beeinträchtigt werden. Dieser Fokus geht über jenen des Risikomanagementsystems hinaus, das das Management eines Unternehmens zur Führung einrichtet.

Zum Verhältnis zwischen Risikomanagement und Internal Control halten wir daher fest, dass Internal Control (nur) in einer weiten Fassung zum Enterprise Risk Management wird und dass Internal Control auch Bereiche umfasst, die ein Risikomanagementsystem typischer-weise nicht abdeckt.

Resümierend halten wir zum Inhalt von „Internal Control" fest:

Internal Control (IC) beinhaltet alle Überwachungs- und Kontrollmaßnahmen zur Gewährleistung (Compliance) der Wirtschaftlichkeit, Ordnungsmäßigkeit und Si-cherheit im Unternehmen.

IC wird durch die Kombination angemessener Organisationsanweisungen und struktureller, prozessseitiger und technikgestützter Maßnahmen realisiert.

Die Mitwirkung bei Einrichtung und Durchführung des IC im Unternehmen ist ei-ne vorrangige Aufgabe der Führungskräfte aller Organisationsebenen.

---

[101] Vgl. *Thommen/Achleitner* (2009; S. 1022.

3.2   Internal Control-Modelle (insb. COSO)

In den USA wurde bereits 1992 von COSO (Commitee of Sponsoring Organizations of the treadway Commission) ein Internal Control-Modell (Interne Kontrolle – Übergreifendes Rahmenwerk) veröffentlicht, das dort (aufgrund des Sarbanes-Oxley-Acts) und inzwischen weltweit von allen Wirtschaftsprüfern als Basis für die Prüfung ausreichender Unternehmensüberwachung benutzt wird.[102] In das COSO-Committee einbezogen sind in den USA insb. auch die Standesvertretungen der US-Wirtschaftsprüfer. „COSO is a voluntary private sector organization dedicated to improving the quality of financial reporting through business ethics, effective Internal Controls and corporate governance.

COSO was originally formed in 1985 to sponsor the National Commission on Fraudulent Financial Reporting, an independent private sector initiative which studied the causal factors that can lead to fraudulent financial reporting and developed recommendations for public companies and their independent auditors, for the SEC and other regulators, and for educational institutions.

The following five major professional associations established COSO in 1985: the American Accounting Association, the American Institute of Certified Public Accountants, Financial Executives International, The Institute of Internal Auditors, and the National Association of Accountants (now the Institute of Management Accountants)."

Die Studie (COSO-Report) „Internal Control – Integrated Framework" wurde 1992 in den USA als Leitlinie zum Aufbau und zur Beurteilung von Internal Control-Systemen definiert. 1994 wurde eine Ergänzung zur Berichterstattung an Dritte beigefügt. 2004 wurde COSO durch Ergänzung um Risikomanagementaspekte zum aktuell gültigen umfassenden „Enterprise-Risk-Management-System (COSO ERM)" erweitert.

In einer sog. „final rule" zur Thematik „MANAGEMENT'S REPORT ON INTERNAL CONTROL OVER FINANCIAL REPORTING AND CERTIFICATION OF DISCLOSURE IN EXCHANGE ACT PERIODIC REPORTS" hat die amerikanische Börsenaufsicht SEC nach dem Sarbanes-Oxley-Act für in den USA börsennotierte Unternehmen anerkannte Kontrollsysteme vorgeschrieben:[103]

„As directed by Section 404 of the Sarbanes-Oxley Act of 2002, we are adopting rules requiring companies subject to the reporting requirements of the Securities Exchange Act of 1934, other than registered investment companies, to include in their annual reports a report of management on the company's Internal Control over financial reporting. The Internal Control report must include: a statement of management's responsibility for establishing and maintaining adequate Internal Control over financial reporting for the company; management's assessment of the effectiveness of the company's Internal Control over financial reporting as of the end of the company's most recent fiscal year; a statement identifying the **framework used by management to evaluate the effectiveness of the company's Internal Control** over financial reporting; and a statement that the registered public accounting firm that audited the company's financial statements included in the annual report has issued an attestation report on management's assessment of the company's Internal Control over financial reporting. Under the new rules, a company is required to file the registered public ac-

---

[102] *COSO* (2004), S.10.
[103] *SEC* (2003).

counting firm's attestation report as part of the annual report. Furthermore, we are adding a requirement that management evaluate any change in the company's Internal Control over financial reporting that occurred during a fiscal quarter that has materially affected, or is reasonably likely to materially affect, the company's Internal Control over financial reporting. Finally, we are adopting amendments to our rules and forms under the Securities Exchange Act of 1934 and the Investment Company Act of 1940 to revise the Section 302 certification requirements and to require issuers to provide the certifications required by Sections 302 and 906 of the Sarbanes-Oxley Act of 2002 as exhibits to certain periodic reports."

Das COSO-Modell wurde von den US-Unternehmen und Wirtschaftsprüfern danach als – bisher einziges – Framework anerkannt und wird deshalb inzwischen weltweit insb. von US-börsennotierten Unternehmen eingesetzt.[104]

Das erweiterte COSO-Modell kann am besten durch das wörtliche Zitieren einer 2004 veröffentlichten offiziellen deutschen Zusammenfassung vorgestellt werden. Es besteht aus drei Dimensionen:[105]

* Erreichen von Zielen (achievement of objectives)
* Komponenten des unternehmensweiten Risikomanagements (components)
* Organisationseinheiten (entity unit).

---

[104] Vgl. *Westhausen* (2005), S. 101.

[105] *COSO* (2004), S. 3–5.

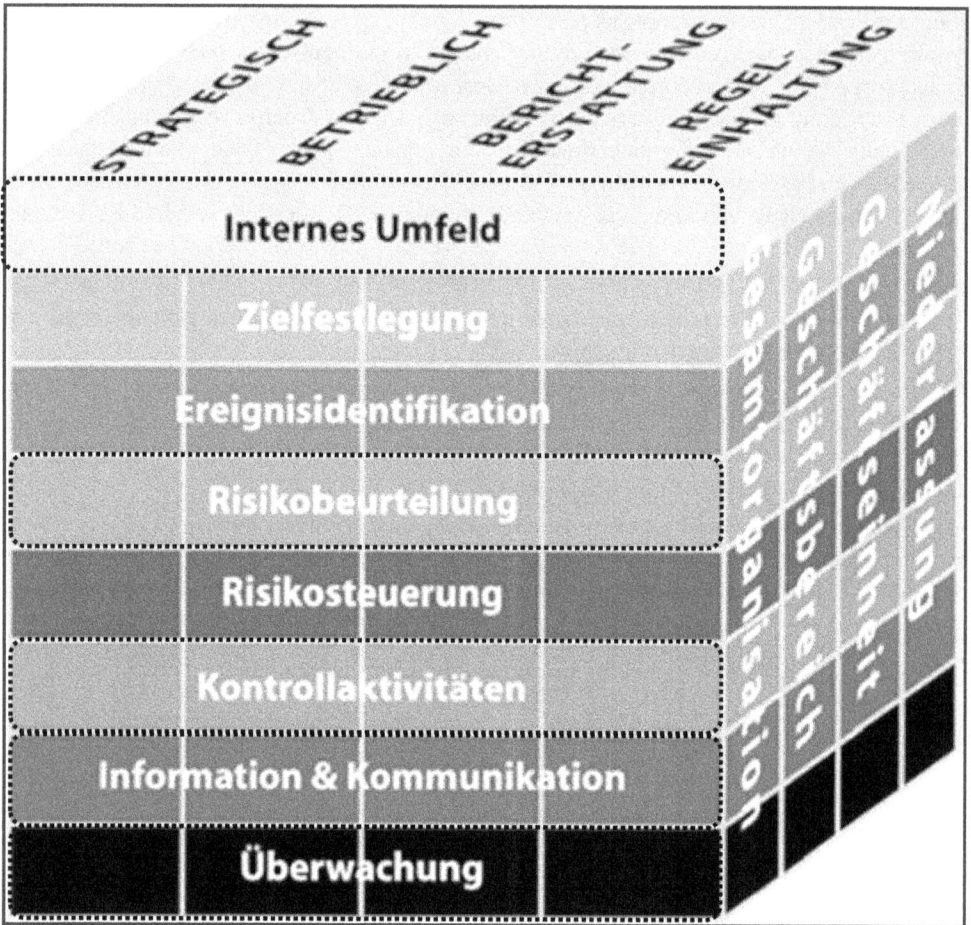

Abb. 3.3:   COSO ERM-Modell (ergänzt um Hervorhebung der 5 COSO-Komponenten)
Quelle: COSO (2004), S. 5.

„Die vier Zielkategorien – strategisch, betrieblich, Berichterstattung und Regeleinhaltung –
sind in den vertikalen Spalten dargestellt, die acht Komponenten durch horizontale Reihen,
und die Einheiten einer Organisation durch die dritte Dimension. Diese Darstellung gibt die
Möglichkeit wieder, sich entweder auf die Gesamtheit des unternehmensweiten Risikomanagements einer Organisation zu beziehen oder auf Zielkategorien, Komponenten, Organisationseinheiten oder jede Untermenge davon."[106]

Zur **Dimension „Erreichen von Zielen"** des erweiterten COSO-Modells wird wörtlich ausgeführt:[107]

„Im Rahmen der für eine Organisation festgelegten Mission oder Vision setzen Führungskräfte strategische Ziele fest, wählen die Strategie aus und brechen Ziele auf die Ebenen der

---

[106] *COSO* (2004), S. 5.
[107] *COSO* (2004), S.3.

Organisation herunter. Dieses Rahmenwerk für unternehmensweites Risikomanagement ist darauf ausgerichtet, die Ziele einer Organisation zu erreichen, welche sich in i. d. R. in vier Kategorien gliedern:

Strategische Ziele – übergeordnete Ziele, die mit der Mission abgestimmt sind und diese unterstützen (strategic)

Betriebliche Ziele – wirksamer und wirtschaftlicher Ressourceneinsatz (operations)

Berichterstattung – Zuverlässigkeit der Berichterstattung (reporting)

Regeleinhaltung – Einhalten anwendbarer Gesetze und Vorschriften (compliance)"

Zur Dimension **„Komponenten des unternehmensweiten Risikomanagements"** kann wörtlich zitiert werden[108]:

„Das unternehmensweite Risikomanagement besteht aus acht wechselseitig verknüpften Komponenten. Diese leiten sich daraus ab, wie Führungskräfte ein Unternehmen steuern und sich mit dem Führungsprozess verknüpft. Die Komponenten sind:

<u>**Internes Umfeld**</u> – Das interne Umfeld beschreibt die Kultur einer Unternehmung und bildet die Grundlage dafür, wie Risiken durch die Mitarbeiter der Organisation betrachtet und behandelt werden – hierbei miteingeschlossen sind die Risikophilosophie und -bereitschaft, Integrität und ethische Werte. Zudem beschreibt das Interne Umfeld die Gegebenheiten, in dem das Unternehmen agiert.

Zielfestlegung – Ziele müssen festgelegt sein, bevor Führungskräfte mögliche Ereignisse, die deren Erreichen beeinflussen, bestimmen können. Das unternehmensweite Risikomanagement ist Teil eines Prozesses um Ziele zu setzen und um sicher zu stellen, dass die gewählten Ziele die Mission einer Organisation unterstützen, damit übereinstimmen und der Risikoneigung gerecht werden.

Ereignisidentifikation – Interne und externe Ereignisse, die das Erreichen der Ziele einer Organisation beeinflussen, müssen bestimmt und in Risiken und Chancen unterschieden werden. Chancen gehen in den Strategiebildungs- oder Zielsetzungsprozess der Führungskräfte ein.

<u>**Risikobeurteilung**</u> – Risiken werden unter Berücksichtigung von Auswirkung und Eintrittswahrscheinlichkeit untersucht, um eine Grundlage für ihre Steuerung zu erhalten. Sowohl innewohnende Risiken als auch Restrisiken sollen bewertet werden.

Risikosteuerung – Führungskräfte wählen Instrumente zur Risikosteuerung – Vermeiden, Annehmen, Verringern oder Teilen von Risiko – um ein Bündel von Maßnahmen zum Anpassen der Risiken an die Risikotoleranz und -bereitschaft der Organisation festzulegen.

<u>**Kontrollaktivitäten**</u> – Vorschriften und Verfahren, die sicherstellen, dass Risikoreaktionen wirksam ausgeführt werden, werden festgelegt und umgesetzt.

<u>**Information und Kommunikation**</u> – Wesentliche Informationen sind in Form und Zeitrahmen erkannt, erfasst und verbreitet. Diese ermöglichen es Mitarbeitern, ihre Verantwortlichkeit wahrzunehmen. Wirksame Kommunikation findet auch in einem weiteren Sinne statt, abwärts, lateral und aufwärts in der Organisation.

---

[108] *COSO* (2004), S.3–4.

<u>Überwachung</u> – Die Gesamtheit des unternehmensweiten Risikomanagements wird überwacht und erforderliche Anpassungen werden vorgenommen. Überwachung wird durch laufende Führungtätigkeiten und separate Beurteilungen erreicht."

In dieser Aufzählung sind die fünf Komponenten des ursprünglichen COSO-Kontroll-Modells unterstrichen. Parallel finden sich die in das erweiterte COSO-ERM-Modell vollständig integrierten Komponenten auch in der vorangegangenen Abbildung zur besseren Hervorhebung jeweils umrahmt.

Die dritte **Dimension** des erweiterten COSO-Modells betrifft die von den Zielkategorien und Komponenten jeweils betroffenen „**Organisationseinheiten**":[109]

- Gesamtorganisation
- Geschäftsbereich
- Geschäftseinheit
- Niederlassung

Die Interne Kontrolle ist im erweiterten COSO-Modell wie folgt einbezogen:[110] „Die Interne Kontrolle ist ein integraler Bestandteil unternehmensweiten Risikomanagements. Dieses Rahmenwerk für unternehmensweites Risikomanagement beinhaltet Interne Kontrollen und bietet ein umfassenderes Konzept und Instrument für Führungskräfte. Die Internen Kontrollen werden in dem Rahmenwerk Interne Kontrolle – Übergreifendes Rahmenwerk – definiert und beschrieben. Da sich dieses Rahmenwerk im Zeitablauf bewährt hat und Grundlage bestehender Regeln, Vorschriften und Gesetze ist, hat es weiterhin als Definition eines Rahmenwerks für Interne Kontrollen Bestand."

Im Sarbanes-Oxley-Act wird den US-Unternehmen das COSO-Modell nicht explizit vorgeschrieben. In den USA verlangt die US-Börsenaufsicht (SEC) aber von den börsennotierten Unternehmen, dass das IKS nach einem anerkannten Framework eingerichtet ist und verweist in diesem Zusammenhang beispielsweise auf das COSO-Framework: „The COSO Framework satisfies our criteria and may be used as an evaluation framework for purposes of management's annual Internal Control evaluation and disclosure requirements."[111]

In Deutschland geben die Gesetze nicht vor, wie das Internal Control ausgestaltet und implementiert werden muss.[112]

In Ermangelung anderer – anerkannter – Kontrollmodelle wird in den USA und zunehmend weltweit in börsennotierten großen Unternehmen das Internal Control nach dem COSO-Modell eingerichtet und von den Wirtschaftsprüfern beim Jahresabschluss nach diesem Quasi-Standard überprüft.[113] Wie bei anderen Sarbanes-Oxley-Vorgaben gilt diese Vorgabe auch für deutsche Unternehmen, die an US-Börsenplätzen notiert sind. Obwohl für andere europäische Unternehmen nicht direkt verpflichtend, erwarten die weltweit agierenden großen Wirtschaftsprüfungsgesellschaften von hiesigen großen Aktiengesellschaften ebenfalls „Internal Control-Maßnahmen", die den US-Vorgaben und dem COSO-Modell nahekommen.

---

[109] *COSO* (2004), S. 5.

[110] *COSO* (2004), S. 6.

[111] *SEC* (2003).

[112] Vgl. *Sybon* (2011), S. 94.

[113] Vgl. *Gerner* (2010), S. 38–40.

Im Entwurf zum Prüfungsstandard PS 261 hat das IDW die Komponenten eines internen Kontrollsystems analog dem älteren – engeren – COSO-Kontrollmodell ebenfalls mit drei Dimensionen und fünf Komponenten dargestellt:[114]

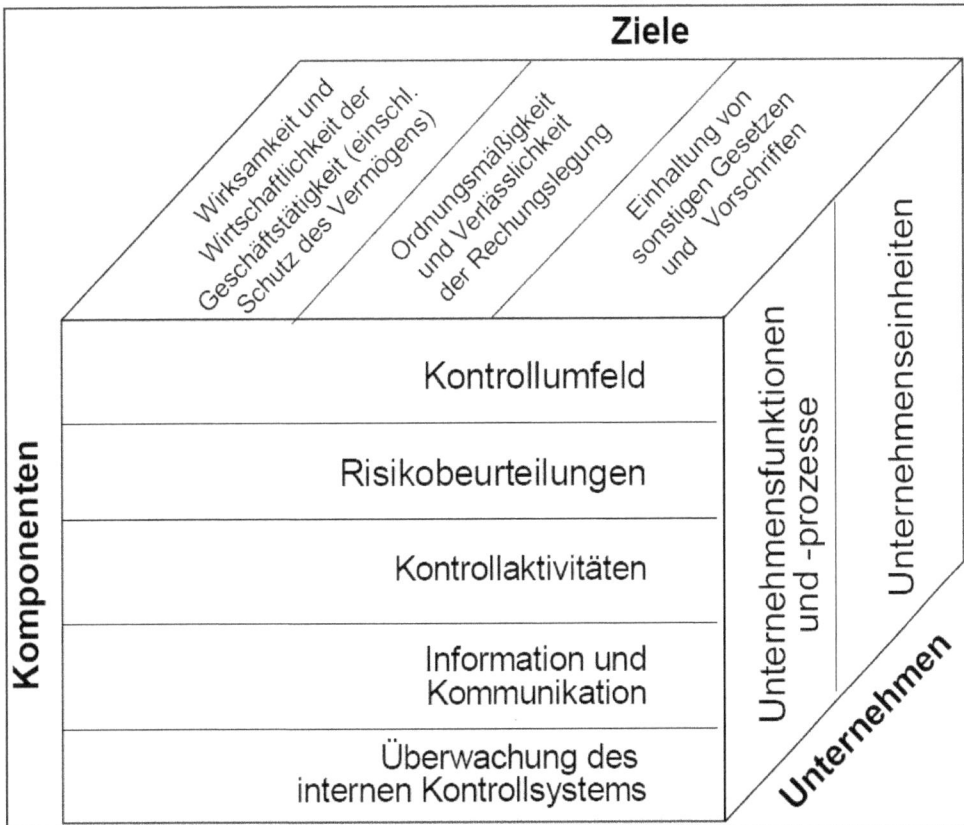

Abb. 3.4:   Komponenten des internen Kontrollsystems
Quelle: IDW (2011), S. 13.

Das interne Kontrollsystem bzw. das Internal Control umfasst demnach entsprechend dem ursprünglichen ersten COSO-Modell die Komponenten/Maßnahmen:

- Kontrollumfeld (bzw. Internes Umfeld)
- Risikobeurteilung
- Kontrollaktivitäten
- Information und Kommunikation
- Überwachung.

Zu den einzelnen Funktionen des Kontrollsystems führt das IdW in starker Anlehnung an das COSO-Modell aus:[115]

---

[114] *IdW* (2011), Seite 13.

- Das **Kontrollumfeld** stellt dabei den Rahmen dar, innerhalb dessen die Grundsätze, Verfahren und Maßnahmen eingeführt und angewendet werden. Es ist geprägt durch die Grundeinstellungen, das Problembewusstsein und das Verhalten des Managements in Bezug auf das interne Kontrollsystem. Das Kontrollumfeld wird bestimmt durch die Bedeutung von Integrität und ethischen Werten im Unternehmen,
  - die Bedeutung der fachlichen Kompetenz im Unternehmen,
  - die Unternehmenskultur und -philosophie sowie das dadurch vermittelte Werteverständnis der Mitarbeiter,
  - den Führungsstil des Managements,
  - die Zuordnung von Weisungsrechten und Verantwortung,
  - die Überwachungstätigkeit des Aufsichtsrats bzw. der Gesellschafterversammlung sowie
  - die Grundsätze der Personalpolitik.

Das Kontrollumfeld beeinflusst wesentlich das Kontrollbewusstsein der Mitarbeiter. Ein günstiges Kontrollumfeld ist Voraussetzung für die Wirksamkeit des internen Kontrollsystems. Ein ungünstiges Kontrollumfeld kann die Gefahr in sich bergen, dass im internen Kontrollsystem eingerichtete Regelungen von den Mitarbeitern nicht oder nur der Form halber angewendet werden. Ein günstiges Kontrollumfeld allein kann jedoch die Wirksamkeit des internen Kontrollsystems nicht gewährleisten.

Unternehmen sind einer Vielzahl von Risiken ausgesetzt, die die Erreichung der Unternehmensziele in Übereinstimmung mit der von der Unternehmensleitung festgelegten Geschäftsstrategie gefährden können. Bei diesen Unternehmensrisiken kann es sich z. B. um finanzielle, rechtliche, leistungswirtschaftliche oder strategische Risiken handeln. Durch Risikobeurteilungen werden solche Risiken erkannt und analysiert. Sorgfältige Risikobeurteilungen sind die Grundlage für die Entscheidungen der Unternehmensleitung über den Umgang mit den Risiken unternehmerischer Betätigung.

- **Kontrollaktivitäten** sind Grundsätze und Verfahren, die sicherstellen sollen, dass die Entscheidungen des Managements beachtet werden. Sie tragen dazu bei, dass notwendige Maßnahmen getroffen werden, um den Unternehmensrisiken zu begegnen.
- **Information und Kommunikation** dienen dazu, dass die für die unternehmerischen Entscheidungen des Managements erforderlichen Informationen in geeigneter und zeitgerechter Form eingeholt, aufbereitet und an die zuständigen Stellen im Unternehmen weitergeleitet werden. Dies umfasst auch die für die Risikobeurteilungen notwendigen Informationen sowie die Information der Mitarbeiter über Aufgaben und Verantwortlichkeiten im internen Kontrollsystem. Neben der mündlichen Berichterstattung können Organisationshandbücher, Richtlinien für die interne und externe Rechnungslegung, Aktennotizen u.Ä. in Betracht kommen.
  „Bestandteil der betrieblichen Informationssysteme ist das Rechnungslegungssystem. Es setzt sich aus den Methoden und Aufzeichnungen zusammen, die die Erfassung und Verarbeitung von Geschäftsvorfällen, den Nachweis über die vorhandenen Vermögensgegenstände und Schulden sowie die Erfassung der für den Anhang und den Lagebericht erforderlichen Angaben betreffen. Die Qualität dieser Informationen wirkt sich auf die

---

[115] *IdW* (2011), Seiten 11–13.

Fähigkeit des Management zur sachgerechten Führung der Geschäfte und zur Aufstellung verlässlicher Abschlüsse und Lageberichte aus.

- Unter **Überwachung des internen Kontrollsystems** ist die Beurteilung der Wirksamkeit des internen Kontrollsystems durch Mitarbeiter des Unternehmens zu verstehen. Dabei ist zu beurteilen, ob das interne Kontrollsystem sowohl angemessen ist als auch kontinuierlich funktioniert. Darüber hinaus hat das Management dafür Sorge zu tragen, dass festgestellte Schwächen im internen Kontrollsystem in geeigneter Weise abgestellt werden.
Überwachungsmaßnahmen können in die Unternehmensprozesse eingebaut sein. Dies kann bspw. eine regelmäßige Durchsicht betrieblicher Statistiken durch die zuständigen Abteilungsleiter und die Beurteilung der Plausibilität der in den Statistiken enthaltenen Informationen sein. In zahlreichen Unternehmen wird neben diesen prozessintegrierten Überwachungsmaßnahmen das interne Kontrollsystem von der Internen Revision überwacht. Zu den Aufgaben der Internen Revision zählt dann auch die Entwicklung von Verbesserungsvorschlägen für die Wirksamkeit des internen Kontrollsystems."

In einer globalen Studie zum Stand von Internal Control und Risk-Management wird der Bedarf nach weltweiten Standards artikuliert:[116] „In addition, a large majority of respondents believes that risk management and Internal Control requirements and guidelines should be further aligned internationally. The global economy is now largely composed of very interdependent national economies and markets. Hence, corporate governance, risk management, and Internal Control requirements and guidelines should be harmonized globally. As many organizations have international activities, further international alignment would benefit their operations and compliance processes, allowing for the comparison of these systems across borders and, thus, increasing investor confidence and reducing cost."

In einem 2007 verfassten Schreiben[117] an das COSO-Commitee hatte das IdW zu einer geplanten ERM-Erweiterung des COSO-Modells eine offizielle Stellungnahme abgegeben. Daraus kann abgeleitet werden, dass insb. die in Deutschland tätigen großen internationalen WP-Gesellsschaften das COSO-Modell weitgehend akzeptieren und bei Beratungen zur Einführung von Kontrollsystemen bei ihren Kunden nicht nur in den USA, sondern weltweit zugrunde legen.

Das „Committee of Sponsoring Organizations of the Treadway Commission (COSO)" hat im Oktober 2010 angekündigt, das COSO-Modell mit folgendem Ziel zu überarbeiten: „This initiative is expected to make the existing Framework and related evaluation tools more relevant in the increasingly complex business environment so that organizations worldwide can better design, implement, and assess Internal Control."[118]

Im Dezember 2011 hat das COSO nun einen Neuentwurf für Stellungnahmen publiziert, der im Dezember 2012 endgültig verabschiedet und herausgegeben werden soll.[119] Nachfolgend stellen wir die wichtigsten geplanten Neuerungen vor:

---

[116] *IFAC* (2011a), S. 3.

[117] Vgl. *IdW* (2007).

[118] *COSO* (2010).

[119] *COSO* (2011b).

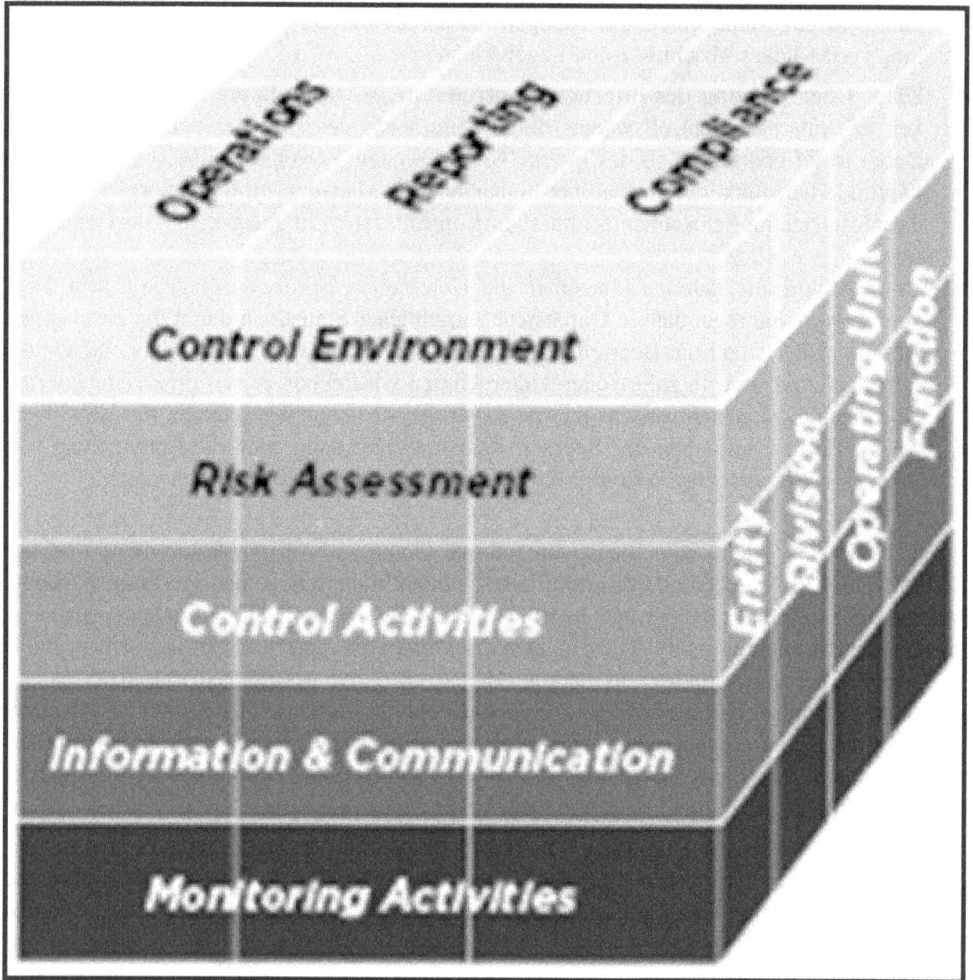

Abb. 3.5:   Neues COSO
Quelle: COSO (2011b), S. 9.

Summary of Updates
Codification of 17 principles embedded in the original Framework

Control Environment	1. Demonstrates commitment to integrity and ethical values 2. Exercises oversight responsibility 3. Establishes structure, authority and responsibility 4. Demonstrates commitment to competence 5. Enforces accountability
Risk Assessment	6. Specifies relevant objectives 7. Identifies and analyzes risk 8. Assesses fraud risk 9. Identifies and analyzes significant change
Control Activities	10. Selects and develops control activities 11. Selects and develops general controls over technology 12. Deploys through policies and procedures
Information & Communication	13. Uses relevant information 14. Communicates internally 15. Communicates externally
Monitoring Activities	16. Conducts ongoing and/or separate evaluations 17. Evaluates and communicates deficiencies

Abb. 3.6: Geplante COSO-Änderungen
Quelle: COSO (2011b), S. 10.

Westhausen verglich in der Zeitschrift für Interne Revision die COSO-Anforderungen mit den entsprechenden deutschen IC-Kontrollvorgaben:

	COSO	Ausprägungen in Deutschland	
x-Ebene	Ziele der Organisation	◆ in MaIR[20] definiert ◆ in Unternehmenspolitik und -leit-linien verankert ◆ in IIR-Standards enthalten (aus IIA-Standards übernommen) ◆ Balanced Scorecard	
y-Ebene	Organisationseinheiten	◆ Trend zu prozessorientierter Revision/Abschlussprüfung ◆ Prozessaudits im Rahmen von Qualitätsmanagement/TQM/ISO-Zertifizierungen	
z-Ebene	Monitoring	◆ durch IR ◆ durch Controlling ◆ Prozessaudits im Rahmen von Qualitätsaudits (z. B. nach VDA 6.3 „Prozessaudit"), TQM und ISO-Zertifizierungen	IDW PS 260
	Information & Kommunikation	◆ Risikoberichterstattung (gem. HGB § 289 ff.) ◆ unternehmensinterne Systeme von Berichtslinien und Verteilerkreisen	
	Kontrollaktivitäten	◆ Kontrollschritte, die lt. Arbeits- und Prozessanweisungen vorgeschrieben sind ◆ Trend zu CSA	
	Risikobewertung	◆ Frühwarnsystem mit IR und Risikomanagement [KonTraG § 91 (2) i.V.m. HGB § 317 (4)] ◆ IIR-Standard Nr. 2/ „Prüfung des Risikomanagement durch die IR" ◆ risikoorientierter Prüfansatz	
	Kontrollumfeld	◆ DCGK ◆ BilKoG ◆ interne Geschäftsordnungen ◆ System von internen Richtlinien/Arbeitsanweisungen ◆ Ethik-Richtlinien	

Abb. 3.7:   COSO und die Ausprägungen in Deutschland
Quelle: Westhausen (2005), S. 100.

Die Tabelle zeigt, dass die COSO-Modell-Ebenen und -Einzelanforderungen zumeist mit entsprechenden deutschen Gesetzesanforderungen korrespondieren.

COBIT-Governance und -Kontroll-Modell speziell für die IT

Speziell für die in jedem Unternehmen überaus wichtige Informationstechnologie (IT) wurde basierend auf dem COSO-Modell ein weltweit anerkanntes ergänzendes Governance- und Kontrollmodell entwickelt. Das sog. COBIT-Modell wurde vom IT-Governance-Institut veröffentlicht und ist inzwischen international weit verbreitet. Die Entwicklung des Frameworks begann ursprünglich im Jahr 1993 bei der Information Systems Audit and Control Association (ISACA), die Weiterentwicklung wurde 1999 an das von der ISACA unabhängige IT-Governance Institut (ITGI) übertragen.

„Control Objectives for Information and related Technology (COBIT®) provides good practices across a domain and process framework and presents activities in a manageable and logical structure. COBIT's good practices represent the consensus of experts. They are strongly focused more on control, less on execution. These practices will help optimise IT-enabled investments, ensure service delivery and provide a measure against which to judge when things do go wrong.

For IT to be successful in delivering against business requirements, management should put an Internal Control system or framework in place. The COBIT control framework contributes to these needs by:

- Making a link to the business requirements
- Organising IT activities into a generally accepted process model
- Identifying the major IT resources to be leveraged
- Defining the management control objectives to be considered"[120]

Das COBIT-Modell wendet sich an verschiedene Managementbereiche:

- „**Executive management**
  To obtain value from IT investments and balance risk and control investment in an often unpredictable IT environment

- **Business management**
  To obtain assurance on the management and control of IT services provided by internal or third parties

- **IT management**
  To provide the IT services that the business requires to support the business strategy in a controlled and managed way

- **Auditors**
  To substantiate their opinions and/or provide advice to management on Internal Controls."[121]

---

[120] *COBIT* (2007), S. 5.
[121] *COBIT* (2007), S. 25.

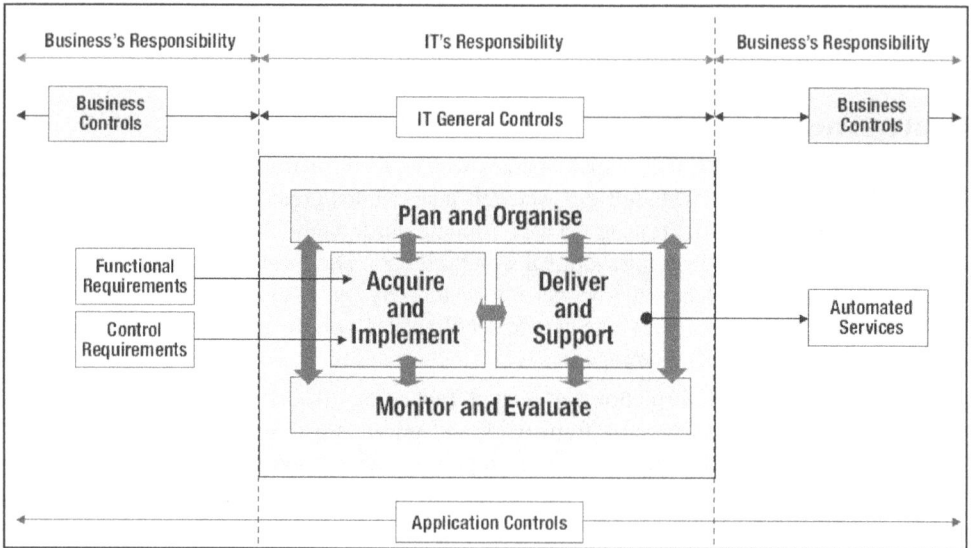

Abb. 3.8:   Boundaries of Business, General and Application Controls
Quelle: COBIT (2007), S.16.

Die Abbildung veranschaulicht die bei COBIT angenommene Abgrenzung der Verantwortlichkeiten und die allgemeinen bzw. speziellen IT-bezogenen Kontrollmechanismen.

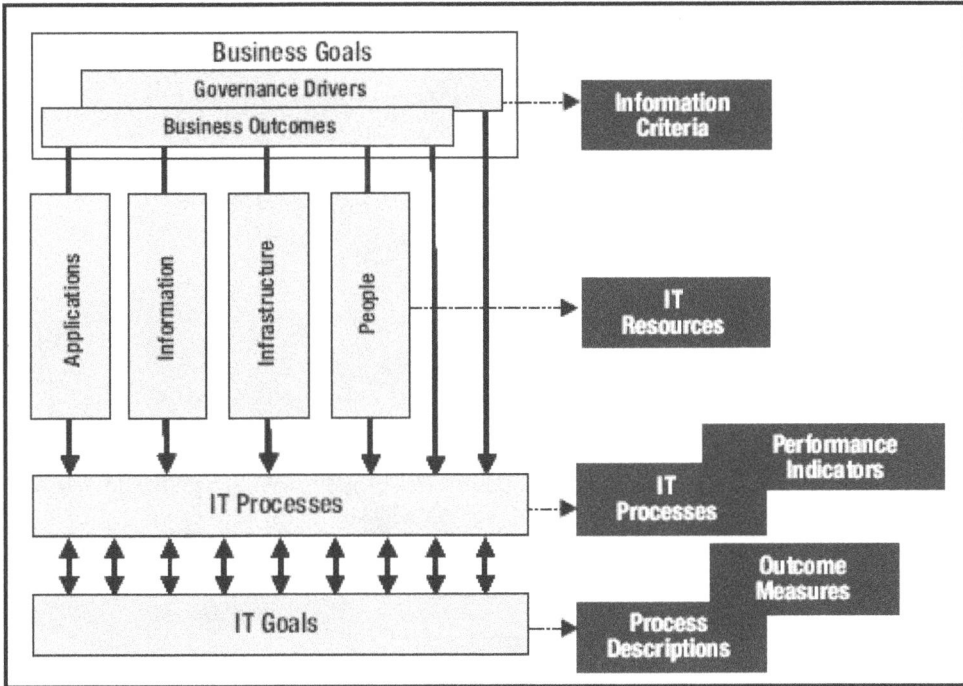

Abb. 3.9:   COBIT Management, Control, Alignment and Monitoring
Quelle: COBIT (2007), S. 24.

Diese Darstellung zeigt das von COBIT strukturierte Zusammenwirken der IT-Funktionen. „The COBIT framework, therefore, ties the businesses requirements for information and governance to the objectives of the IT services function. The COBIT process model enables IT activities and the resources that support them to be properly managed and controlled based on COBIT's control objectives, and aligned and monitored using COBIT's goals and metrics, as illustrated."[122]

---

[122] *COBIT* (2021a), S. 24.

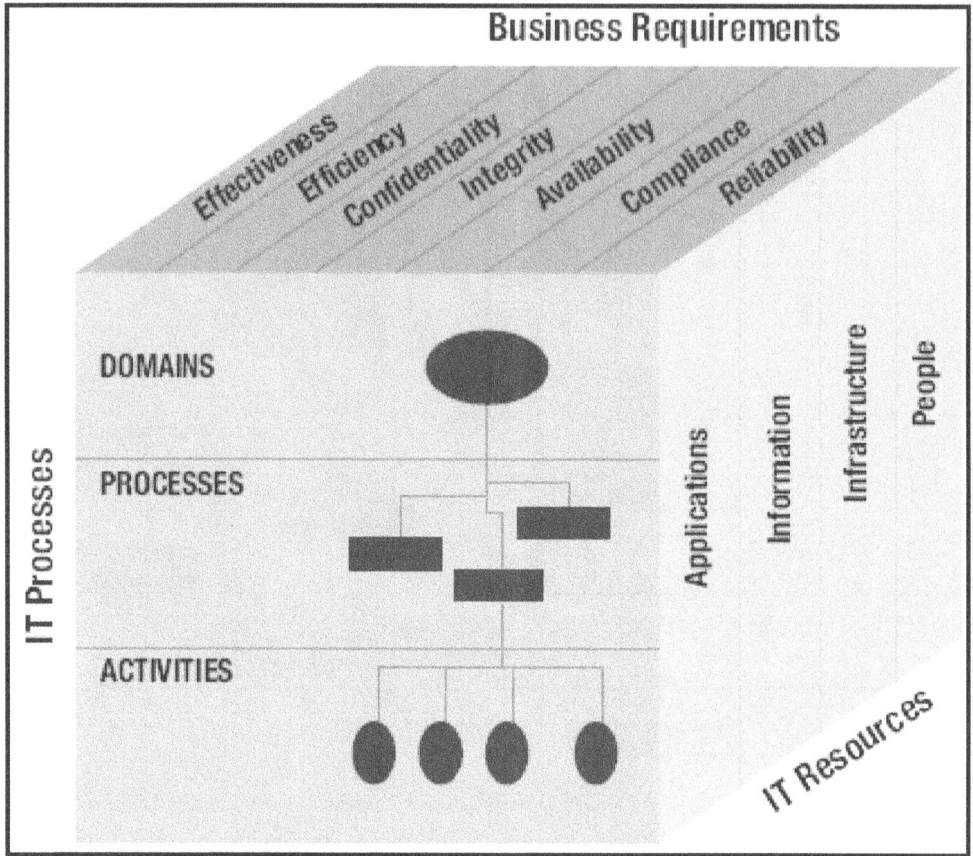

Abb. 3.10:   The COBIT Cube – Modell
Quelle: COBIT (2007), S. 25.

Diese Abbildung gibt das „COBIT's process model of four domains containing 34 generic processes, managing the IT resources to deliver information to the business according to business and governance requirements"[123] wieder.

---

[123] *COBIT* (2012a), S. 25.

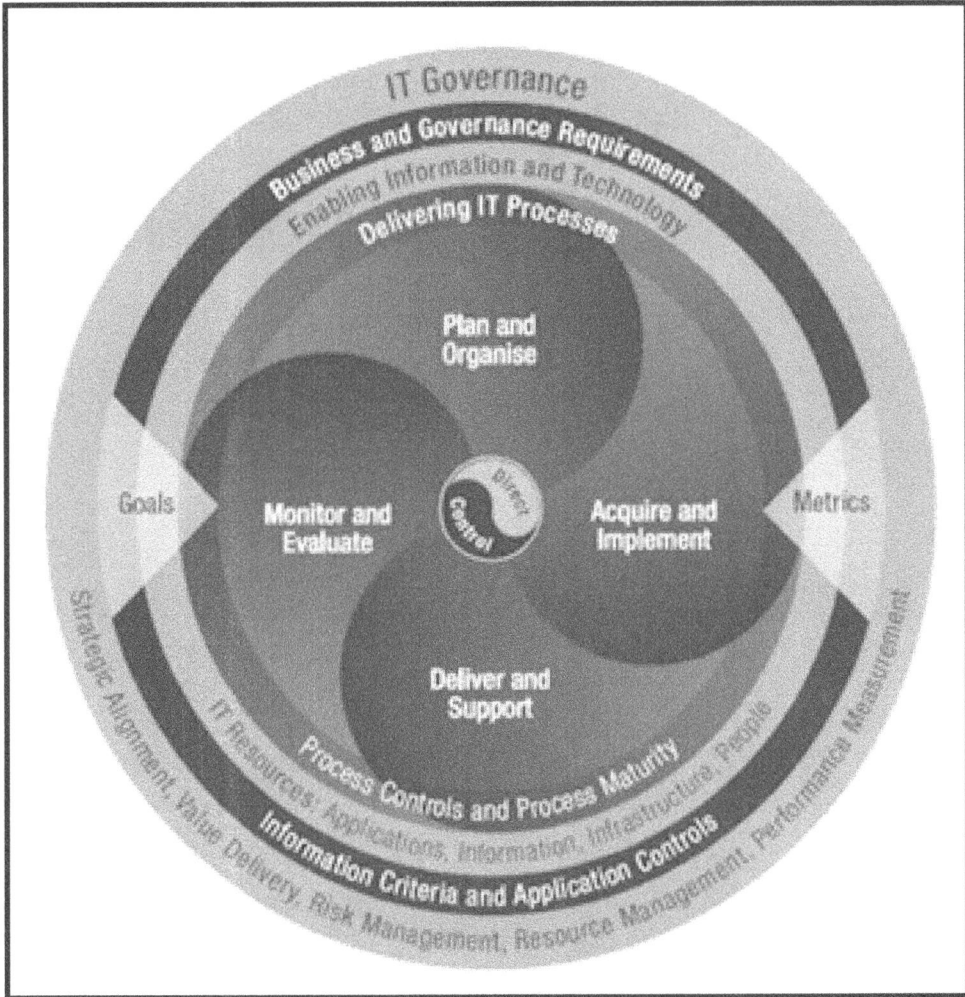

Abb. 3.11:   The COBIT Cube – Framework
Quelle: COBIT (2009), S. 11.

In einer anderen Veröffentlichung hat die ISACA eine gesamthafte Darstellung des COBIT-Frameworks vorgestellt:

Wie deutlich wird, deckt das COBIT-Modell die gesamte „IT-Governance" ab. In Bezug auf unseren Fokus Internal Control enthält das „Framework" im Mittelpunkt insb. die IT-spezifischen Prozesskontrollen.

BUSINESS OBJECTIVES

GOVERNANCE OBJECTIVES

CobiT

ME1 Monitor and evaluate IT performance.
ME2 Monitor and evaluate internal control.
ME3 Ensure compliance with external requirements.
ME4 Provide IT governance.

PO1 Define a strategic IT plan.
PO2 Define the information architecture.
PO3 Determine technological direction.
PO4 Define the IT processes, organisation and relationships.
PO5 Manage the IT investment.
PO6 Communicate management aims and direction.
PO7 Manage IT human resources.
PO8 Manage quality.
PO9 Assess and manage IT risks.
PO10 Manage projects.

INFORMATION CRITERIA

• Effectiveness
• Efficiency
• Confidentiality
• Integrity
• Availability
• Compliance
• Reliability

MONITOR AND EVALUATE

IT RESOURCES

• Applications
• Information
• Infrastructure
• People

PLAN AND ORGANISE

DELIVER AND SUPPORT

ACQUIRE AND IMPLEMENT

DS1 Define and manage service levels.
DS2 Manage third-party services.
DS3 Manage performance and capacity.
DS4 Ensure continuous service.
DS5 Ensure systems security.
DS6 Identify and allocate costs.
DS7 Educate and train users.
DS8 Manage service desk and incidents.
DS9 Manage the configuration.
DS10 Manage problems.
DS11 Manage data.
DS12 Manage the physical environment.
DS13 Manage operations.

AI1 Identify automated solutions.
AI2 Acquire and maintain application software.
AI3 Acquire and maintain technology infrastructure.
AI4 Enable operation and use.
AI5 Procure IT resources.
AI6 Manage changes.
AI7 Install and accredit solutions and changes.

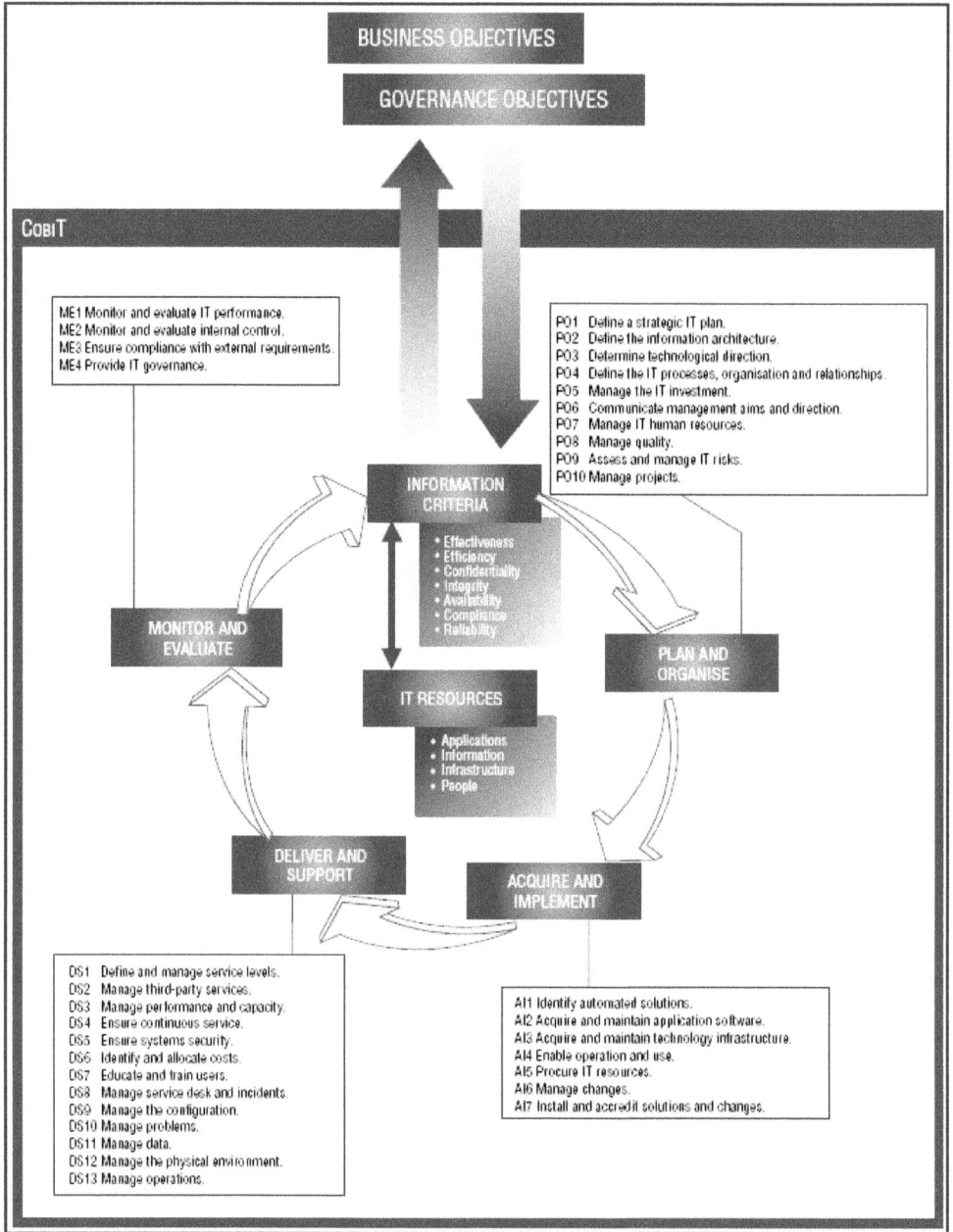

Abb. 3.12:   Overall COBIT-Framework
Quelle: COBIT (2007), S. 26.

Diese letzte von uns ausgewählte COBIT-Darstellung veranschaulicht alle im Modell enthaltenen Detailmaßnahmen. Auf die möglichen und notwendigen IT-gestützten Kontrollen werden wir bei der nun folgenden Erörterung unserer Internal Control-Instrumente noch detaillierter eingehen.

3.3   Internal Control-Instrumente

Das COSO-Modell ist das weltweit bekannteste Modell für Interne Kontrollsysteme.[124] Es ist in den USA durch den Sarbaes-Oxley-Act und die SEC-Vorgaben der Quasi-Standard und wird in allen großen US-Unternehmen gemeinsam mit den Wirtschaftsprüfungsgesellschaften eingeführt und gepflegt. Obwohl die Wirtschaftsprüfer das COSO-Modell weltweit propagieren, gibt es in Europa dazu noch keine gesetzliche Notwendigkeit; hier sind davon nur die Großunternehmen betroffen, die an einer US-Börse notiert sind, wie z. B. die Siemens AG.

Das COSO-Modell ist sehr komplex und unserer Auffassung nach für „normale" Führungskräfte in der Unternehmenspraxis hinsichtlich ihrer Mitwirkungspflichten schwer verständlich. Tatsächlich erfolgen die Einführung und die Pflege eines COSO-basierten Kontrollsystems in Großunternehmen zumeist durch dafür speziell vorgebildete Unternehmensstellen i. d. R. mit starker Unterstützung durch externe Wirtschaftsprüfer.

Die – gesetzliche – Einführung des COSO-Modells in Europa wird sehr kontrovers und vielfach negativ diskutiert.[125] Ein zentraler Grund hierfür liegt im – aus den umfangreichen Dokumentationsnotwendigkeiten resultierenden – hohen Aufwand einer Implementation dieses Modells.

Von der IFAC wird explizit darauf hingewiesen, dass ein Kontrollsystem sich nicht nur auf die Finanzseite eines Unternehmens beziehen, sondern die Funktionsfähigkeit aller Unternehmensprozesse mit gewährleisten sollte:[126] „An excessive and exclusive focus on financial reporting controls distracts management from ensuring that operational controls exist or are functioning as intended. Many times, rootcause analyses of financial reporting failures identify problems at the operational level that ultimately impact the financial statements. The challenge is to recognize that key financial controls might be able to pass a validation test, while underlying ineffective operational controls still expose the organization to risks. For example, ensuring the effectiveness of financial accounting controls on inventory does not necessarily lead to sufficient mitigation of inventory risk, such as wastage, obsolescence, or theft."

Ein sehr anschauliches Modell zum Internal Control hat Anfang 2011 das europäische Institut der Internen Revision (ECIIP) vorgestellt.[127] Im Modell der so genannten „Three Lines of Defence" werden sehr übersichtlich alle beim Internal Control wesentlichen Prozesse und Beteiligten in drei „Abwehr"-Stufen abgebildet:

- Als Bestandteile der ersten „Line of Defense" werden das Operational Management und das Internal Control genannt, wobei IC hier im engeren Sinne von prozessimmanenten Kontrollen verstanden wird.
- In der zweiten „Verteidigungslinie" werden Financial Control (mit dem Controlling), Security, Risk Management, Quality, Inspection und Compliance eingeordnet.
- In der letzten und dritten Stufe wird die Tätigkeit von Interner Revision, Wirtschaftsprüfung und – externen – Überwachungsbehörden gesehen.

---

[124] *Sybon* (2011), S. 94.

[125] *Westhausen* (2005) S.101.

[126] *IFAC* (2011b), S.11.

[127] *ECIIA* (2011).

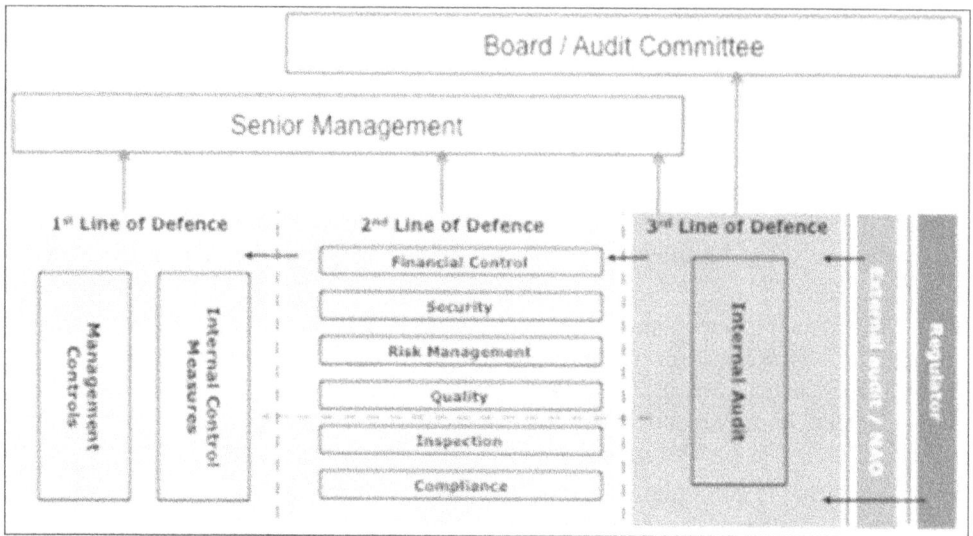

Abb. 3.13:   ECIIA endorses the three lines of defence model for internal governance
Quelle: ECIIA (2011).

Das Modell veranschaulicht das notwendige Zusammenwirken von prozessorientierten Organisationsmaßnahmen mit kontrollorientierten internen und externen Stellen. Jedes Unternehmen muss die sichere Funktion der Unternehmensabläufe zunächst ausreichend durch geeignete interne Kontrolleinrichtungen schützen; ergänzend dazu können und müssen spezielle interne und externe Kontrollinstitutionen weitere Schutzfunktionen sicherstellen. Die Instanzen der zweiten Stufe sollen dabei auch die erste Stufe der Prozesskontrollen und die Instanzen der dritten Stufe (insb. die Interne Revision) die Aktivitäten der beiden unterlagerten Ebenen überwachen.[128]

In den Studien zur Wirtschaftskriminalität wurden die Unternehmen teilweise auch befragt, welche Maßnahmen sie dagegen ergreifen:

---

[128] Vgl. *Eulrich* (2012), S. 55–59.

Maßnahme	2006	2010
Überarbeitung von Berechtigungskonzepten bzw. Zugriffskontrollmechanismen	76	87
Überarbeitung von Richtlinien und Verfahrensanweisungen	82	86
Verbesserung von internen Kontrollen	84	85
Beauftragung von Verantwortlichkeiten für Informationssicherheit, Krisenmanagement etc.	nicht erhoben	81
Sensibilisierung der Mitarbeiter	78	78
Einrichtung einer Compliance-Funktion	16	74
Verstärkter Einsatz technischer Lösungen/Software	nicht erhoben	73
Verstärkung von physischen Sicherheitsmaßnahmen bezüglich Gebäudesicherheit	nicht erhoben	64
Regelmäßige Sonderuntersuchungen in Risikobereichen	50	59
Stärkere Ausrichtung des Risikomanagements auf Verhaltensrisiken	54	49
Strengere Kriterien bei der Auswahl von Mitarbeitern	48	48
Einrichtung eines Krisenstabs	12	47
Strengere Kriterien bei der Auswahl von Lieferanten und Kunden	12	40
Beratung durch externe Spezialisten	30	39
Incentivierungsstrategien zur Förderung der Akzeptanz und Verinnerlichung bei Mitarbeitern	nicht erhoben	32
Personelle Verstärkung der internen Revision	27	21
Sonstiges	1	2
Keine Angabe/weiß nicht	3	1

in Prozent

■ 2006   ■ 2010

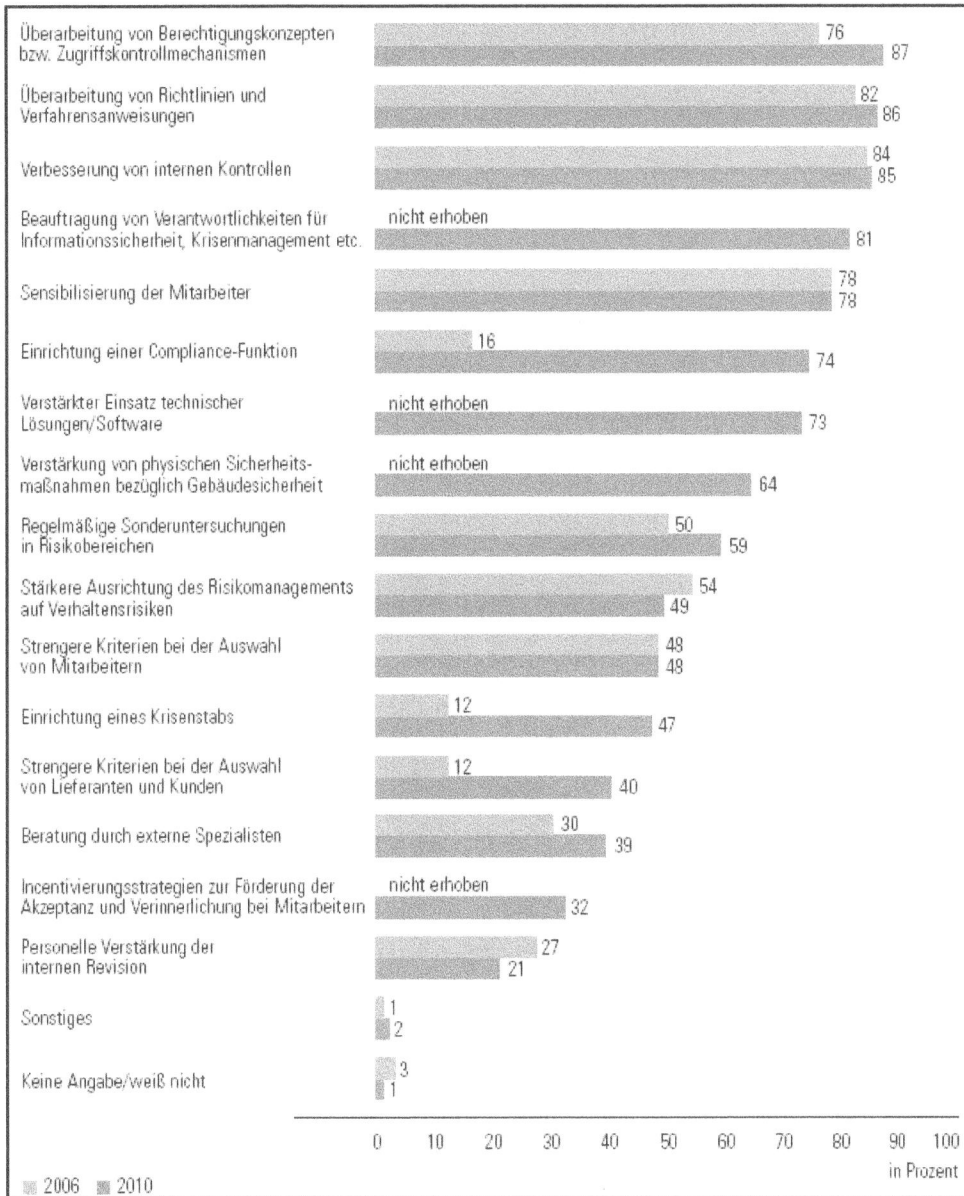

Abb. 3.14:   Ergriffene Maßnahmen zur Risikominimierung
Quelle: KPMG (2010a), S. 18.

Diese Übersicht zeigt, dass die Unternehmen zur Vermeidung und Aufklärung von Wirtschaftskriminalität vielfältige Maßnahmen einsetzen, die weitgehend auch dem Internal Control dienen und sowohl richtlinienorientierte, strukturelle, prozessseitige als auch technische IC-Instrumente umfassen.

Mit der in diesem Werk im Folgenden dargestellten Systematik der Internal Control-Instrumente wird – parallel zum COSO-Modell – eine vereinfachte, praxisorientierte Darstellung versucht, mit der Führungskräfte aller Unternehmensebenen das Zusammenwirken notwendiger Kontrollmaßnahmen klar strukturieren und insb. hinsichtlich ihrer persönlichen Mitwirkung einordnen können.

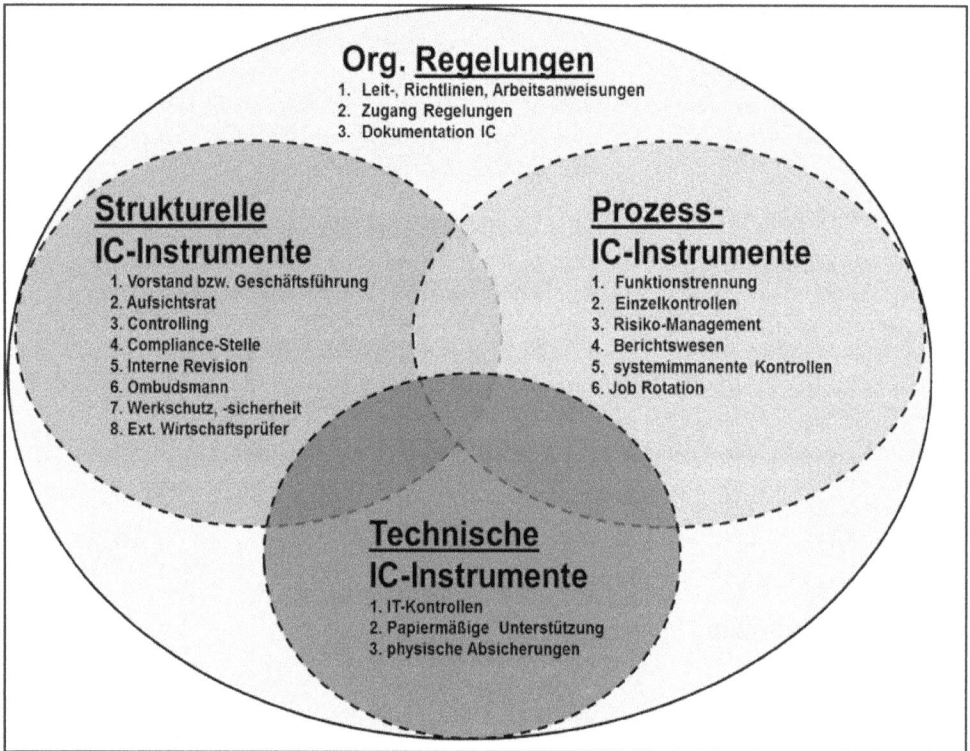

Abb. 3.15:   Zusammenwirken der Internal Control-Instrumente
Quelle: Eigene Darstellung

Anders als im COSO-Modell strukturieren wir – in unserem vereinfachten Modell – die zur Realisierung des IC notwendigen Instrumente in nur vier grundsätzliche Kategorien und verzichten auf zusätzliche Modelldimensionen hinsichtlich Ausrichtungs- und Unternehmensebene; diese Kategorien sind:

• Organisatorische (IC-)Regelungen
• Struktur-Instrumente (Kontrollgremien)
• Prozess-Instrumente
• (Ergänzende) Technische Instrumente

Die Struktur-, Prozess- und Technik-Maßnahmen ergänzen bzw. überschneiden einander teilweise. Außerdem werden diese drei Instrumente durch entsprechende organisatorische Regelungen übergreifend fixiert und angewiesen. Für ein funktionsfähiges wirksames Internal Control müssen alle vier Kategorien der IC-Instrumente in geeigneter Weise kombiniert angewandt werden. An der Einrichtung und Durchführung müssen die Führungskräfte aller

Organisationsebenen maßgeblich mitwirken. Im Folgenden stellen wir die Instrumente der vier Kontrollkategorien detailliert vor.

3.3.1   IC-Organisationsanweisungen und Dokumentation

Sowohl die für das Internal Control wichtigen Struktur- und Prozessmaßnahmen als auch viele ergänzende technische Kontroll-Absicherungen basieren auf organisatorischen Regelungen, mit denen Unternehmen ihre internen Abläufe im Soll detailliert vorgeben. Wie im vorgestellten Kontroll-Modell dargestellt, bilden die organisatorischen Regelungen die Grundlage des Internal Control. Sowohl die Struktur- und Prozess-Maßnahmen als auch die ergänzenden technischen Maßnahmen müssen für alle Führungskräfte und Mitarbeiter im Detail offiziell dokumentiert und angewiesen werden. Jedes Unternehmen muss damit die Einhaltung der externen Vorgaben unternehmensindividuell spezifizieren. Zur Regelung aller betrieblichen Abläufe gelten in den Unternehmen neben externen (Gesetzes-)Normen auch zahlreiche interne Vorschriften.

Zu den organisatorischen Regelungen des Internal Control werden in diesem Abschnitt veranschaulicht:

*   welche Regelungsarten (Leitlinien, Organisationsrichtlinien; Arbeitsanweisungen) erstellt werden müssen,
*   wie der Zugang für alle Mitarbeiter dazu organisiert werden sollte und
*   wie das Internal Control auch im Hinblick auf externe Anforderungen angemessen dokumentiert werden muss.

Die externe Verpflichtung zur Dokumentation des IC ergibt sich aus den mit dem BilMoG geänderten – und hier erneut dargestellten – §§ 289 und 315 HGB; „viele Unternehmen besitzen ein funktionierendes IKS, das Problem aber ist, dass es in den meisten Fällen nicht dokumentiert und somit nicht wirksam ist."[129]

§ 289, Absatz 5 (HGB)

(5) Kapitalgesellschaften im Sinn des § 264d haben im Lagebericht die wesentlichen Merkmale des internen **Kontroll**- und des Risikomanagementsystems im Hinblick auf den Rechnungslegungsprozess zu beschreiben."

§ 315 (HGB)

(…)

(2) Der Konzernlagebericht soll auch eingehen auf:

(…)

5. die wesentlichen Merkmale des internen **Kontroll**- und des Risikomanagementsystems im Hinblick auf den Konzernrechnungslegungsprozess, sofern eines der in den Konzernabschluss einbezogenen Tochterunternehmen oder das Mutterunternehmen kapitalmarktorientiert im Sinn des § 264d ist.

---

[129] *Sybon* (2011), S. 93.

Die IFAC – als internationale Standesvertretung der Wirtschaftsprüfer – weist in ihren Stellungnahmen zum Internal Control bei der Rechnungslegung auch auf die Bedeutung von gut dokumentierten Richtlinien und Arbeitsanweisungen hin:[130] „How can Internal Control be better ingrained into the DNA of the organization? In many organizations, the **Internal Control system exists in handbooks and written procedures**, but is not sufficiently present in everyday management or actual operations. (…) Management should ensure that regular communication regarding the Internal Control system, as well as the outcomes, takes place at all levels of the organization to make sure that the system of Internal Control is fully understood and the Internal Control principles are applied by all.

Internal Controls can only work effectively when they are clearly understood and carried out by those involved. Therefore, controls should not be documented and communicated in isolation, but integrated into the environment in which they are intended to operate, including the objectives, activities, processes, systems, risks, and responsibilities.

Proper documentation and communication are vital for effective Internal Control. When documenting and communicating Internal Controls, attention should be paid to the usability and understandability of the various policies, procedures, etc. The use of common language supports effective Internal Control. This common language should meet professional and technical standards but also be understandable for non-professionals in this area, such as line managers or process owners.

Documentation is only the beginning; Internal Control should also be embedded into the way people work. Therefore, management should ensure, through active communication, that what is written in a policy document or handbook is under-tood widely across the organization and applied in practice by employees. A natural way of internalizing Internal Control is to actively engage people, through training and team meetings, in the management of their „own" risks and the development, implementation, operation, and evaluation of the related Internal Controls. This is especially important when people change roles – the occurring risks and corresponding controls in place should get fully passed along to incoming staff."

Wie aus dieser Stellungnahme ableitbar ist, sind gut dokumentierte interne Anweisungen für ein effektives IC von großer Bedeutung. Damit vom Management vorgesehene interne Kontrollen von den Mitarbeitern auch voll umgesetzt werden, müssen sie für eine gute Akzeptanz im Unternehmen auch angemessen kommuniziert werden.

3.3.1.1   Richtlinien und Arbeitsanweisungen

Wie bereits bei den internen Unternehmensvorgaben dargestellt, muss jedes Unternehmen die für das Interal Control notwendigen strukturellen, prozessseitigen und technische Maßnahmen angemessen beschreiben und für alle Mitarbeiter verbindlich vorgeben. Entsprechend der Reichweite dieser Vorgaben können grob unterschieden werden:

*   Leitlinien auf oberster Unternehmensebene,
    die auch die so genannten „Lines of Conduct" umfassen,
*   Organisationsrichtlinien für das gesamte Unternehmen,
*   Arbeitsanweisungen bezogen auf bestimmte Bereiche oder Stellen.

---

[130] *IFAC* (2011b). S.17.

Verschiedene Dokumentationen des Internal Control beschrieben wir bereits bei den internen Unternehmensvorgaben und demonstrierten sie am Beispiel der VW AG. Im Folgenden werden wir die drei Dokumentationsarten deshalb nur noch kurz wiederholen und am Beispiel der Audi AG in anderer Form erneut erörtern.

(Die Audi AG ist eine Tochtergesellschaft der Volkswagen AG mit einem Umsatz von EUR 44,096 Mrd. und mit 62.806 Mitarbeitern im Jahr 2011.[131])

Unternehmensleitlinien
Für jedes Unternehmen sind grundsätzliche Leitlinien von strategischer Bedeutung; sie umrahmen die mittel-, und langfristigen Unternehmensziele und wollen auch die Grundeinstellung der jeweiligen Mitarbeiter prägen. Zum Teil sind diese grundlegenden Ziele auch für das Internal Control des Unternehmens relevant. Die wichtigsten Unternehmensleitlinien enthalten zumeist:

- Strategische Leitlinien
- Codes of Conduct
- Konzernleitlinien und Satzung (insb. bei Aktiengesellschaften).

Nachfolgend wird die Ausgestaltung von Unternehmensleitlinien jetzt am Beispiel der AUDI AG gezeigt: Die AUDI AG veröffentlicht im Internet und z. B. im Geschäftsbericht 2011 ihre grundsätzlichen strategischen Leitlinien:

---

[131] *Audi* (2012a). S.3.

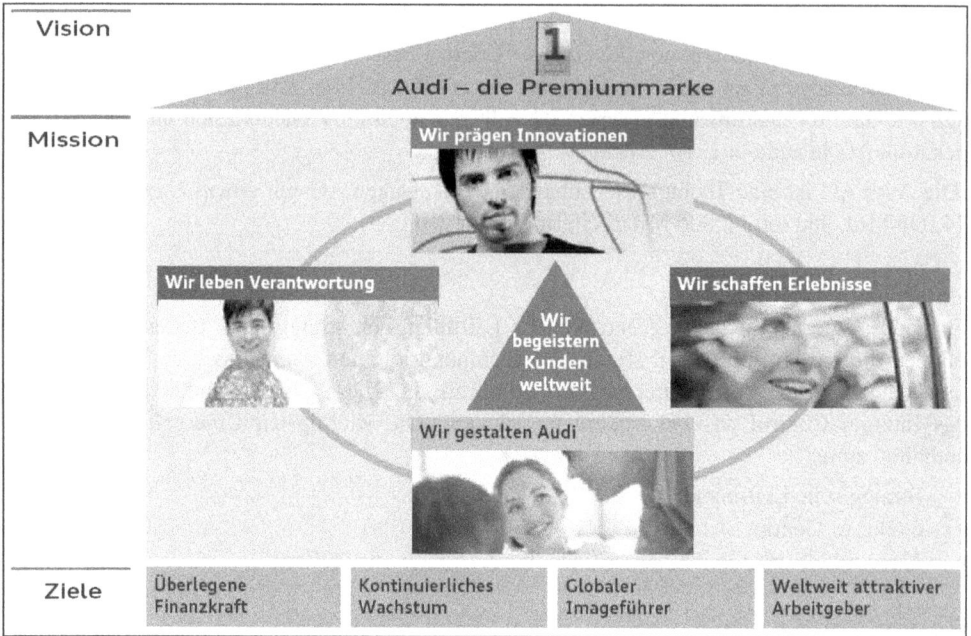

Abb. 3.16:   Die Strategie 2020 der Marke Audi
Quelle: Audi (2012a), S. 136.

In diesem Strategie-Bild wird zwischen Vision, Mission und Zielen unterschieden. Im Mittelpunkt der Mission steht die Erwartung „Wir begeistern Kunden weltweit". Konkrete Überwachungs- oder Kontrollvorgaben werden auf der Strategieebene noch nicht explizit genannt.

Auf der Homepage der Audi AG finden sich auch „Lines of Conduct" mit den grundsätzlichen Verhaltensanforderungen an die Mitarbeiter, die mit den bereits vorgestellten der Muttergesellschaft, der VW AG, übereinstimmen. Wie bei der VW AG sind auch bei der Audi AG für das Internal Control relevante Erwartungen z. B. hinsichtlich „Vermeidung von Interessenkonflikten und Korruption" enthalten.

Weil die Audi AG eine rechtlich selbstständige Aktiengesellschaft ist, verfügt sie über die im AktG geforderte Satzung mit den unternehmensspezifischen Regelungen für Vorstand und Aufsichtsrat:[132]

---

[132] *Audi* (2012b), S. 2.

III. DER VORSTAND

§ 6 Zusammensetzung und Geschäftsordnung

(1) Die Zahl der Vorstandsmitglieder wird vom Aufsichtsrat festgesetzt. Der Vorstand muss aus mindestens drei Personen bestehen.

(2) Der Aufsichtsrat kann einen Vorsitzenden des Vorstands ernennen. Der Vorsitzende des Vorstands hat bei Meinungsverschiedenheiten im Vorstand kein Alleinentscheidungsrecht. Bei Stimmengleichheit gibt seine Stimme den Ausschlag.

(3) Der Aufsichtsrat erlässt nach Anhörung des Vorstands eine Geschäftsordnung für den Vorstand, in der auch die Verteilung der Geschäfte innerhalb des Vorstands geregelt wird.

§ 7 Gesetzliche Vertretung

Die Gesellschaft wird durch zwei Vorstandsmitglieder oder durch ein Vorstandsmitglied und einen Prokuristen vertreten.

§ 8 Stellvertretende Vorstandsmitglieder

Die Bestimmungen über Vorstandsmitglieder gelten auch für stellvertretende Vorstandsmitglieder.

§ 9 Zustimmungsbedürftige Geschäfte

(1) Der Vorstand bedarf der vorherigen Zustimmung des Aufsichtsrats zur Vornahme folgender Geschäfte:

1. Errichtung und Aufhebung von Zweigniederlassungen;

2. Errichtung und Verlegung von Produktionsstätten;

3. Gründung und Auflösung anderer Unternehmen oder Erwerb und Veräußerung von Beteiligungen an anderen Unternehmen;

Abb. 3.17:   Satzung der Audi AG
Quelle: Audi (2012b), S. 2.

Diese Satzung ist jener der – bereits vorgestellten – VW AG ähnlich; sie enthält ebenfalls bereits wichtige (von uns unterstrichene) grundsätzliche Festlegungen zum Internal Control. Im Sinne des für die Unternehmenskontrolle wichtigen Vier-Augen-Prinzips wird auch hier festgelegt, dass die Gesellschaft immer nur durch zwei Vorstände oder Prokuristen vertreten werden kann.

Organisationsrichtlinien

Wie bei den internen Vorgaben bereits dargestellt wurde, sind neben den grundsätzlichen Leitlinien auch unternehmensweit gültige detaillierte Vorgaben bzw. Organisationsrichtlinien für bestimmte Prozesse notwendig, die für alle Mitarbeiter und alle Bereiche gleichermaßen relevant sind. Beispiele insb. zu dem für die Funktionstrennung wichtigen unternehmensweiten Zeichnungsrecht zeigten wir schon bei den internen Vorgaben.

Arbeitsanweisungen

Bei den internen Unternehmensvorgaben betonten wir bereits, dass zusätzlich zu grundsätzlichen Unternehmens-Leitlinien und unternehmensweit geltenden Organisationsrichtlinien v. a. große Unternehmen auch Arbeitsanweisungen benötigen, mit denen prozess- und bereichsspezifische Einzelvorgaben dokumentiert werden. Ein Großteil dieser Arbeitsanweisungen ist zugleich Beschreibung wichtiger Internal Control-Regelungen, wie z. B. für die Kreditorenabwicklung- bzw. Rechnungsprüfung. Beispiele dazu finden sich im Abschnitt zu den internen Vorgaben.

3.3.1.2   Zugang zu IC-Richtlinien und -Arbeitsanweisungen

Die internen Regelungen u. a. zum Internal Control müssen für alle Führungskräfte und Mitarbeiter verbindlich angewiesen und dazu in geeigneter Form bekanntgemacht werden. In der Regel ist die Organisations-Abteilung eines Unternehmens für die Herausgabe der unternehmensweit gültigen Organisationsrichtlinien verantwortlich. Dazu erstellt und verwaltet sie in Abstimmung mit den jeweils verantwortlichen Fachabteilungen die speziellen Richtlinien und veröffentlicht sie im Unternehmen mit verbindlichem Charakter. Bei der Verbreitung wird insb. sichergestellt, dass alle davon betroffenen Führungskräfte und Mitarbeiter neue oder geänderte Richtlinien zwangsläufig erhalten.

Die Führungskräfte aller Ebenen müssen sicherstellen, dass auch ihre Mitarbeiter über alle für sie jeweils relevanten Richtlinien ausreichend informiert sind. Insb. für neu eingestellte Mitarbeiter ist zu gewährleisten, dass sie alle persönlich relevanten Richtlinien angemessen schnell kennen. In der Regel übergibt die Personalabteilung neuen Mitarbeitern die betriebliche Arbeitsordnung, in der darauf hingewiesen werden sollte, dass der Mitarbeiter auch die für ihn jeweils geltenden Leitlinien, Organisationsrichtlinien und speziellen Arbeitsanweisungen beachten muss.

Im Internet-Zeitalter ist das Internet bzw. das unternehmensinterne Intranet das beste Medium, allen Mitarbeitern die externen und internen Vorgaben sicher, vollständig, aktuell und in einfacher Weise zugänglich zu machen. Wichtig ist, dass Neuerungen und Änderungen zwangsläufig mitgeteilt werden, indem sie nicht nur veröffentlicht, sondern an jeden Mitarbeiter persönlich (z. B. per E-Mail oder Anschreiben) adressiert werden. In bestimmten Fällen muss eine Annahmebestätigung erfolgen, indem eine schriftliche Anerkennung oder eine elektronische „Gelesen"-Bestätigung erfolgt.

In dem für alle Mitarbeiter (differenziert) zugänglichen Intranet sollten alle Richtlinien in verschiedener Weise katalogisiert sein und von dort im Detail in der jeweils aktuellen Version aufgerufen werden können. Damit die Mitarbeiter die entsprechend ihrer Funktion bzw. aktuellen Aufgabe jeweils relevanten Richtlinien einfach und sicher auffinden, sollten die internen Vorgaben über verschieden Kataloge gesucht werden können, wie z. B. nach:

- Nummer   (z. B. A 123)
- Ausgabetermin   (z. B. 1.3.2012)
- Herausgeber   (z. B. Organisationsabteilung)
- Art   (z. B. Leitlinie, Arbeitsanweisung)
- Geltungsbereich
  - Teilunternehmen   (z. B. Gesellschaft AB)
  - Standort   (z. B. München)

	– Mitarbeitergruppe	(z. B. Tarifangestellte)
	– Führungsebene	(z. B. Abteilungsleiter)
•	Prozess	(z. B. Reisekostenabrechnung),

- und über intelligente Suchfunktionen auch nach allen gängigen Schlagworten (im Falle der Reisekostenabrechnung z. B. nach den Schlagworten Reise, Hotel, Spesen etc.).

Hinsichtlich der Katalogisierung sollten die innerbetrieblichen Regelungen möglichst einfach und „sprechend" benummert sein. Durch die Nummernbezeichnung sollten deren Bedeutung und Einordung möglichst einfach erkennbar sein. Das Intranet sollte die IC-Anweisungen und -Dokumentation sowohl online als auch papiermäßig zugänglich machen, indem für die einzelnen Unterlagen jeweils eine einfache Download- und Ausdruckmöglichkeit besteht.

Um Änderungen einfach nachvollziehbar zu machen, sollten die Unterlagen jeweils mit Versionsnummer/Ausgabedatum versehen sein und die jeweils erfolgten Neuerungen entsprechend gekennzeichnet werden.

3.3.1.3   Dokumentation des Internal Control

Entsprechend dem schon erörterten § 289 HGB sind die IC-Instrumente auch angemessen zu dokumentieren. Dazu dient u. a. der Zugang zu den Organisationsrichtlinien und Arbeitsanweisungen über das Intranet.

Nachfolgend wird eine Reifestufen-Darstellung der IKS- bzw. IC-Dokumentation vorgestellt, die zeigt, welche Entwicklung ein Unternehmen hinsichtlich der IC-Dokumentation nehmen kann bzw. sollte.

Reifestufen der IKS-Dokumentation

Stufe I Unzureichend	Stufe II Informell	Stufe III Standardisiert	Stufe IV Überwacht
Kontrollen nicht nachvollziebar Kontrollen auf zufälliger Basis Keine Dokumentation	Kontrollen werden durchgeführt Keine ausreichende Dokumentation	Kontrollen sind definiert und dokumentiert (wer, wann, was, wie) Anwendung eines anerkannten Standard	Kontrollen werden regelmäßig getestet Management bestätigt Funktions-fähigkeit

Aktueller Status vieler Gesellschaften	BilMoG-konform

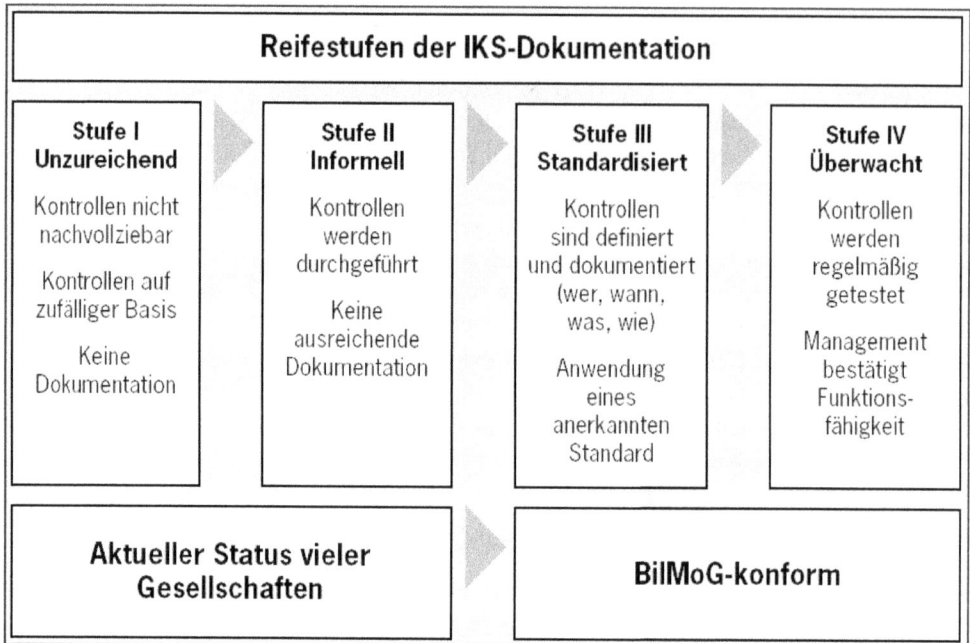

Abb. 3.18:   Reifestufen der IKS-Dokumentation
Quellen: Sybon (2011), S. 94; Ernst&Young (2008).

Die Abbildung zeigt die Reifestufen einer IKS-Dokumentation in Anlehnung an eine Studie der WP-Gesellschaft Ernst&Young.[133] *Sybon* beschreibt in einem ZIR-Aufsatz, wie eine angemessene IC-Dokumentation sichergestellt werden kann.[134]

Die Dokumentation des IC erfolgt bereits weitgehend durch die erörterten IC-bezogenen Organisationsrichtlinien und Arbeitsanweisungen. Die in den IT-Systemen enthaltenen Kontrollen müssen in den entsprechenden IT-Anwendungs- und Systemdokumentationen enthalten sein. Um auch die in den Fachbereichen erfolgenden Detail-Prozesskontrollen zu dokumentieren, empfiehlt sich eine Darstellung in Form von Flow-Charts.

Zur systematischen Dokumentation des IC gibt es beim Softwareunternehmen SAP sogar eine spezielle IT-Unterstützung, und zwar mit dem SW-Modul „Management des internen Kontrollsystems (FIN-CGV-MIC)".[135] Damit können die Kontrollprozesse u. a. IT-gestützt in Form von Workflows systematisch beschrieben und archiviert werden.

3.3.2   Strukturelle IC-Maßnahmen

Für das Internal Control gibt es in jedem Unternehmen zahlreiche institutionalisierte Stellen, die Überwachungs- und Kontroll-Aufgaben wahrnehmen. Diese strukturellen IC-Funktionen

---

[133] *Ernst&Young* (2008b).

[134] Vgl. *Sybon* (2011), S. 93–99.

[135] *SAP* (2012a).

werden teilweise direkt oder indirekt von externer Seite gefordert und sind v. a. in großen Unternehmen überwiegend eingerichtet.

In der bereits diskutierten offiziellen Zusammenfassung des erweiterten COSO-Modells wird zur Rolle der beteiligten Parteien u. a. vorgeschlagen:[136]

Überwachungs- und Leitungsorgan:

Das Überwachungs- und Leitungsorgan soll den Zustand des unternehmensweiten Risikomanagements mit den leitenden Führungskräften durchsprechen und wo erforderlich überwachend eingreifen. Das Überwachungs- und Leitungsorgan soll sicherstellen, dass es über die wesentlichen Risiken, der von den Führungskräften ergriffenen Maßnahmen sowie über darüberhinausgehende Risiken in Kenntnis gesetzt ist.

Leitende Führungskräfte:

Diese Untersuchung legt nahe, dass der Vorsitzende der Geschäftsleitung die Fähigkeit der Organisation zu unternehmensweitem Risikomanagement beurteilt. Ein Ansatz wäre, dass der Vorsitzende der Geschäftsleitung, Leiter von Geschäftsbereichen und wichtige funktional Verantwortliche zusammenkommen, um eine erste Beurteilung der Leistungs- und Funktionsfähigkeit des unternehmensweiten Risikomanagements zu erhalten. Wie auch immer dies geschieht, sollte eine erste Bewertung bestimmen, ob Bedarf an einer zu vertiefenden Untersuchung besteht und wie dabei vorzugehen ist.

Andere Mitarbeiter:

Führungskräfte und andere Mitarbeiter sollen hinterfragen, wie sie ihrer Verantwortung vor dem Hintergrund dieses Rahmenwerks gerecht werden und mit höher gestellten Mitarbeitern ihre Vorschläge zur Verbesserung des unternehmensweiten Risikomanagements besprechen. Interne Revisoren sollen das Maß ihrer Ausrichtung auf das unternehmensweite Risikomanagement hinterfragen.

Aufsichtsinstanzen:

Dieses Rahmenwerk kann eine gemeinsame Betrachtung des unternehmensweiten Risikomanagements fördern, einschließlich seiner Möglichkeiten und Beschränkungen. Aufsichtsinstanzen können sich auf dieses Rahmenwerk beziehen, wenn sie Erwartungen festlegen, sei es bei der Regelsetzung, in Empfehlungen oder beim Beurteilen der Organisationen, die sie beaufsichtigen."

Die IFAC – als internationale Standesvertretung der Wirtschaftsprüfer – unterscheidet folgende „Responsibilities for Internal Control":[137]

- „The **governing body** should assume overall responsibility for the organization's Internal Control strategy, policies, and system, and act accordingly. It should define risk strategy, approve the limits for risk taking and criteria for Internal Control, and make sure that management has effectively undertaken its responsibilities relating to management of risks and corresponding Internal Controls.

---

[136] *COSO* (2004), S. 6.
[137] *IFAC* (2011b), S.12.

- **Management** should design, implement, maintain, and report on the organization's system of Internal Control appropriate to the risk strategy and policies on Internal Control, as approved by the governing body.
- **Each person within the organization – management** and other employees alike – should be held accountable for Internal Control and the management of specific risks within his or her span of control.
- **Staff in support functions** (e.g., risk officers) or external experts can have facilitating or supporting roles but should not assume line responsibility for Internal Control.
- Both **internal and external auditors** play an important role in monitoring and evaluating the Internal Control system and providing assurance to the governing body, usually through the audit committee. However, they should not assume responsibility for Internal Control in the organization."

Die IFAC fordert hinsichtlich des IC folgende Kompetenzen:[138]

- „Having sufficient understanding of the organization's objectives, the external and internal environment, activities, processes, and systems, as well as the **occurring risks** and interdependent relationships.
- Knowing how the **significant risks** are being or can be managed with **Internal Controls** and other measures, and being capable of implementing those controls and measures.
- Being able to manage, execute, and/or monitor the **controls** and other measures, and deal with any uncovered risks, as well as with possible control weaknesses or failures.
- Having sufficient **Internal Control** resources available.
- Being able to judge, and/or execute, the evaluation and improvement of the organization's **Internal Control system**.
- Knowing and fulfilling one's responsibilities with respect to **Internal Control** as part of the governance system of the organization."

Im Rahmen unseres Modells unterscheiden wir bei den strukturellen Kontroll-Instrumenten in der Unternehmensorganisation die folgenden „Stellen":
1. Vorstand bzw. Geschäftsführung
2. Aufsichtsrat
3. Controlling
4. Compliance-Stelle
5. Interne Revision
6. Ombudsmann
7. Werkschutz, -sicherheit
8. Externe Wirtschaftsprüfer.

Die Größe und die Form der jeweiligen speziellen IC-Stellen hängen sehr stark von der Unternehmensgröße ab. Obwohl die hier behandelten IC-Stellen i. d. R. zumindest in allen Großunternehmen eingerichtet sind, ist ihre konkrete Ausgestaltung und Bedeutung sehr branchenabhängig. Dementsprechend ist auch die notwendige Unterstützung der Führungskräfte branchenbezogen; insb. in Banken und Versicherungen wird von den finanzorientierten Führungskräften eine wesentlich stärkere Kontrollorientierung erwartet als von der Mehrzahl der stärker technisch orientierten Manager in Industrieunternehmen.

3.3.2.1   Vorstand bzw. Geschäftsleitung

In Deutschland sind große Unternehmen i. d. R. Aktiengesellschaften (AG), für die das duale (Kontroll-)System gesetzlich vorgeschrieben ist. Das duale System trennt zwischen dem exekutiv tätigen VORSTAND und dem überwachenden AUFSICHTSRAT. Die folgende Abbildung veranschaulicht das Zusammenwirken der für das Internal Control grundsätzlichen Gremien bzw. Stellen:

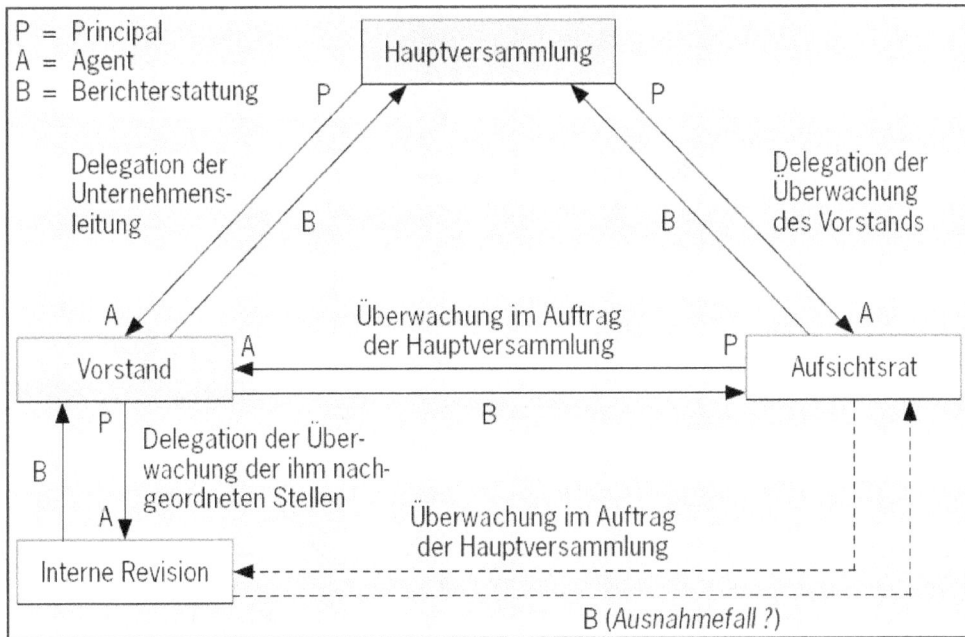

P = Principal
A = Agent
B = Berichterstattung

Hauptversammlung

Delegation der
Unternehmens-
leitung

Delegation der
Überwachung
des Vorstands

Vorstand

Überwachung im Auftrag
der Hauptversammlung

Aufsichtsrat

Delegation der Über-
wachung der ihm nach-
geordneten Stellen

Überwachung im Auftrag
der Hauptversammlung

Interne Revision

B (*Ausnahmefall ?*)

Abb. 3.19:   Die doppelstufige Principal-Agent-Theorie in der dualistischen nationalen und europäischen Aktiengesellschaft.
Quelle: Velte (2011), S. 300.

Die Grafik zeigt den VORSTAND als Agent (A) des Prinzipals (P) AUFSICHTSRAT; der AUFSICHTSRAT überwacht (B) den Vorstand im Auftrag der HAUPTVERSAMMLUNG. Der VORSTAND delegiert die Überwachung an die ihm nachgeordneten Stellen (Führungskräfte) und an spezielle IC-Stellen, wie z. B. die INTERNE REVISION.

Die Überwachungsaufgaben des VORSTANDS einer AG ergeben sich insb. aus § 91 Abs. 2 AktG. Demnach hat der VORSTAND „geeignete Maßnahmen zu treffen, insb. die Einrichtung eines Überwachungssystems, damit den Fortbestand der Gesellschaft gefährdende Entwicklungen früh erkannt werden". Diese Regelung wurde 1998 durch das KonTraG eingeführt und konkretisiert einen Aspekt der allgemeinen Lenkungsaufgaben des VORSTANDS und seiner Sorgfaltspflicht. Bei den geforderten Maßnahmen handelt es sich um einen Teilbereich des allgemeinen Risikomanagements.

Das vorgeschriebene Überwachungssystem ist nicht mit dem aus der Betriebswirtschaftslehre stammenden allgemeinen Risikomanagementsystem zu verwechseln, welches im Wesentlichen von einer Risikoidentifikation und Risikobewertung über die Risikosteuerung zu einer Risikokontrolle führt. Das System im Sinne des § 91 Abs. 2 AktG soll vielmehr die Einhaltung (Compliance) der getroffenen Maßnahmen zur Früherkennung überwachen. Hierunter ist eine unternehmensinterne Kontrolle zu verstehen, ob die veranlassten Maßnahmen auch umgesetzt wurden, insb. ob die INTERNE REVISION und das CONTROLLING die relevanten Informationen zeitnah an den Vorstand weiterleiten.

Der VORSTAND trägt auch die Verantwortung für die Buchführungspflicht der Gesellschaft. Ziel der Vorschrift ist, durch Selbstkontrolle und Dokumentation der Geschäftsvorfälle u. a. den Gläubigerschutz zu gewährleisten.

Im VW-Geschäftsbericht findet sich ein Beispiel für die konkrete Zusammenarbeit zwischen VORSTAND und AUFSICHTSRAT (in der größten deutschen Aktiengesellschaft):

Die strategische Ausrichtung des Volkswagen Konzerns wird eng zwischen Vorstand und Aufsichtsrat abgestimmt. Beide Gremien diskutieren in regelmäßigen Abständen gemeinsam den Stand der Strategieumsetzung und erörtern weitere Maßnahmen. Über alle relevanten Fragen der Geschäftsentwicklung, der Planung und der Situation des Unternehmens einschließlich der Risikolage und des Risikomanagements sowie der Compliance wird der Aufsichtsrat vom Vorstand turnusmäßig, zeitnah und umfassend in schriftlicher und mündlicher Form informiert.

Abb. 3.20:   Zusammenarbeit zwischen Vorstand und Aufsichtsrat im GB 2011 der VW AG
Quelle: VW (2012a), S. 136.

Diese Arbeitsteilung zwischen Vorstand und Aufsichtsrat ist potenziell konfliktgeladen. Der Aufsichtsrat als Prinzipal, und zwar in dem Sinne, dass er (vornehmlich) die Interessen der Eigentümer („Shareholder") vertritt, und der Vorstand als Agent stehen mithin in einer Auftragsbeziehung. Eine derartige Relation ist insofern potenziell mit Konflikten verbunden, als diese Beziehung durch eine Informationsasymmetrie gekennzeichnet ist: Der Agent hat gegenüber dem Prinzipal einen Informationsvorsprung. Diese schiefe Informationsverteilung ist solange kein Problem, als die Interessen des Prinzipals mit jenen des Agenten übereinstimmen. Sobald allerdings der Agent zum Teil auch andere Interessen als die des Prinzipals verfolgt, kann der Agent seinen Informationsvorsprung opportunistisch im Sinne der Verfolgung seiner Interessen nutzen.

Um derartige potenzielle Konflikte aus der Zusammenarbeit zu verkleinern, bestehen zwei Lösungsansätze: Zum einen kann der Prinzipal für eine adäquate „Kontrolle" des Agenten sorgen, d. h. der Agent hat z. B. Rechenschaft in Form von Jahresabschlüssen zu legen oder bestimmte Berichte, wie z. B. zum Überwachungs- und Kontrollsystem im Unternehmen zu geben; die Sanktionierung von Seiten des Prinzipals und die präventive Wirkung der Kontrolle dienen der Interessenharmonisierung zwischen Prinzipal und Agent. Zum anderen kann der Prinzipal für adäquate „Anreize" sorgen; auch das Anreizsystem dient der Harmonisierung der Interessen.

3.3.2.2   Aufsichtsrat (und Audit-Committee)

Nach § 111 AktG hat der Aufsichtsrat (AR) „die Geschäftsführung zu überwachen". Dazu sind dem AR umfassende Informationsrechte eingeräumt; der Vorstand hat dem AR regelmäßig über die Lage und Entwicklung des Unternehmens Bericht zu erstatten.

Gegenstand der Überwachung durch den AR sind die originären Führungsaufgaben des Vorstands, d. h. alle Leitungs- und Verwaltungsmaßnahmen, die der Vorstand höchstpersönlich wahrnehmen muss, um die Gesellschaft eigenverantwortlich zu leiten. Dazu gehören die Entscheidungen über die Unternehmensorganisation und Managementstruktur, die strategischen und operativen Zielsetzungen sowie die darauf beruhende Unternehmensplanung, ferner Grundsätze und wesentliche Maßnahmen zur Umsetzung der Pläne und Systeme und Verfahren zur Koordination, Steuerung und Kontrolle der Aktivitäten des Unternehmens und der Unternehmensangehörigen.

Die Überwachungspflicht des AR ist nicht auf die nachträgliche Kontrolle der Geschäftsführung beschränkt. Sie muss vielmehr, ja sogar hauptsächlich zukunftsorientiert wahrgenommen werden. Ein wesentliches Instrument der vorbeugenden Überwachung ist die Beratung des Vorstands durch den AR.

Um den AR in alle Vorstandsentscheidungen von grundlegender Bedeutung einzubinden, ist es unerlässlich, dass bestimmte Geschäfte nur mit seiner Zustimmung vorgenommen werden dürfen.

Die Prüfungspflicht obliegt dem Gesamt-AR. Der AR kann Ausschüsse bilden. Nach § 107 Abs. 3 AktG kann er „insbesondere einen **Prüfungsausschuss** bestellen, der sich mit der Überwachung des Rechnungslegungsprozesses, der Wirksamkeit des internen Kontrollsystems, des Risikomanagementsystems und des internen Revisionssystems sowie der Abschlussprüfung, hier insbesondere der Unabhängigkeit des Abschlussprüfers und der vom Abschlussprüfer zusätzlich erbrachten Leistungen, befasst."

Nach § 171 AktG hat der AR „den Jahresabschluss, den Lagebericht und den Vorschlag für die Verwendung des Bilanzgewinns zu prüfen." (…) „Ist der Jahresabschluss oder der Konzernabschluss durch einen Abschlussprüfer zu prüfen, so hat dieser an den Verhandlungen des AR oder des Prüfungsausschusses über diese Vorlagen teilzunehmen und über die wesentlichen Ergebnisse seiner Prüfung, insbesondere wesentliche Schwächen des internen Kontroll- und des Risikomanagementsystems bezogen auf den Rechnungslegungsprozess, zu berichten."

Im Geschäftsbericht der VW AG findet sich ein Beispiel für die konkrete Arbeit des AR in einer großen deutschen AG:

„Der Aufsichtsrat der Volkswagen AG hat sich im Geschäftsjahr 2011 regelmäßig und ausführlich mit der Lage und der Entwicklung des Unternehmens befasst. Den gesetzlichen Vorschriften und den Anregungen und Empfehlungen des Deutschen Corporate Governance Kodex entsprechend, unterstützten wir den Vorstand bei der Geschäftsführung und berieten ihn in Fragen der Unternehmensleitung. In sämtliche Entscheidungen, die für den Konzern von grundlegender Bedeutung waren, wurde der Aufsichtsrat unmittelbar eingebunden. Darüber hinaus erörterten wir mit dem Vorstand in regelmäßigen Abständen aktuelle strategische Überlegungen.

Der Aufsichtsrat wurde vom Vorstand turnusmäßig, zeitnah und umfassend in schriftlicher und mündlicher Form über die Geschäftsentwicklung, die Planung und die Situation des Unternehmens einschließlich der Risikolage und des Risikomanagements informiert. Gleiches gilt für alle wesentlichen Fragen in Bezug auf die geplante Schaffung eines Integrierten Automobilkonzerns mit Porsche und die Bildung eines Nutzfahrzeugkonzerns aus MAN, Scania und Volkswagen. Außerdem berichtete der Vorstand fortlaufend über weitere aktuelle Themen sowie über die Compliance. Entscheidungsrelevante Unterlagen erhielten wir stets rechtzeitig vor den Aufsichtsratssitzungen. Darüber hinaus erreichte uns monatlich ein detaillierter Bericht des Vorstands über die aktuelle Geschäftslage und die Vorausschätzung für das laufende Jahr. Abweichungen des Geschäftsverlaufs von den aufgestellten Plänen und Zielen erläuterte der Vorstand ausführlich in schriftlicher oder mündlicher Form. Zusammen mit dem Vorstand analysierten wir die Ursachen für die Abweichungen, um anschließend gegensteuernde Maßnahmen einleiten zu können.

Auch zwischen den Aufsichtsratssitzungen beriet sich der Vorsitzende des Aufsichtsrats in regelmäßigen Gesprächen mit dem Vorstandsvorsitzenden, unter anderem über die Strategie, die Geschäftsentwicklung und das Risikomanagement des Volkswagen Konzerns."

Abb. 3.21:   Bericht des Aufsichtsrats der VW AG im GB 2011
Quelle: VW (2012a), S. 14.

Im VW-Geschäftsbericht berichtet der AR auch über die Tätigkeit des von ihm eingerichteten Prüfungsausschusses:

„Der Prüfungsausschuss tagte vier Mal. Die Schwerpunktthemen waren dabei der Konzernabschluss, das Risikomanagement einschließlich des internen Kontrollsystems sowie die Arbeit der Compliance-Organisation des Unternehmens. Weiterhin beschäftigte sich der Prüfungsausschuss mit den Quartalsberichten und dem Halbjahresfinanzbericht des Konzerns sowie mit aktuellen Fragen der Rechnungslegung und deren Kontrolle durch den Abschlussprüfer."

Abb. 3.22:   Bericht des Aufsichtsrats der VW AG im GB 2011 / Teil Prüfungsausschuss
Quelle: VW (2012a), S. 15.

3.3.2.3   Controlling (prozess-begleitend)

Wegen der Wortverwandtschaft zwischen den Termini „Internal Control" und „Kontrolle" einerseits und „Controlling" andererseits soll nun der Inhalt von „Controlling", letztlich auch in seiner Beziehung zum Internal Control, umrissen werden:

„CONTROLLING ist ein Teilbereich des unternehmerischen Führungssystems, dessen Hauptaufgabe die Planung, Steuerung und Kontrolle aller Unternehmensbereiche ist. Im Controlling laufen die Daten des Rechnungswesens und anderer Quellen zusammen."[139]

---

[139] *Gabler Wirtschaftslexikon* (2012f).

Obwohl Controller auch Kontrollaufgaben wahrnehmen, liegt deren Tätigkeit im Sinne der etymologischen Bedeutung mehr beim angloamerikanischen Verständnis von „to control", d. h. im Sinne von prozessbegleitender Steuerung des Unternehmens und Unterstützung des Managements. „In dem Streben, dem Controlling eine eigenständige Funktion zuzuweisen, ist das koordinationsbezogene Grundverständnis des Controllings entstanden. Dieses sah zunächst vor, das Planungs- und Kontroll- sowie das Informationssystem miteinander zu koordinieren. Nicht die Planung, Informationsversorgung und Kontrolle selbst, sondern ihre Koordination macht danach das Besondere des Controllings aus. Diese Perspektive wurde später inhaltlich erweitert um andere Teilsysteme der Führung, speziell um das Organisations- und das Personalführungssystem. Damit wird dem Controlling die Aufgabe übertragen, das gesamte Führungssystem zu koordinieren."[140]

In der bekannten Controlling-Literatur wird das Teilthema „Kontrolle" zumeist unter dem Begriff „Planungs- und Kontrollsystem" behandelt. Bei Durchsicht dieser Darstellungen fällt auf, dass dabei überwiegend Planungs-Instrumente und -Prozesse erläutert werden, dass auf die sog. „systembildende Koordination" im Sinne des Aufbaus eines Instrumentenkastens und auf die sog. „systemkoppelnde Koordination" im Sinne des konkreten Durchlaufs z. B. des Budgetierungssystems fokussiert wird und dass Kontrollaufgaben eher untergeordnete Aufmerksamkeit geschenkt wird; dabei fällt auch auf, dass Kontrolle im Wesentlichen als Soll-Ist-Abgleich zur Planung verstanden wird.[141] In Bezug auf die Controllingfunktion „Kontrolle" nimmt aber unseres Erachtens das Controlling in der Praxis weit mehr Kontrollaufgaben wahr, wie z. B. im Rahmen von Genehmigungsvorgängen.

In die finanzielle Steuerung und Kontrolle des Unternehmens kann sich ein Controlling v. a. durch die Mitwirkung an der jährlich zu aktualisierenden Langfristplanung (LAP mit Investitionsplanung) sowie an der monatsbezogenen Jahres-Budgetplanung und -Kontrolle und an dem zugehörigen Berichtswesen einbringen. Darüber hinaus ist ein Controlling in vielen Fällen entsprechend den jeweiligen internen Richtlinien, wie z. B. zum Prozess der Investitionsentscheidung oder zu Bestellvorgängen, in viele finanzielle Genehmigungsprozesse „zwangsweise" eingebunden. Im Unterschied zur INTERNEN REVISION, der bei der internen Überwachung die *fallweise* Kontrolle obliegt, ist Controlling in Führungsprozesse eingebunden und unterstützt hierbei die Steuerung einschließlich der Wahrnehmung von Kontrollaufgaben.

Die Aufgaben eines Controllings bei der Unternehmensführung können etwa im Kontext des Risk-Managements verdeutlicht werden. Die grundsätzliche Differenzierung des gesamten Prozesses des Risikomanagements kann z. B. zu den folgenden Prozessschritten führen:[142]

- Risikoidentifikation
- Risikoanalyse
- Risikobewertung
- Risikosteuerung
- Risikokontrolle
- Risikoberichterstattung.

---

[140] *Gabler Wirtschaftslexikon* (2012f).

[141] Vgl. *Horvath* (2002), S. 167–330.

[142] Vgl. *Burger/Buchhart* (2002), S. 31 ff.

Kernaufgabe des Managements ist die Entscheidung über die Art der Risikosteuerung, d. h. über die Frage, ob ein konkretes Risiko z. B. akzeptiert, also übernommen, ob es auf Andere überwälzt, ob es durch verschiedene Maßnahmen begrenzt oder ausgeschaltet werden soll usw. Alle darüber hinausgehenden Arbeiten im Risikomanagementprozess können potenziell an ein Controlling – im Sinne der Unterstützung des Managements – übertragen werden: Die Risikoidentifikation z. B. mittels Checklisten, die Risikoanalyse z. B. durch Portfolios, die Risikobewertung z. B. mit Hilfe von Kennzahlen wie Cash Flow-at-Risk. Ein Controlling vermag auch Szenarien für die Risikosteuerung auszuarbeiten, die Entscheidung über konkrete Maßnahmen ist allerdings – letztlich auch wegen der Verantwortung des Vorstands gegenüber AR und Eigentümern – dem Management vorbehalten.

Nach der Entscheidung über konkrete Maßnahmen zur Steuerung der (wesentlichen) Risiken hat ein Risiko-Controlling die Durchführung der Maßnahmen zu überwachen und ggf. steuernd in den Realisationsprozess einzugreifen; u. U. ist etwa im Fall geänderter Planungsprämissen eine Rückkoppelung zum Management nötig. Nach der Maßnahmenrealisation hat das Controlling die Wirkungen, also die Ist-Größen zu erfassen und zunächst Kontrollen im Sinne eines Soll-Ist-Vergleiches durchzuführen. Ferner gilt es, Abweichungen zu analysieren, Ursachen zu ergründen, Verantwortlichkeiten auszuloten und letztlich umfassende Risiko-Berichte für das Management im Sinne einer Feed-back-Schleife zu erstellen.[143]

Darin kommt zum Ausdruck, dass das Controlling (vornehmlich) eine Unterstützungsfunktion gegenüber dem Management wahrnimmt. Hier steht der Effekt der Entlastung zum Vordergrund. Darüber hinaus wird heute das Verständnis von Controlling auch weiter gesehen, und zwar im Sinne eines solchen, das der Rationalitätssicherung im Unternehmen dient.[144]

Ökonomische Rationalität im Unternehmen zu sichern, das bedeutet, dass das Controlling eine Art „ökonomisches Gewissen" ist, eine Art „Counterpart-Funktion" zum Management wahrnimmt, das das Analytische, das Rechenbare, das reflexive Element betont. Es hängt von der konkreten Führungskraft ab, ob und in welcher Weise es sich ein derartiges Controlling einrichtet. Formulierungen wie „Wir rechnen jede Zahl!" sind ein Hinweis darauf, dass die rationalitätssichernde Aufgabe eines Controllings nicht erwünscht ist. Wird Controlling allerdings im Sinne der Rationalitätssicherung eingerichtet, so kann das Management daraus einen Mehrwert in der Weise generieren, als hiermit für Entscheidungen ein „Counterpart" zur Verfügung steht, mit dem (im kleinen Kreis) Aspekte von bevorstehenden Entscheidungen „noch einmal durchgegangen" werden können.

Ein derartiges Controlling nimmt neben Entlastungsaufgaben auch sog. „Begrenzungsaufgaben" wahr. Es bringt Facetten in Entscheidungen des Managements ein, die dieses u. U. nicht oder bislang anders gesehen hat. Zweifellos liegt – angesichts der zu übernehmenden Verantwortung, auch gegenüber dem AR – die Entscheidungsgewalt beim Management, die Einbindung eines „rationalitätssichernden Controlling" vermag über die Diskussion einzelner Punkte von Handlungsmöglichkeiten zu besseren Entscheidungen zu führen.

Die rationalitätssichernde Aufgabe eines Controllings betrifft auch das Kontrollsystem, und zwar den Aufbau einschlägiger Instrumente und den konkreten Kontrolldurchlauf. Der Aufbau erfordert eine umfassende Auseinandersetzung mit externen Vorgaben, die Formulierung

---

[143] Vgl. *Burger/Buchhart* (2002), S. 58.

[144] Zu diesem Konzept und zu den folgenden Ausführungen hierzu vgl. v. a. *Weber* (2012), S. 41 ff.

interner Vorgaben, die Beschäftigung mit vorhandenen internen Normen etc. Ein Controlling partiell auch hiermit zu betrauen, entlastet das Management und stellt Rationalität in Bezug auf Internal Control sicher. Die Ausarbeitung dem State of the Art entsprechender Instrumente des Internal Control, also des Internal Control-Instrumentenkastens kann Aufgabe des Controllings sein.

In Bezug auf den konkreten Durchlauf der Internal Control-Instrumente kann das Controlling einerseits eine Prozessverantwortung übertragen erhalten und andererseits die Einhaltung der geltenden Normen kontrollieren. Schließlich gilt es, Kontrollergebnisse zu ermitteln, Abweichungen festzustellen, diese zu analysieren und in Reports an das Management zu dokumentieren und zu kommunizieren.

3.3.2.4   Compliance-Stelle

Nach Einführung des Corporate Governance Kodex in Deutschland und wiederholten Wirtschaftsskandalen – insb. auch im Kontext der aktuellen Bankenkrise – wurden in vielen großen deutschen Unternehmen spezielle Compliance-Organisationen eingerichtet. Diese „Compliance"-Stellen müssen wegen der sich teilweise überschneidenden Aufgabenstellungen vornehmlich mit der INTERNEN REVISION und den Ombudsmännern eng zusammenarbeiten.

Compliance ist die Gesamtheit aller Maßnahmen, die das regelkonforme Verhalten der Organisationsmitglieder und der Mitarbeiter eines Unternehmens im Hinblick auf die einschlägigen gesetzlichen Ge- und Verbote sicherstellen sollen. Hierzu zählen auch der Fokus auf das unternehmerische Geschäftsgebaren durch interne Standards, ferner selbstverordnete Wertvorstellungen oder Erklärungen an die Öffentlichkeit usw.

Im Corporate Governance Kodex findet sich der Begriff „Compliance" an folgenden Stellen:

In Ziff. 3.4 Abs. 2:

> "Der Vorstand informiert den Aufsichtsrat regelmäßig, zeitnah und umfassend über alle für das Unternehmen relevanten Fragen der Planung, der Geschäftsentwicklung, der Risikolage, des Risikomanagements und der **Compliance.**"

In Ziff. 4.1.3:

> "Der Vorstand hat für die Einhaltung der gesetzlichen Bestimmungen und der unternehmensinternen Richtlinien zu sorgen und wirkt auf deren Beachtung durch die Konzernunternehmen hin (**Compliance**)."

In Ziff. 5.3.2:

> "Der Aufsichtsrat soll einen Prüfungsausschuss (Audit Committee) einrichten, der sich insbesondere mit Fragen der Rechnungslegung, des Risikomanagements **und der Compliance**, der erforderlichen Unabhängigkeit des Abschlussprüfers, der Erteilung des Prüfungsauftrags an den Abschlussprüfer, der Bestimmung von Prüfungsschwerpunkten und der Honorarvereinbarung befasst."

Mittlerweile dienen Compliance-Strukturen und -Prozesse zunehmend auch in Industrieunternehmen zur Prävention spezieller Unternehmensrisiken im Rahmen des Risikomanagements. Aufgrund der steigenden rechtlichen Anforderungen an börsennotierte Unternehmen richten insb. große Industrieunternehmen zunehmend sog. Compliance-Abteilungen ein.

I. d. R. sind Compliance-Abteilungen über die Überwachung der Einhaltung des Insider-handelverbots und das Führen von Insiderverzeichnissen hinaus z. B. auch die Bereiche Kartellrecht, Korruptionsprävention, Einhaltung umweltrechtlicher Anforderungen zugeord-net. Der Bereich Compliance umfasst dabei auch die Einhaltung eigener ethischer Verhalten-skodizes und anderer nichtgesetzlicher Regelungen.

In der PWC-Studie mit Schwerpunkt Compliance aus 2011 wurde der Anteil der Unterneh-men mit Compliance-Programmen erhoben:

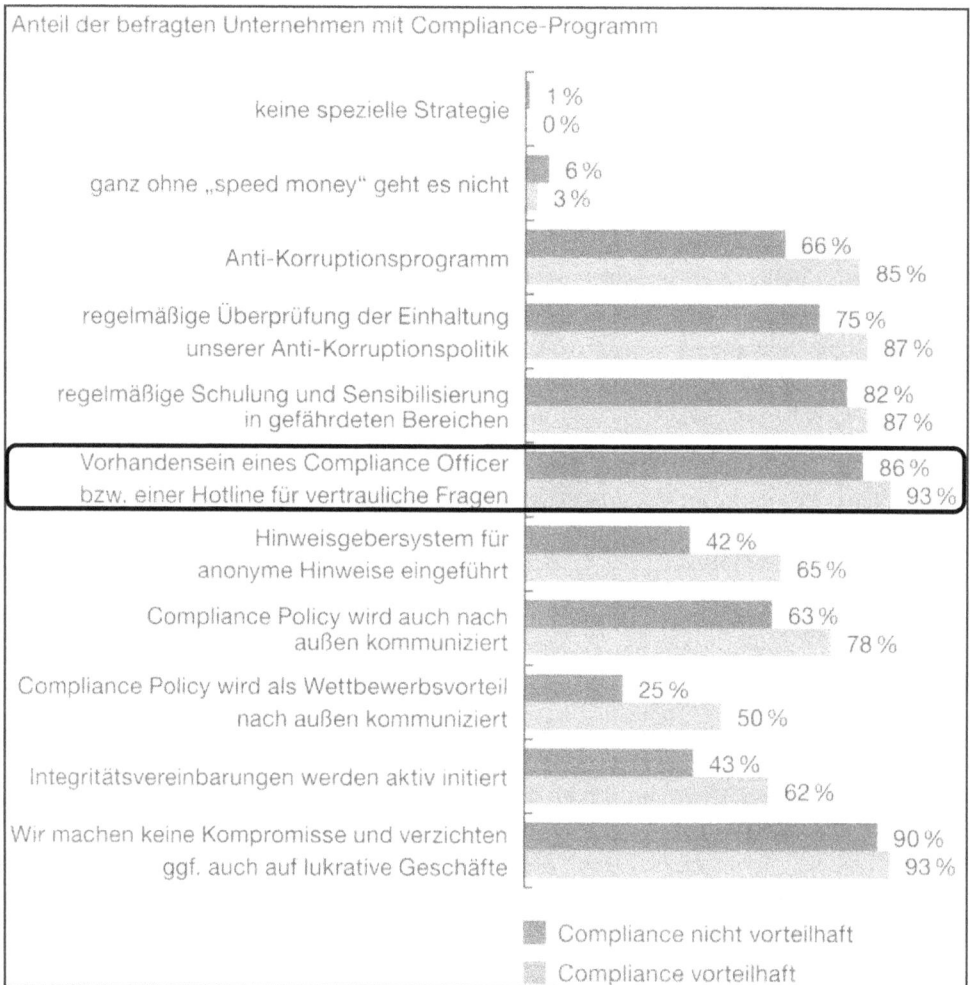

Anteil der befragten Unternehmen mit Compliance-Programm

keine spezielle Strategie	1 % / 0 %
ganz ohne „speed money" geht es nicht	6 % / 3 %
Anti-Korruptionsprogramm	66 % / 85 %
regelmäßige Überprüfung der Einhaltung unserer Anti-Korruptionspolitik	75 % / 87 %
regelmäßige Schulung und Sensibilisierung in gefährdeten Bereichen	82 % / 87 %
Vorhandensein eines Compliance Officer bzw. einer Hotline für vertrauliche Fragen	86 % / 93 %
Hinweisgebersystem für anonyme Hinweise eingeführt	42 % / 65 %
Compliance Policy wird auch nach außen kommuniziert	63 % / 78 %
Compliance Policy wird als Wettbewerbsvorteil nach außen kommuniziert	25 % / 50 %
Integritätsvereinbarungen werden aktiv initiiert	43 % / 62 %
Wir machen keine Kompromisse und verzichten ggf. auch auf lukrative Geschäfte	90 % / 93 %

Compliance nicht vorteilhaft
Compliance vorteilhaft

Abb. 3.23:   Profil der Unternehmen mit vorteilhaftem Compliance im Vergleich
Quelle: PWC (2011a), S. 49.

Das Profil zeigt, mit welchen Maßnahmen das Compliance in den befragten Unternehmen „vorteilhaft" war. Als besonders vorteilhaft wurde mit jeweils 93 % das „Vorhandensein eines Compliance Officer" und die Kompromisslosigkeit („Wir machen keine Kompromisse und verzichten ggf. auf lukrative Geschäfte") eingestuft.

In dieser Compliance-Studie wurde auch erhoben, welche Compliance-Maßnahmen in den Unternehmen durchgeführt wurden.

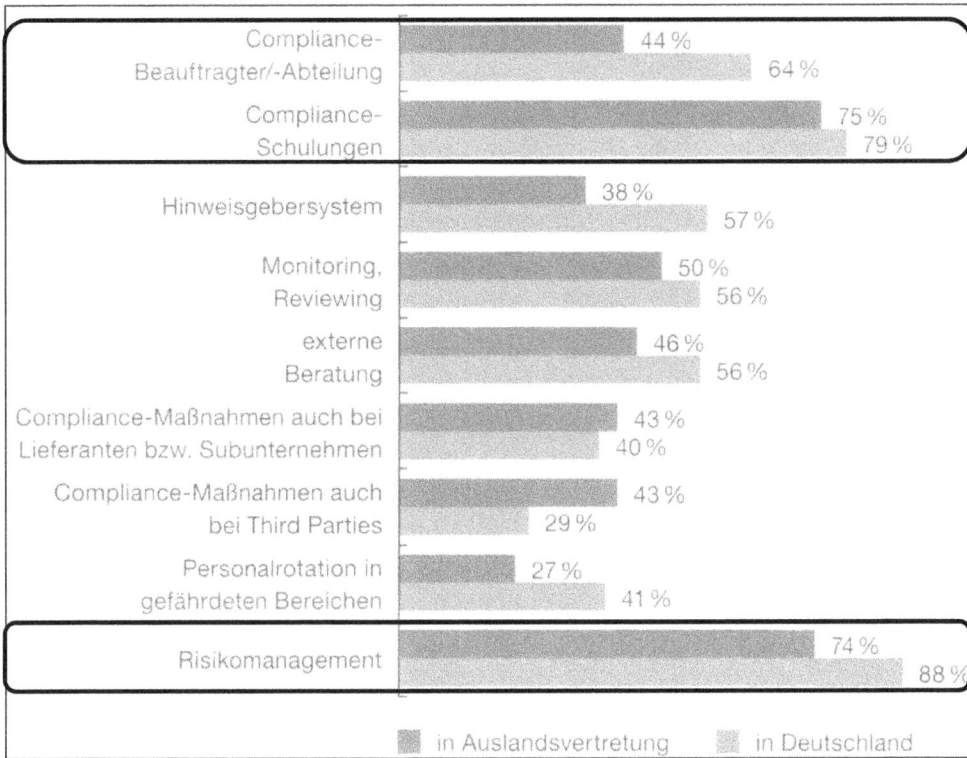

Abb. 3.24:   Schwerpunkte bei der Entwicklung eines Compliance-Programms
Quelle: PwC (2011a), S. 46.

Demnach gaben deutsche Unternehmen als vorrangige Schwerpunkte bei der Entwicklung ihrer Compliance-Programme an:

- 88 % Risikomanagement
- 79 % Compliance-Schulungen
- 64 % Compliance-Beauftragter/-Abteilung

Die Umsetzung des Compliance in einem deutschen Großunternehmen veranschaulichen wir wiederum am Beispiel der VW AG. Hinsichtlich des Corporate Governance betreibt der VW-Konzernvorstand die folgende weltweite Strategie:

„Dem Deutschen Corporate Governance Kodex entsprechend sorgt der Vorstand des Volkswagen Konzerns dafür, dass die gesetzlichen Vorgaben und die unternehmensinternen Richtlinien eingehalten und konzernweit beachtet werden. Unsere Compliance-Aktivitäten basieren auf einer konzernweiten Strategie, die einen präventiven Ansatz verfolgt."[145]

---

[145] *VW* (2012a), S. 133.

Hinsichtlich Compliance wird in VW-Geschäftsberichten der präventive Ansatz mit drei Wirkhebeln vorgestellt:

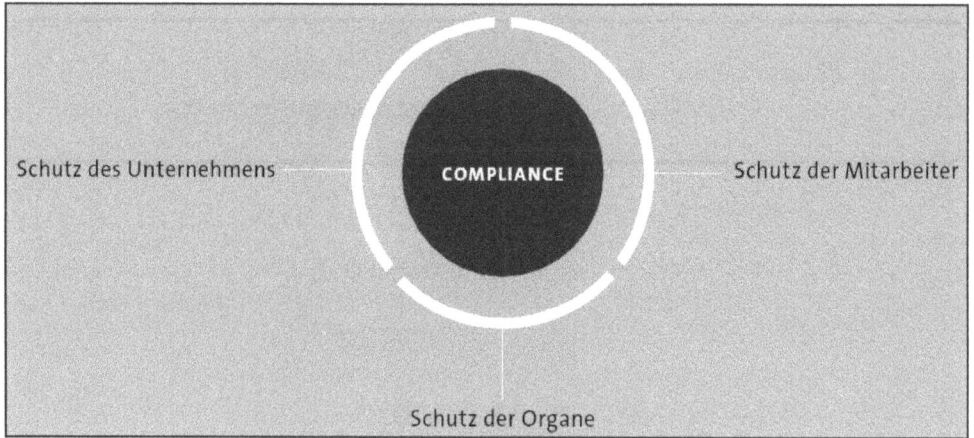

Abb. 3.25:   Präventiver Compliance-Ansatz des Volkswagenkonzerns
Quelle: VW (2012a), S.133.

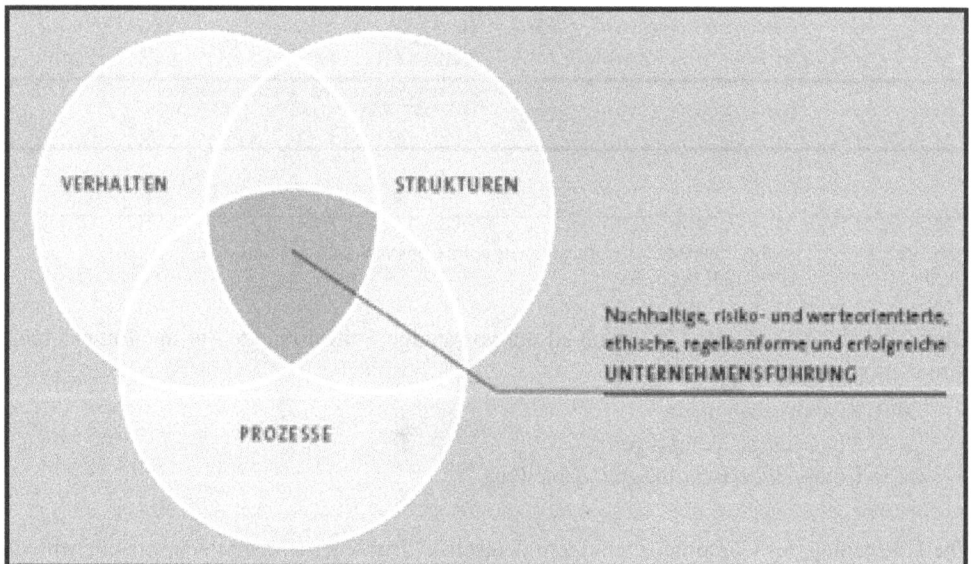

Abb. 3.26:   Die drei Wirkhebel der Compliance-Organisation
Quelle: VW (2011a), S. 129.

Zur Realisierung einer nachhaltigen, risiko- und wertorientierten, ethischen, regelkonformen und erfolgreichen Unternehmensführung sieht man bei der VW AG demnach die drei Wirkhebel „Verhalten, Strukturen und Prozesse".

Dazu wird im VW-Geschäftsbericht 2010 die Compliance-Strategie vorgestellt, wobei wir für unseren Kontext besonders wesentliche Passagen hervorheben.

Der Vorstand des Volkswagen Konzerns sorgt – in Übereinstimmung mit den Vorgaben des Deutschen Corporate Governance Kodex – dafür, dass die gesetzlichen Vorgaben und die unternehmensinternen Richtlinien eingehalten und konzernweit beachtet werden. Volkswagen fühlt sich seit jeher nicht nur an gesetzliche und interne Bestimmungen gebunden; auch freiwillig eingegangene Verpflichtungen und ethische Grundsätze sind integraler Bestandteil unserer Unternehmenskultur und zugleich die Richtschnur, an der wir uns bei Entscheidungen orientieren.

Unsere Compliance-Aktivitäten basieren auf einer **konzernweiten Compliance-Strategie**, die einen präventiven Ansatz verfolgt.

Im Verlauf des Berichtsjahres wurde durch die Zusammenführung der Themen Risikomanagement, interne Kontrollsysteme und Compliance der neue **Geschäftsbereich Governance, Risk & Compliance** geschaffen. Dessen Leiter ist zugleich Group Chief Compliance Officer des Volkswagen Konzerns und berichtet direkt an den Vorstandsvorsitzenden. Seine Aufgabe besteht unter anderem darin, den Vorstand in allen Fragen der Compliance zu beraten und präventive Maßnahmen einzuleiten, zu steuern und zu überwachen sowie auf Regeleinhaltung hinzuwirken.

Um der globalen und lokalen Verantwortung von Volkswagen noch konsequenter gerecht zu werden, haben wir **konzernweit gültige Verhaltensgrundsätze (Code of Conduct)** erarbeitet. Sie bilden die Basis für unser Handeln im Geschäftsalltag und werden schrittweise in bestehende Prozesse integriert. Im Jahr 2010 stellte die Einführung der Verhaltensgrundsätze des Volkswagen Konzerns einen Schwerpunkt der Compliance-Arbeit dar. Diese Grundsätze dienen den Mitarbeitern als Richtschnur: Sie fassen die wesentlichen Prinzipien des Handelns im Konzern zusammen und sind daher hilfreich bei der Bewältigung der rechtlichen und ethischen Herausforderungen in täglichen Arbeitssituationen. Im ersten Schritt wurden sämtliche Führungskräfte des Unternehmens vom Vorstandsvorsitzenden über die Bedeutung der Verhaltensgrundsätze informiert und dazu aufgerufen, mit gutem Beispiel voranzugehen. Zusätzlich bekamen alle Führungskräfte der Volkswagen AG den Auftrag, ihre Einheiten mit dem Thema vertraut zu machen. Alle Mitarbeiter haben zusätzlich die Broschüre „**Verhaltensgrundsätze des Volkswagen Konzerns**" erhalten. Parallel dazu wurde das Thema in Präsenzveranstaltungen vertieft, die vom Bereich Governance, Risk & Compliance sowie von Mitgliedern der Compliance-Organisation durchgeführt wurden. Neben diesen Veranstaltungen erhalten die Mitarbeiter auch über die internen Kommunikationsmedien Informationen zum Thema Compliance. Die Verhaltensgrundsätze stehen zudem im Internet und im Intranet in Deutsch und Englisch zum Abruf bereit. Darüber hinaus haben Volkswagen Mitarbeiter die Möglichkeit, über eine interne E-Mail-Adresse Kontakt zur Compliance-Organisation aufzunehmen.

(…)

Um Interessenkonflikten und Korruption vorzubeugen, setzt Volkswagen zudem seit 2009 ein **Online-Lernprogramm** zur gezielten Aufklärung der Beschäftigten ein. Das Programm richtete sich im ersten Schritt an die Mitglieder der oberen Managementkreise der Volkswagen AG. Inzwischen wurde der Teilnehmerkreis auf weitere Mitarbeitergruppen der Volkswagen AG und weitere Konzerngesellschaften ausgedehnt. Darüber hinaus werden zielgruppenspezifische Präsenzveranstaltungen zum Thema Antikorruption ausgerichtet.

Die in den Konzernstellen bereits vorhandene Compliance-Expertise bündeln wir in einem **Compliance-Kernteam**. Weiterhin wird schrittweise ein **weltweites Netz von Compli-ance-Officern und Beauftragten** etabliert, um die anderen Konzerngesellschaften, Standorte und Geschäftseinheiten bei der Förderung und Sicherstellung der Compliance zu unterstützen.

Jedes Jahr werden relevante und aktuelle Compliance-Themen konzernintern auf allen Ebenen diskutiert und neue **Compliance-Programme** ausgearbeitet. Auch im Jahr 2011 werden die Schulung und die Information der Mitarbeiter wesentliche Bausteine präventiver Compliance-Maßnahmen bei Volkswagen sein. Der Ausbau unserer Compliance-Organisation wird unvermindert fortgesetzt.

Abb. 3.27:   VW Corporate Governance Bericht 2010 / zum Risikomanagement
Quelle: VW (2011), S. 131–132.

Wie aus dem Text zu entnehmen ist, wurde bei der VW AG im Jahr 2010 durch die Zusammenführung der Themen Risikomanagement, interne Kontrollsysteme und Compliance der neue Geschäftsbereich „Governance, Risk & Compliance" geschaffen, für den im Konzern eine weltweite Organisation aufgebaut wurde.

Mit Compliance im obigen Sinn kann auch eine Brücke zum Themenkreis der Wirtschafts-und Unternehmensethik geschlagen werden. So wird z. B. im Konzept der sog. *„ökonomischen* Wirtschafts- und Unternehmensethik" der Ort der Moral in der wirtschaftlichen Rahmenordnung gesehen, also in jenen Regeln, die für das wirtschaftliche Handeln im Sinne von externen Vorgaben bestehen. Innerhalb dieses Rahmens optimieren die Wirtschaftssubjekte ihren persönlichen Nutzen, wobei das der Nutzen von einzelnen natürlichen Personen oder der Nutzen korporativer Wirtschaftssubjekte, also insb. von Unternehmen sein kann.

Ob und in welcher konkreten Weise über diese externen Vorgaben hinaus auch weitere Normen im Sinne einer Selbstbindung des Verhaltens einbezogen werden, liegt in der Verantwortung der handelnden Personen, also v. a. des AR und des Vorstands. Dies betrifft nichtgesetzliche Normen, also Empfehlungen aus Corporate Governance-Kodizes und ebenso unternehmensinterne Vorgaben, die es von der Unternehmensspitze letztlich auf alle Hierarchieebenen herunter zu brechen gilt.

Unternehmen können als arbeitsteilige, korporative Wirtschaftssubjekte verstanden werden. Ein Internal Control einzurichten, soll vor dem Hintergrund der Wirtschafts- und Unternehmensethik u. a. sicherstellen, dass externe und auch interne Normen des Handelns durch die Mitglieder der Korporation, also durch Führungskräfte und weitere Mitarbeiter eingehalten werden. Im Sinne der geltenden externen und internen Vorgaben wird so „ethisches Verhalten" realisiert.

3.3.2.5   Interne Revision

Im Unterschied zum CONTROLLING, das in die Prozesse der Führung systembildend und systemkoppelnd eingebunden ist, steht bei der INTERNEN REVISION die prozessunabhängige fallweise Einzelprüfung im Vordergrund. Das deutsche „Institut für Interne Revision (IIR)" definiert die Interne Revision in Übereinstimmung mit der US-amerikanischen Standesvertretung IIA (Institute of Internal Auditors) wie folgt:

„Die Interne Revision erbringt unabhängige und objektive Prüfungs- ("assurance"-) und Beratungsdienstleistungen, welche darauf ausgerichtet sind, Mehrwerte zu schaffen und die Geschäftsprozesse zu verbessern. Sie unterstützt die Organisation bei der Erreichung ihrer Ziele, indem sie mit einem systematischen und zielgerichteten Ansatz die Effektivität des Risikomanagements, der Kontrollen und der Führungs- und Überwachungsprozesse bewertet und diese verbessern hilft."[146]

In Großunternehmen soll die Interne Revision durch Prüfungen z. B. feststellen:

- ob die Zielvorgaben des Vorstands organisatorisch zweckmäßig umgesetzt und ordnungsgemäß erfüllt werden,
- das System der internen Kontrollen in den Funktionsbereichen und Ablaufsystemen zweckmäßig aufgebaut ist und zuverlässig arbeitet,
- die Verantwortlichen ihre Führungsverantwortung im Hinblick auf das Interne Kontrollsystem ordnungsgemäß wahrnehmen,
- die Grundsätze von Wirtschaftlichkeit und Rentabilität beachtet werden und
- die Vermögenswerte ausreichend gesichert sind.

Die Existenzberechtigung einer Internen Revision ergab sich früher aus der innerhalb eines angemessenen Überwachungssystems notwendigen prozessunabhängigen fallweisen Kontrolle in einem Unternehmen. Mit dem 2009 durch das BilMoG erweiterten § 107 AktG wurde die Einrichtung eines internen Revisionssystems erstmals auch explizit gesetzlich normiert:

§ 107 (AktG) Innere Ordnung des Aufsichtsrats

…

(3) Der Aufsichtsrat kann aus seiner Mitte einen oder mehrere Ausschüsse bestellen, namentlich, um seine Verhandlungen und Beschlüsse vorzubereiten oder die Ausführung seiner Beschlüsse zu überwachen. Er kann insbesondere einen Prüfungsausschuss bestellen, der sich mit der Überwachung des Rechnungslegungsprozesses, der Wirksamkeit des internen Kontrollsystems, des Risikomanagementsystems und des internen Revisionssystems sowie der Abschlussprüfung, hier insbesondere der Unabhängigkeit des Abschlussprüfers und der vom Abschlussprüfer zusätzlich erbrachten Leistungen, befasst.

---

[146] *DIIR* (2012a).

Prüfungs-Ziele	Prüfungs-Felder	Prüfungs-Methoden

Wirtschaftlichkeit
• Erlös-Optimierung
• Kosten-Optimierung
• Prozess-Optimierung
  • effektiv
  • effizient
• Potenzialnutzung (IT, ...)
	Produktion
	• Herstellung
	• Produktionsplanung
	• Qualitätssicherung
	Vorstandsvorsitzender
	Einkauf
		ex- post Prüfung
		• regelmäßige Prüfung
		  • bereich-bezogen
		  • werk-bezogen
		  • händler-bezogen
		• Inventur-Abwicklung
		• Sonder-Prüfung

Sicherheit (Risiken)
• Prozesse
  • interne Kontrollen
  • Sicherheitstechnik
• Kriminalität
  • Korruption,Betrug, ...
  • Diebstahl
• Geheimhaltung
• Datenschutz
	Entwicklung
	• Konstruktion
	• Versuch
	Vertrieb (intern)
	• Marketing
	• Verkauf
	Vertrieb (extern)
	• Händler
	• Importeure, NSC
		ex-ante Beratung (Projekte)
		• Risikomanagement
		• Sicherheit-Beratung
		• Systemprüfung, -beratung
		• Strategie
		• Jahresabschlußprüfung
		Dauer-Überwachung (evtl.)
		mit automatisierten (Forensic-)Tools

Ordnungsmäßigkeit • GoB (Buchhaltung) • Landes-Gesetze • Konzern-Richtlinie • Unternehmens-Richtlinie	**Finanz** • Rechnungswesen • Controlling • Lohnabrechnung **Personalwesen** **Interne Dienstleister**	**Betreuung/Unterstützung** • Wirtschaftsprüfer • Steuer, Behörden, ... **Sonderaufgaben (Projekte)** • Kosten-Optimierung • Sicherheit
effektive Revision das „Richtige" prüfen/beraten • systematisches Prüfungs-Programm • vollständige Risiken-Abdeckung (kritische!) • ergebnisorientierte Prüfung (Einsparungen!!)		**effiziente Revision** das „Richtige" richtig/effizient bearbeiten • professionelles Vorgehen (Methoden) • vollständige - automatisierte - Prüfung • optimierte Technologie-/IT-Unterstützung

Abb. 3.28:   Revisions-Ziele, -Bereiche, -Methoden
Quelle: Eigene Darstellung

Die Abbildung zeigt die Prüfungs-Ziele, -Bereiche und -Methoden einer effektiven und effizienten Internen Revision (IR):

• Prüfungs-Ziele der IR sind neben Ordnungsmäßigkeit und Sicherheit auch die Wirtschaftlichkeit des Unternehmens. Während die beiden ersten Ziele vorrangig die sog. Compliance betreffen, muss eine – moderne – IR auch die Kosten- und Erlösoptimierung mit hoher Prozesseffizienz einschließen.

• Prüfungs-Feld der IR sind grundsätzlich alle Unternehmensbereiche ohne jede Ausnahme. Obwohl finanzorientierte Prüfungen heute immer noch einen IR-Schwerpunkt bilden, sind insb. in Industrieunternehmen auch alle technischen Bereiche Gegenstand von Prüfungen.

• Bei den Prüfungs-Methoden kann grundsätzlich zwischen sog. ex-ante und ex-post-Prüfungen unterschieden werden. Zumeist prüft die IR die Geschäftsvorfälle nach Abschluss, also im Nachhinein; in bestimmten Fällen, insb. bei Systemprüfungen erfolgen Prüfungen aber auch vorab im Sinne einer Freigabe.

• Indem die IR ihre Aufgaben möglichst effektiv erfüllt, trägt sie zum Unternehmenserfolg bei. Dazu ist es wichtig, „das Richtige zu prüfen"; das Richtige zu tun, das ist der Fokus der Effektivität. Auf Basis einer fundierten Risikoanalyse sind vorrangig die kritischen Unternehmensprozesse zu identifizieren und zu untersuchen.

• Eine IR muss – wie alle Unternehmensbereiche – möglichst effizient, d. h. wirtschaftlich arbeiten, d. h. sie muss das Richtige richtig, also mit den besten Prüfungsmethoden bearbeiten; das ist der Fokus der Effizienz. Im „Informationszeitalter" ist dazu auch in der IR eine angemessene IT-Unterstützung unumgänglich.[147]

---

[147] Vgl. *Schmelter* (2010), S. 4–7.

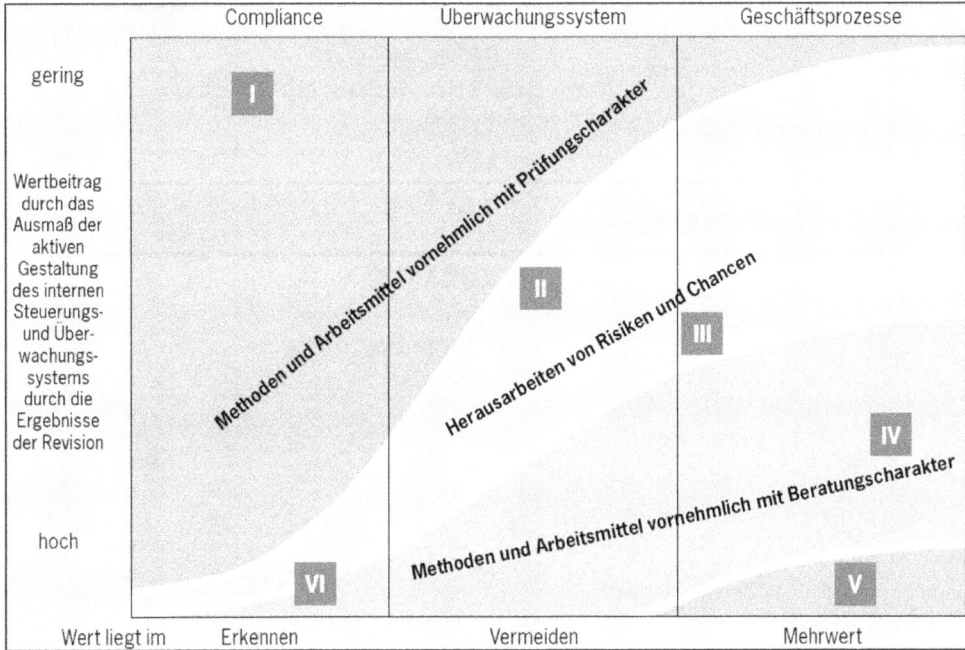

Abb. 3.29:   Revisionsspezifische Potenzialbereiche
Quelle: Schneider/Benecke (2008), S. 212.

Die Abbildung zeigt eine andere Systematisierung zur IR, und zwar im Sinne von Revisions-
zielen bzw. Revisionspotenzialen. Die Wertbeiträge der Revision werden dabei auf einer
Matrix mit einer Achse „Prüfungsausrichtung" und einer Achse „Wert" für den Unternehmenserfolg veranschaulicht. Entsprechend den Revisionsschwerpunkten lassen sich darin
sechs Potenzialbereiche unterscheiden, die bei einer einzelnen Prüfung einander auch überschneiden können. Eher konventionell sind Compliance-orientierte Ordnungsmäßigkeitsprü-
fungen; von einer modernen IR zunehmend angestrebt werden prozessorientierte Prüfungen
mit Beratungscharakter, bei denen die IR mittels Vorschägen zu grundsätzlichen Prozessver-
besserungen einen hohen Erfolgsbeitrag für das Unternehmen leisten kann.

In einer PWC-Studie aus 2011 wurden auch die von den Unternehmen vorgesehenen und
realisierten Maßnahmen zur Ermittlung und Kontrolle von Wirtschaftskriminalität erhoben:

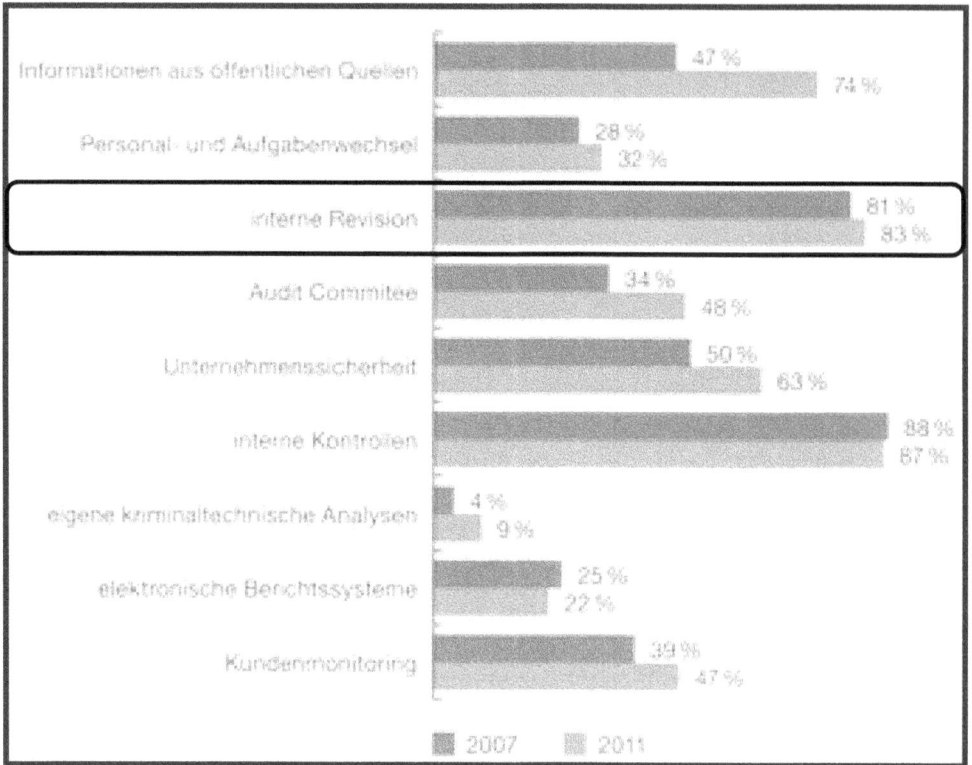

Abb. 3.30:   Maßnahmen zur Entwicklung und Kontrolle von Wirtschaftskriminalität
Quelle: PWC (2011a), S. 69.

Die Studie zeigte u. a., dass die Unternehmen für diesen Zweck zu 83% auch die IR einsetzen.

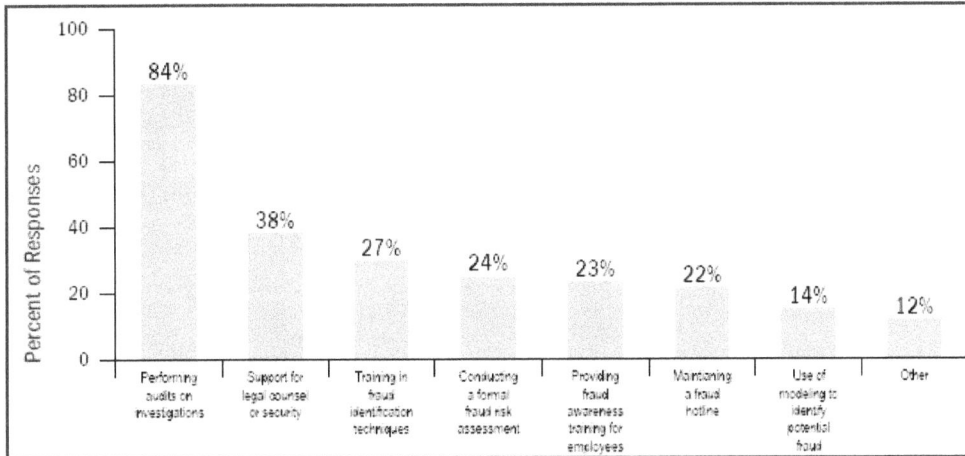

Abb. 3.31:   Internal Audit`s role in the company`s fraud prevention and investigation program
Quelle: Ernst&Young (2007), S. 13.

In einer Studie zum internationalen Stand der IR hat die WP-Gesellschaft Ernst&Young ermittelt, welche Rolle die IR bei der Bekämpfung vornehmlich der Wirtschaftskriminalität spielt.[148] Danach werden von einer IR v. a. (84 %) investigative Prüfungen erwartet. Wie die Abbildung zeigt, soll die IR auch präventiv wirken: Allein durch ihre Existenz kann sie vorbeugend dazu beitragen, dass jeder Mitarbeiter fallweise nachträgliche Prüfungen erwarten muss, was ihn von missbräuchlichen Handlungen angesichts zu erwartender negativer Sanktionen im Allgemeinen abhält.

Die Wirksamkeit der Revision hängt maßgeblich von der Unterstützung durch die Unternehmensleitung ab. Die erforderliche Unabhängigkeit wird durch die organisatorische und hierarchische Einordnung im Unternehmen wesentlich mitbestimmt. Der Leiter der Internen Revision sollte in der Regel direkt dem Vorstandsvorsitzenden oder dem Unternehmens-Geschäftsführer unterstellt sein.

---

[148] *Ernst&Young* (2007), S. 13.

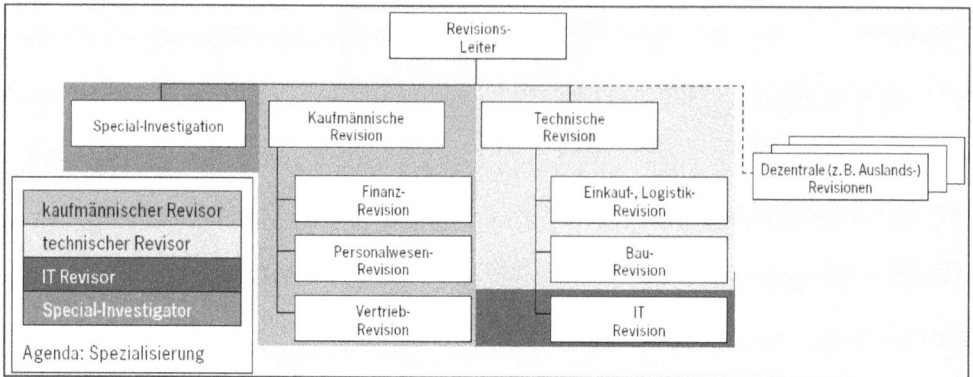

Abb. 3.32:   Typische Struktur einer IR in großen Industrieunternehmen
Quelle: Schmelter (2009b), S. 220, Schmelter (2011), S. 127.

Die Abbildung zeigt die typische Struktur einer IR in einem großen Industrieunternehmen. Der Revisionsleiter ist direkt dem Vorstandsvorsitzenden unterstellt. Die IR ist in die Bereiche Kaufmännische Revision, Technische Revision und Special Investigation gegliedert. In diesen drei Abteilungen sind unter sog. Prüfungsleitern jeweils spezielle Prüfergruppen für die revisionsrelevanten wichtigen Unternehmensprozesse, wie z. B. Finanzwesen, Personalwesen oder Vertrieb, tätig. In der Gruppe Special Investigation sind die Experten für Sonderuntersuchungen und in der Gruppe IT-Revision die IT-Spezialisten der IR zusammengefasst.

Die IR arbeitet eng mit verschiedenen Stellen im Unternehmen zusammen. Besonders eng ist die Kooperation mit der internen Compliance-Stelle. Extern wird für die Revision häufig der sog. Ombudsmann tätig, der – als neutraler Dritter – Hinweise auf Unregelmäßigkeiten von Dritten entgegennimmt. Bei von der Revision nachgewiesenem persönlichen Fehlverhalten von Mitarbeitern muss die Revision die personellen Konsequenzen mit Betriebsrat und Personalwesen und ggf. der Rechtsabteilung abklären. Eine enge Zusammenarbeit sollte die Revision auch mit den externen Wirtschaftsprüfern pflegen, die sich bei den Jahresabschlussprüfungen auch von der Wirksamkeit der IR überzeugen müssen.[149]

Das deutsche Institut für Interne Revision hat für die IR zahlreiche Qualitätskriterien erstellt, von denen für eine funktionsfähige IR die folgenden fünf Grundanforderungen in jedem Fall erfüllt sein müssen:

1. Vorhandensein einer offiziellen schriftlichen Regelung.
2. Die interne Revision muss weisungs- und prozessunabhängig sein und uneingeschränktes Informationsrecht haben.
3. Der Prüfungsplan der Internen Revision wird auf Grundlage eines risikoorientierten und standardisierten Planungsprozesses erstellt.
4. Art und Umfang der Prüfungshandlungen und -ergebnisse werden einheitlich, sachgerecht und ordnungsgemäß dokumentiert.
5. Mittels eines etablierten Follow-Up-Prozesses wird die Umsetzung der im Bericht dokumentierten Maßnahmen von der Internen Revision überwacht.

---

[149] *DIIR* (2012b).

Für die Zusammenarbeit der IR mit den Führungskräften eines Unternehmens ist besonders der zweite Punkt bedeutend: Die IR kann grundsätzlich in allen Unternehmensbereichen mit fallweisen Prüfungen tätig werden, und sie kann von den jeweiligen Führungskräften dazu uneingeschränkt Information verlangen.

3.3.2.6 Ombudsmannsystem (Korruptionsbekämpfung)

Mit der Internen Revision eng verknüpft ist in vielen großen Unternehmen das sog. „Ombudsmannsystem", das mit dem angloamerikanischen Begriff „Whistleblower" zusammenhängt. „Whistleblower" (engl. „Denunziant", wörtlich „Pfeifenbläser") bezeichnet einen Informanten, der Missstände, illegales Handeln, wie z. B. Korruption oder Insiderhandel, oder allgemeine Gefahren, wie z. B. Verstrahlung, von denen er an seinem Arbeitsplatz erfährt, an die Öffentlichkeit bringt. Der beste deutsche Ausdruck ist wohl „Hinweisgeber". Mit Ombudsmännern und zugehörigen Gremien wird über die Einschaltung neutraler externer Rechtsanwälte insb. sichergestellt, dass Hinweise auf Unregelmäßigkeiten (Denunziationen) vertraulich und sicher gehandhabt werden.

Ein funktionierendes Ombudsmannsystem kann am Beispiel der VW AG vorgestellt werden:

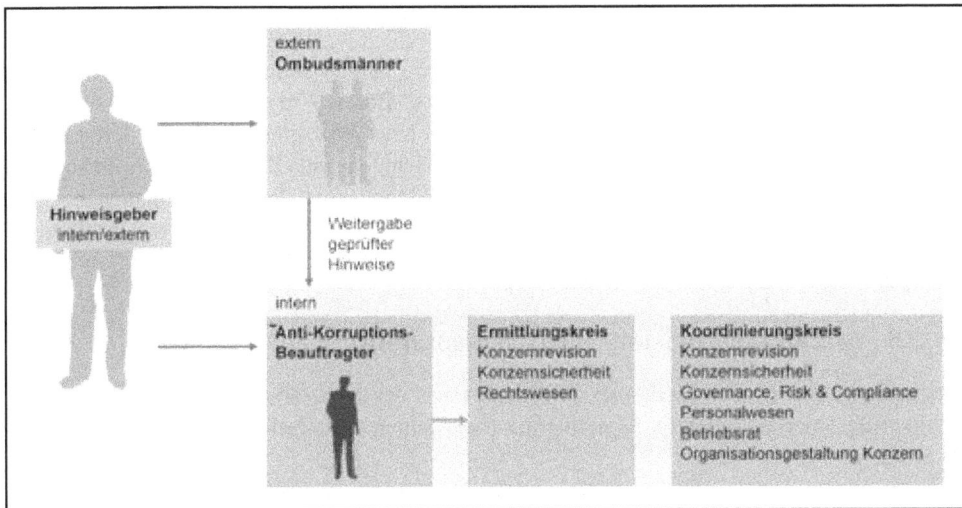

„Mit dem konzernweiten und international strukturierten Ombudsmann-System hat Volkswagen einen geschützten Raum für Mitarbeiter und Geschäftspartner geschaffen. Ziel ist die Bekämpfung von Korruption. Korruption ist kein Kavaliersdelikt, sondern schadet dem Unternehmen und seinen Mitarbeitern. Aufklärung ist deshalb wichtig – das Ombudsmann-System hilft dabei.

Zwei renommierte Rechtsanwälte stehen als neutrale Ombudsmänner (schwedisch für Vermittler) zur Verfügung. Jeder Mitarbeiter und Geschäftspartner kann sich an einen der Ombudsmänner wenden, wenn er Hinweise auf Korruption entdeckt. Alle Hinweise wer-

den vertraulich behandelt und der Hinweisgeber bleibt dabei strikt anonym, die Ombudsmänner unterliegen der anwaltlichen Schweigepflicht."

Abb. 3.33:   Das Antikorruptionssystems des Volkswagen Konzerns
Quelle: VW (2012f), VW (2012g).

Das VW-Ombudsmannsystem enthält die mögliche Einschaltung von zwei neutralen Rechts-
anwälten als Ombudsmänner, die Hinweise an die VW AG vorprüfen und an VW-Stellen
weitergeben, ohne dass der Hinweisgeber bei der VW AG zunächst namentlich bekannt werden muss. Korruptionsbeauftragter ist der Leiter der IR, der den Hinweisen bei Bedarf nach-
geht und bei begründetem Verdacht weitere Untersuchungen einleitet.

Whistleblower sind in den USA durch den Sarbanes-Oxley-Act gegen berufliche Nachteile
ausdrücklich geschützt, in Deutschland und Europa fehlen zu ihrem Schutz weitgehend noch
entsprechende Gesetze. Vor dem Hintergrund aktueller öffentlichkeitswirksamer Whistleblo-
wing-Vorfälle v. a. im Bankenbereich – hier sei auf die. sog. „Steuer-CD" verwiesen – werden aber auf internationaler Ebene (OECD) und national in Deutschland zunehmend Geset-
zesinitiativen zum Schutz „begründeten" Whistleblowings gefordert und diskutiert.[150]

3.3.2.7   Werkschutz/-sicherheit

Im bereits erwähnten ECIIA-Kontrollmodell („Three Lines of Defense") ist auf der zweiten
Governance-"Verteidigungslinie" auch der „Security"-Bereich bzw. Werkschutz/-sicherheit
enthalten.[151] In jedem größeren Unternehmen gibt es eine Werkschutzabteilung, deren Mitarbeiter insb. für die Sicherheit des Unternehmens zuständig sind. Die Aufgaben reichen von
der physischen Absicherung des Unternehmens durch entsprechende Einzäunung über den
Zugangsschutz an den Werkspforten bis zur Sicherstellung der Geheimhaltung in allen gefährdeten Unternehmensbereichen.

3.3.2.8   Externe Revision (Wirtschaftsprüfung)

Entsprechend den §§ 318 HGB und 313 AktG muss der Jahresabschluss durch einen Wirtschaftsprüfer oder anerkannten Steuerberater (bei kleinen Gesellschaften) geprüft und bestätigt werden:

§ 318 (HGB) Bestellung und Abberufung des Abschlußprüfers

(1) Der Abschlußprüfer des Jahresabschlusses wird von den Gesellschaftern gewählt; den
Abschlußprüfer des Konzernabschlusses wählen die Gesellschafter des Mutterunternehmens. Bei Gesellschaften mit beschränkter Haftung und bei offenen Handelsge-
sellschaften und Kommanditgesellschaften im Sinne des § 264a Abs. 1 kann der Gesellschaftsvertrag etwas anderes bestimmen. Der Abschlußprüfer soll jeweils vor Ablauf des
Geschäftsjahrs gewählt werden, auf das sich seine Prüfungstätigkeit erstreckt. Die gesetzlichen Vertreter, bei Zuständigkeit des Aufsichtsrats dieser, haben unverzüglich nach der

---

[150] Vgl. *SZ* (4.2.2012), S. 1; vgl. *Spiegel* (3/2012), S. 68–69.
[151] *ECIIA* (2011).

Wahl den Prüfungsauftrag zu erteilen. Der Prüfungsauftrag kann nur widerrufen werden, wenn nach Absatz 3 ein anderer Prüfer bestellt worden ist.

§ 313 (AktG) Prüfung durch den Abschlußprüfer

(1) Ist der Jahresabschluß durch einen Abschlußprüfer zu prüfen, so ist gleichzeitig mit dem Jahresabschluß und dem Lagebericht auch der Bericht über die Beziehungen zu verbundenen Unternehmen dem Abschlußprüfer vorzulegen. Er hat zu prüfen, ob

1. die tatsächlichen Angaben des Berichts richtig sind,

2. bei den im Bericht aufgeführten Rechtsgeschäften nach den Umständen, die im Zeitpunkt ihrer Vornahme bekannt waren, die Leistung der Gesellschaft nicht unangemessen hoch war; soweit sie dies war, ob die Nachteile ausgeglichen worden sind,

3. bei den im Bericht aufgeführten Maßnahmen keine Umstände für eine wesentlich andere Beurteilung als die durch den Vorstand sprechen.

§ 320 Abs. 1 Satz 2 und Abs. 2 Satz 1 und 2 des Handelsgesetzbuchs gilt sinngemäß. Die Rechte nach dieser Vorschrift hat der Abschlußprüfer auch gegenüber einem Konzernunternehmen sowie gegenüber einem abhängigen oder herrschenden Unternehmen.

(2) Der Abschlußprüfer hat über das Ergebnis der Prüfung schriftlich zu berichten. Stellt er bei der Prüfung des Jahresabschlusses, des Lageberichts und des Berichts über die Beziehungen zu verbundenen Unternehmen fest, daß dieser Bericht unvollständig ist, so hat er auch hierüber zu berichten. Der Abschlußprüfer hat seinen Bericht zu unterzeichnen und dem Aufsichtsrat vorzulegen; dem Vorstand ist vor der Zuleitung Gelegenheit zur Stellungnahme zu geben.

(...)

„Wirtschaftsprüfer sind nach § 1 I 1 des Gesetzes über eine Berufsordnung der Wirtschaftsprüfer (Wirtschaftsprüferordnung (WPO)) Personen, die als solche öffentlich bestellt sind:

Freier Beruf (§ 1 II WPO). Bestellung nur bei Nachweis der persönlichen und fachlichen Eignung im staatlichen Zulassungs- und Prüfungsverfahren (§ 1 I 2 WPO). Berufliche Niederlassung (Berufssitz; § 3 I WPO) im In- oder Ausland; berufliche Leistungen auch im Ausland möglich, sofern das Recht des Gastlandes nicht entgegensteht. Bei Zweigniederlassungen im In- und Ausland ist die fachliche Leitung durch einen ortsansässigen Wirtschaftsprüfer erforderlich (§§ 3 III, 43a, 47 WPO). Beruf kann sowohl selbstständig als auch im Anstellungsverhältnis ausgeübt werden. Im beruflichen Verkehr ist die gesetzlich geschützte Bezeichnung „Wirtschaftsprüfer" zu führen; akademische Grade, Titel und Zusätze, die auf eine staatliche Graduierung hinweisen, sind daneben möglich (§ 18 WPO).

Gemäß § 2 WPO haben Wirtschaftsprüfer die berufliche Aufgabe, betriebswirtschaftliche Prüfungen, v. a. Jahresabschlussprüfungen wirtschaftlicher Unternehmen durchzuführen und Bestätigungsvermerke über deren Vornahme und Ergebnis zu erteilen. Außerdem sind sie befugt, ihre Auftraggeber in steuerlichen Angelegenheiten nach Maßgabe der bestehenden Vorschriften zu beraten und zu vertreten, unter Berufung auf ihren Berufseid auf den Gebieten der wirtschaftlichen Betriebsführung als Sachverständige aufzutreten, in wirtschaftlichen Angelegenheiten zu beraten und fremde Interessen zu wahren sowie zur treuhänderischen

Verwaltung (Treuhandschaft). Zusätzlich sind mit dem Beruf des Wirtschaftsprüfers nach § 43a IV WPO weitere Tätigkeiten vereinbar, wie z. B. freie Berufsausübung auf dem Gebiet der Technik und des Rechtswesens, Tätigkeit an wissenschaftlichen Instituten und lehrende Tätigkeit an Hochschulen, freie schriftstellerische und künstlerische Tätigkeit und freie Vertragstätigkeit."[152]

Im Rahmen der Prüfungspflicht müssen die Wirtschaftsprüfer insb. auch die Wirksamkeit des internen Kontrollsystems und des Risikomanagements beurteilen. Zum Jahresende haben die Wirtschaftsprüfer den Jahresabschluss in allen Teilen dem Prüfungsausschuss des AR vorzustellen; ferner ist der Abschluss durch den AR abzunehmen.

Der Abschlussprüfer muss ein Verständnis von dem internen Kontrollsystem insoweit entwickeln, als es für die Feststellung und Beurteilung der Fehlerrisiken sowie der prüferischen Reaktionen auf die beurteilten Fehlerrisiken erforderlich ist. Zu den originären prüfungsrelevanten Bestandteilen des internen Kontrollsystems gehören das Rechnungslegungssystem einschließlich des Buchführungssystems und ggf. das Risikofrüherkennungssystem.

Der Abschlussprüfer hat das Rechnungslegungssystem daraufhin zu beurteilen, ob es den gesetzlichen Anforderungen entspricht, um die nach § 322 Abs. 1 Satz 1 HGB i. V. m. § 317 Abs. 1 Satz 1 HGB und § 321 Abs. 2 Satz 3 HGB geforderten Prüfungsaussagen über die Ordnungsmäßigkeit der Buchführung treffen zu können.

Die Standesvertretung der deutschen Wirtschaftsprüfer ist das Institut der Wirtschaftsprüfer (IdW). Das IdW hat im Neuentwurf des Prüfungsstandards 261 eine offizielle Darstellung zu den „Risiken einer Abschlussprüfung" herausgegeben:[153]

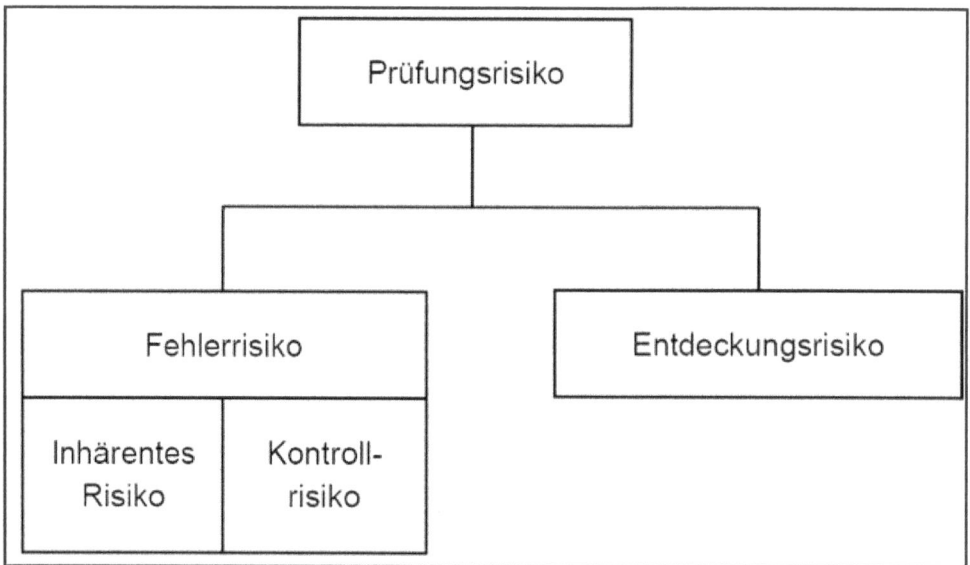

Abb. 3.34:   IDW Prüfungs-Fehlerrisiken
Quelle: IDW (2011), S. 4.

---

[152] *Gabler Wirtschaftslexikon* (2012g).
[153] *IdW* (2011), S. 4.

„Mit dem inhärenten Risiko wird die Anfälligkeit eines Prüffeldes für das Auftreten von Fehlern bezeichnet, die für sich oder zusammen mit Fehlern in anderen Prüffeldern wesentlich sind, ohne **Berücksichtigung des internen Kontrollsystems.**

- **Kontrollrisiken** stellen die Gefahr dar, dass Fehler, die in Bezug auf ein Prüffeld ggf. zusammen mit Fehlern aus anderen Prüffeldern wesentlich sind, durch das **interne Kontrollsystem** des Unternehmens nicht verhindert oder aufgedeckt und korrigiert werden.
- Bei einem nicht oder nur bedingt wirksamen internen **Kontrollsystem** sind die **Kontrollrisiken** hoch, wogegen mit einem wirksamen **internen Kontrollsystem** niedrige **Kontrollrisiken** verbunden sind.
- Das Entdeckungsrisiko stellt das Risiko dar, dass der Abschlussprüfer durch seine Prüfungshandlungen Fehler in der Rechnungslegung nicht entdeckt, die für sich oder zusammen mit anderen Fehlern wesentlich sind.
- In Abhängigkeit von der Beurteilung der Fehlerrisiken ist das Entdeckungsrisiko durch die Auswahl von Art, Umfang und zeitlichem Ablauf der aussagebezogenen Prüfungshandlungen so festzulegen, dass der Abschlussprüfer das Prüfungsurteil mit hinreichender Sicherheit treffen kann. Je höher (geringer) die Fehlerrisiken sind, desto niedriger muss (höher kann) das Entdeckungsrisiko sein."[154]

Wirtschaftsprüfer und Interne Revision sollten eng zusammenarbeiten, um für die Unternehmen alle Prüfungssynergien auszuschöpfen.[155] Die konkrete Zusammenarbeit eines AR mit den Wirtschaftsprüfern kann wiederum am Beispiel der VW AG veranschaulicht werden:

Die Hauptversammlung wählte am 3. Mai 2011 die PricewaterhouseCoopers Aktiengesellschaft Wirtschaftsprüfungsgesellschaft zum Abschlussprüfer für das Geschäftsjahr 2011. Der Abschlussprüfer bestätigte den Jahresabschluss der Volkswagen AG und den Volkswagen Konzernabschluss sowie den gemeinsamen Lagebericht, indem er jeweils den uneingeschränkten Bestätigungsvermerk erteilte. **Des Weiteren beurteilte der Abschlussprüfer das Interne Kontroll- und Risikomanagement-System.** Er stellte abschließend fest, dass der Vorstand die nach § 91 Abs. 2 AktG geforderten Maßnahmen getroffen hat, um Risiken, die den Fortbestand des Unternehmens gefährden könnten, frühzeitig zu erkennen. Der vom Vorstand vorgelegte Bericht der Volkswagen AG über Beziehungen mit verbundenen Unternehmen gemäß § 312 AktG (Abhängigkeitsbericht) für den Zeitraum vom 1. Januar bis zum 31. Dezember 2011 wurde ebenfalls vom Abschlussprüfer geprüft und mit folgendem Vermerk versehen: „Nach unserer pflichtgemäßen Prüfung und Beurteilung bestätigen wir, dass die tatsächlichen Angaben des Berichts richtig sind und bei den im Bericht aufgeführten Rechtsgeschäften die Leistung der Gesellschaft nicht unangemessen hoch war."
Die Mitglieder des Prüfungsausschusses und die Mitglieder des Aufsichtsrats erhielten für die Sitzungen dieser Gremien am 24. Februar 2012 beziehungsweise am 27. Februar 2012 rechtzeitig die Jahresabschlussunterlagen einschließlich des Abhängigkeitsberichts sowie die Prüfungsberichte des Wirtschaftsprüfers. Der Abschlussprüfer berichtete in beiden

---

[154] *IdW* (2011), S. 4.
[155] *Schmelter* (2009a), S. 63.

Sitzungen ausführlich über die wesentlichen Ergebnisse seiner Prüfung und stand für ergänzende Auskünfte zur Verfügung.

Abb. 3.35:   Jahres- und Konzernabschlussprüfung bei der VW AG
Quelle: VW, (2012a), S. 18.

Ergänzend sei im Folgenden der Bestätigungsvermerk des Abschlussprüfers bei der VW AG zum Geschäftsjahr 2011 vorgestellt:

Nach dem abschließenden Ergebnis unserer Prüfung haben wir mit Datum vom 15. Februar 2012 den folgenden uneingeschränkten Bestätigungsvermerk erteilt:

Bestätigungsvermerk des Konzernabschlussprüfers

Wir haben den von der VOLKSWAGEN AKTIENGESELLSCHAFT, Wolfsburg, aufgestellten Konzernabschluss – bestehend aus Gewinn- und Verlustrechnung und Gesamtergebnisrechnung, Bilanz, Eigenkapitalentwicklung, Kapitalflussrechnung und Anhang – sowie den Konzernlagebericht, der mit dem Lagebericht der Gesellschaft zusammengefasst ist, für das Geschäftsjahr vom 1. Januar bis 31. Dezember 2011 geprüft. Die Aufstellung von Konzernabschluss und zusammengefasstem Lagebericht nach den IFRS, wie sie in der EU anzuwenden sind, und den ergänzend nach § 315a Abs. 1 HGB anzuwendenden handelsrechtlichen Vorschriften liegen in der Verantwortung des Vorstandes der Gesellschaft. Unsere Aufgabe ist es, auf der Grundlage der von uns durchgeführten Prüfung eine Beurteilung über den Konzernabschluss und den zusammengefassten Lagebericht abzugeben.

Wir haben unsere Konzernabschlussprüfung nach § 317 HGB unter Beachtung der vom Institut der Wirtschaftsprüfer (IDW) festgestellten deutschen Grundsätze ordnungsmäßiger Abschlussprüfung vorgenommen. Danach ist die Prüfung so zu planen und durchzuführen, dass Unrichtigkeiten und Verstöße, die sich auf die Darstellung des durch den Konzernabschluss unter Beachtung der anzuwendenden Rechnungslegungsvorschriften und durch den zusammengefassten Lagebericht vermittelten Bildes der Vermögens-, Finanz- und Ertragslage wesentlich auswirken, mit hinreichender Sicherheit erkannt werden. Bei der Festlegung der Prüfungshandlungen werden die Kenntnisse über die Geschäftätigkeit und über das wirtschaftliche und rechtliche Umfeld des Konzerns sowie die Erwartungen über mögliche Fehler berücksichtigt. Im Rahmen der Prüfung werden die Wirksamkeit des rechnungslegungsbezogenen internen Kontrollsystems sowie Nachweise für die Angaben im Konzernabschluss und im zusammengefassten Lagebericht überwiegend auf der Basis von Stichproben beurteilt. Die Prüfung umfasst die Beurteilung der Jahresabschlüsse der in den Konzernabschluss einbezogenen Unternehmen, der Abgrenzung des Konsolidierungskreises, der angewandten Bilanzierungs- und Konsolidierungsgrundsätze und der wesentlichen Einschätzungen des Vorstandes sowie die Würdigung der Gesamtdarstellung des Konzernabschlusses und des zusammengefassten Lageberichtes. Wir sind der Auffassung, dass unsere Prüfung eine hinreichend sichere Grundlage für unsere Beurteilung bildet.

Unsere Prüfung hat zu keinen Einwendungen geführt.

> Nach unserer Beurteilung aufgrund der bei der Prüfung gewonnenen Erkenntnisse ent-
> spricht der Konzernabschluss den IFRS, wie sie in der EU anzuwenden sind, und den er-
> gänzend nach § 315a Abs. 1 HGB anzuwendenden handelsrechtlichen Vorschriften und
> vermittelt unter Beachtung dieser Vorschriften ein den tatsächlichen Verhältnissen ent-
> sprechendes Bild der Vermögens-, Finanz- und Ertragslage des Konzerns. Der zusammen-
> gefasste Lagebericht steht in Einklang mit dem Konzernabschluss, vermittelt insgesamt
> ein zutreffendes Bild von der Lage des Konzerns und stellt die Chancen und Risiken der
> zukünftigen Entwicklung zutreffend dar.

Abb. 3.36:   Bestätigungsvermerk des Abschlussprüfers im VW-GB 2011
Quelle: VW, (2012a), S. 45.

3.3.3   Prozess-IC-Maßnahmen

Neben Struktur-Maßnahmen gibt es zahlreiche mögliche und notwendige prozessseitige
Instrumente zur Sicherstellung des Internal Control. Die Prozesskontrollen werden in die
Arbeitsabläufe integriert und sollen möglichst automatisiert und zwangsläufig wirken. Bei
den Prozess-Maßnahmen können die folgenden grundsätzlichen Instrumente unterschieden
werden:

1. Funktionstrennung (inkl. Vier-Augen-Prinzip)
2. Durchführung Einzelkontrollen (auch durch Vorgesetzte)
3. Risiko-Management
4. (Kontroll-orientiertes) Berichtswesen
5. systemimmanente Kontrollen (z. B. im Rechnungswesen)
6. Job Rotation.

3.3.3.1   Funktionstrennung (inkl. Vier-Augen-Prinzip)

Ein funktionsfähiges Internal Control ist prozessseitig nur mit einem Mindestmaß an Funktionstrennung durchführbar. Sie erscheint uns als bei weitem wichtigste Maßnahme zur Absicherung insb. kritischer finanzorientierter Prozesse. Es muss immer gewährleistet werden,
dass Zahlungen des Unternehmens an Externe nur unter Mitwirkung von mindestens zwei
Personen erfolgen können. Die Funktionstrennung ist sowohl eine prozess- als auch eine
strukturseitige Maßnahme zur Absicherung von organisatorischen Abläufen. Indem Arbeitsprozesse in mehrere Arbeitsschritte von mehreren Verantwortlichen aufgeteilt werden, wird
gewährleistet, dass sicherheitskritische Funktionen – insb. Zahlungen – nur von mehreren
Personen gemeinsam ausgeübt werden können. Wenn mehrere Mitarbeiter mitwirken müssen, dann werden Arbeitsfehler und die Gefahr von Manipulationen – auch vor dem Korrup-
tionshintergrund – durch Einzelne wesentlich gemindert.

Das ergänzende sog. Vier-Augen-Prinzip besagt, dass vollziehende (z. B. Abwicklung von
Einkäufen), verbuchende (z. B. Finanzbuchhaltung, Lagerbuchhaltung) und verwaltende
(z. B. Lagerverwaltung) Tätigkeiten, die innerhalb eines Unternehmens(haupt)prozesses
vorgenommen werden, nicht in einer einzigen Hand vereinigt sein sollen. Das Prinzip drückt
aus, dass in einem gut funktionierenden Kontrollsystem kein wesentlicher Vorgang ohne
(Gegen)Kontrolle bleiben soll.

An dem in praktisch allen Unternehmen notwendigen Hauptprozess „Bestellung bis Bezahlung" können die Funktionsweise und die Notwendigkeit erstens einer „Funktionstrennung" im Sinne der Aufspaltung in Teilprozesse und zweitens des „Vier-Augenprinzips" exemplarisch demonstriert werden:

Prozess/Stelle	Fachabteilg.	Vorgesetzter	Controlling	Vorgesetzter	Einkauf	Wareneing.	Kreditoren	Treasury
Anfordg./Bestellg.								
Anforderung	anfordern							
Genehmigung								
Grund		genehmigen						
Budget, …			"controllen"					
Wert, …				genehmigen				
Einkauf								
ausschreiben					ausschreiben			
verhandeln					verhandeln			
bestellen					bestellen			
Lieferung/Zahlung								
Wareneingang								
phys. Kontrolle						prüfen Eing.		
Buchung								
erfassen							erfassen	
buchen							buchen	
Rechnungs-Anerkg.		ggf. anerkenn.						
Rechnungs-Prüfg.								
sachlich							prüfen sachl.	
preislich							prüfen preisl.	
rechnerisch							prüfen rechn.	
Rechungs-Freigabe							freigeben	
Zahlung								zahlen

Abb. 3.37:   Funktionstrennung bei Bestellung und Zahlung
Quelle: Eigene Darstellung

Die Abbildung zeigt am Bespiel eines Bestell- und Zahlungsvorgangs notwendige Funktionstrennungsmaßnahmen in großen Unternehmen; das Bild veranschaulicht in den Zeilen die dabei notwendigen Arbeitsschritte (Teilprozesse) und in den Spalten alle dabei mitwirkenden Stellen. Das Beispiel trennt zunächst grundsätzlich zwischen Bestell- und Zahlungs-Vorgang. Die notwendige Mitwirkung mehrerer interner Stellen gewährleistet die ordnungsmäßige und sichere Abwicklung. Es sind die folgenden Kontrollen integriert:

- Zahlungen erfolgen nur für Vorgänge mit zuvor erteilter offizieller Bestellung.
- Bestellungen zu Anforderungen der Fachbereiche können nur vom Einkauf erfolgen.
- Anforderungen der Fachbereiche müssen vom Controlling genehmigt werden.
- Abhängig vom Bestellwert müssen die Anforderungen ggf. zusätzlich von vorgesetzten Stellen genehmigt werden.
- Zahlungen durch die Finanzabteilung erfolgen nur nach Eingangs-Bestätigung von Seiten des Wareneingangs (bei Material) oder eines Fachbereichs (bei Dienstleistungen).
- Auch innerhalb der Finanzabteilung besteht eine dreifache Funktionstrennung:

    Die Rechnungserfassung ist von der Rechnungs-Prüfung und Zahlungsfreigabe getrennt.

    Die Rechnungsbearbeitung ist von der Erfassung der Lieferantenstammdaten getrennt.

Die eigentliche Zahlung erfolgt unabhängig von Kreditoren durch das „Treasury".

Der Umfang der Funktionstrennung nimmt mit wachsender Unternehmensgröße zu, er sollte einen Mindestumfang aber nie unterschreiten. Insb. gilt, dass Zahlungen – entsprechend dem Vier-Augen-Prinzip – niemals von einer Person allein ausgelöst werden dürfen.

Zur Gewährleistung des Internal Control ist die Funktionstrennung selbstverständlich auch bei vielen anderen Unternehmensprozessen notwendig. Z. B. dürfen in der Finanzabteilung Buchungen grundsätzlich nur im Zusammenwirken von zwei Personen erfolgen.

Die Funktionstrennung muss immer auch im jeweiligen IT-System zugriffsseitig abgesichert werden. Auf diese Erfordernisse gehen wir später bei der Vorstellung der technischen IC-Instrumente noch näher ein.

Eine besondere Form der Funktionstrennung sind Genehmigungs- bzw. Zeichnungsvorgänge, die in jedem Unternehmen auf unterschiedlicher Detailebene geregelt werden müssen:

- Genehmigungs-Vorgänge sollten in den Unternehmen für alle FK-Ebenen zunächst durch eine grundsätzliche Organisationsrichtlinie vorgegeben sein. Dort müssen insb. die Befugnisse von Vorständen, Geschäftsführern und Führungskräften im Allgemeinen geregelt sein. In dieser internen Richtlinie wird v. a. auch klar angewiesen, dass alle geschäftskritischen Vorgänge insb. mit externer Rechtsbindung grundsätzlich immer nur gemeinsam von zwei Verantwortlichen im Unternehmen unterzeichnet werden müssen.
- Eine zusätzliche Richtlinie sollte die externen bzw. internen Unterschriftenberechtigungen im Unternehmen klar regeln. Dort sollten insb. die an Generalvollmacht, Prokura, Handlungsvollmacht und „i. A." („im Auftrag") gebundenen Befugnisse dargestellt sein. In ergänzenden Anlagen sollte jeweils ausgeführt werden, wer im Namen des Unternehmens (status- und ggf. funktionsabhängig) welche externen Verpflichtungen unterzeichnen darf bzw. wer welche internen Prozesse genehmigen muss. In den ergänzenden Unterschriftenlisten müssen die Unterschriften im Detail optisch nachgewiesen werden.
- Zu Genehmigungsvorgängen werden die Details einzelner Prozesse in speziellen internen Richtlinien und Anweisungen, wie z. B. zur Investitionsabwicklung, detailliert.

In allen Fällen wird im Sinne von Funktionstrennung stets speziell angewiesen, dass wichtige Geschäftsvorfälle immer nur von mindestens zwei getrennten Personen (Vieraugen-Prinzip) ausgelöst und verantwortet werden müssen und können. Zumeist wird die Funktionstrennung auch durch entsprechende formulargestützte Abläufe und/oder IT-Zugriffs-Mechanismen abgesichert.

Bei für das Unternehmen besonders bedeutsamen strategischen Vorgängen, wie z. B. bei der Investitionsgenehmigung, und bei sicherheitskritischen Prozessen vornehmlich im zahlungsrelevanten Finanz-Umfeld wird die Funktionstrennung über die Genehmigungs-Folge hinaus ggf. zusätzlich auch abteilungsübergreifend bzw. gruppenintern verschärft. Diese Vorgänge sind für bereichsübergreifende Vorgänge in Richtlinien und bereichsintern in Arbeitsanweisungen detailliert geregelt. Als typische Beispiele können genannt werden:

- für die bereichsübergreifende Funktionstrennung
  - Investitions-Abwicklung, -Genehmigung durch mehrere Bereiche,
  - Bestellungen/Zahlungen durch mehrere Bereiche;
- für die bereichsinterne Funktionstrennung
  - Bestellungsablauf im EINKAUF mit mehreren Stellen,

– Zahlungsablauf in der FINANZ mit mehreren Stellen.

Die **Investitionsplanung** muss wegen der strategischen Bedeutung vom AR genehmigt werden. Die Investitions-Vorbereitung und -Abwicklung sind bereichsübergreifend in Richtlinien geregelt, die eine umfassende Arbeitsteilung bzw. Funktionstrennung unter Einschaltung besonderer Gremien, wie v. a. eines Investitionsausschusses, vorsehen.

Die **Bestell- und Zahlungsabwicklung** sollte ebenfalls durch bereichsübergreifende Funktionstrennung abgesichert sein. Wie der bereits oben vorgestellte zugehörige Ablauf zeigt, können von Fachabteilungen ausgelöste Bestellungen nur unter Mitwirkung von Einkauf, Controlling, ggf. Wareneingang und Kreditoren abgewickelt und bezahlt werden.

Bestellungen können nur unter Einschaltung des Einkaufs erfolgen. Die **Bestell-Abwicklung innerhalb des Einkaufs** ist dabei zusätzlich detailliert geregelt. Bestellungen können nur nach genau vorgeschriebener Angebotseinholung und – wertabhängig – ggf. unter notwendiger Einschaltung von speziellen Einkaufsgremien erstellt werden. Die vom Einkäufer bearbeitete Bestellung muss schließlich Einkauf-intern – wertabhängig – jeweils von einem entsprechenden Einkauf-Vorgesetzten freigegeben werden.

Zahlungen zu erfüllten Bestellungen können nur unter Einschaltung der „Finanz"-Abteilung erfolgen. Die **Zahlungs-Abwicklung in der Finanz** wird durch zahlreiche interne Arbeitsanweisungen ebenfalls zusätzlich abgesichert. Finanz-intern gilt eine zusätzliche umfassende Funktionstrennung. Die Rechnungsprüfung und Freigabe in Kreditoren ist von der abschließenden Zahlung durch Treasury und der Lieferanten-Stammdatenerfassung strikt getrennt. Damit wird auch innerhalb der Finanz gewährleistet, dass Zahlungen nur unter Wahrung des Vier-Augen-Prinzips erfolgen können.

3.3.3.2   Durchführung von Einzelkontrollen (auch durch Vorgesetzte)

Zur Ergänzung der Funktionstrennung bzw. Genehmigungsregelungen gibt es zahlreiche weitere Kontrollmöglichkeiten, die prozessbezogen für bestimmte Geschäftsabläufe eingerichtet und mit bereichsübergreifenden Richtlinien oder bereichsspezifischen Arbeitsanweisungen vorgegeben werden:

- Abstimmungskontrollen (Konsolidierung/"reconciliation")
- Detail-Kontrollen auf Voll-Prüfungs- oder Stichprobenbasis.

Insb. bei Finanzprozessen und -systemen sind <u>Abstimmungskontrollen</u> zum Monats- und Jahresende notwendig. Die Hauptbuchhaltung muss z. B. mit den diversen Nebenbuchhaltungen (Kreditoren, Debitoren, Lohn- und Gehaltsabrechnung etc.) monatlich hinsichtlich vollständiger Datenübernahme abgestimmt werden.

Vornehmlich bei nicht integrierten Systemen – z. B. Logistik an Finanz – muss auch die richtige Datenübernahme bei jedem Transfer und ebenfalls monatlich hinsichtlich Vollständigkeit kontrolliert werden.

Im Finanzbereich erfolgen auch tägliche und monatliche Kassenabstimmungen und jeder Zahlungstransfer über Banken wird von entsprechenden Abstimmprotokollen begleitet.

Beim Datentransfer werden IT-seitig auch Prüfziffern verwendet, um die richtige und vollständige Datenübertragung abzusichern.

Zur weiteren Prozessabsicherung werden abhängig von den Notwendigkeiten und Möglichkeiten zahlreiche Detailkontrollen eingesetzt, die heute überwiegend IT-seitig unterstützt werden.

Bei der Dateneingabe in IT-Systeme erfolgen weitgehende Plausibilitätsprüfungen, um Fehleingaben so weit als möglich auszuschließen. Die Plausibilitäten können sich auf das Datenformat – z. B. nur numerisch–, auf Wertgrenzen – z. B. nicht mehr als x EUR – und/oder auf nur zulässige konkrete Werte beziehen. Bei abweichenden Dateneingaben erfolgen Fehlerhinweise, die den Erfasser zur Eingabekorrektur veranlassen.

Bei vielen Vorgängen müssen die Vorgesetzten die Dateneingabe kontrollieren, bevor sie die Vorgänge freigeben bzw. genehmigen. Insb. im Finanzbereich sind viele Kontrollen üblich, um Fehl-Buchungen oder -Zahlungen zu vermeiden.

Abhängig vom Geschäftsvorfall und v. a. von der Vorgangsbedeutung bzw. des Werts erfolgen Vollprüfungen oder stichprobenweise Kontrollen.

Anhand der bereits bei der Funktionstrennung vorgestellten vier Beispielprozesse lassen sich die prozessbezogenen Kontrollen exemplarisch erläutern:

- Bei der **Investitionsplanung** erfolgen wegen der strategischen Bedeutung zahlreiche Einzelkontrollen. Sie wird von Controlling-Mitarbeitern unter Wirtschaftlichkeitsgesichtspunkten detailliert überprüft und im Investitionsausschuss beraten, priorisiert und vorgenehmigt. Nach der Zustimmung durch den AR werden die Investitionsausgaben von der Finanz detailliert erfasst und laufend mit den Investitionsvorgaben abgeglichen.
- Bei der **Bestell- und Zahlungsabwicklung** erfolgen bereichsübergreifend ebenfalls zahlreiche Kontrollen. Das Controlling genehmigt Bestellungen nur nach Kontrolle der Budgetdeckung, im Einkauf erfolgt systemgestützt eine Angebotskontrolle; eine Zahlungsfreigabe erfolgt bei Materialien nur nach Eingangskontrolle des Wareneingangs, schließlich erfolgen in der Finanz vor der Zahlung noch detaillierte Kontrollen.
- Bei der **Bestell-Abwicklung innerhalb des Einkaufs** erfolgen Prozesskontrollen hinsichtlich ausreichender Angebotseinholung.
- Die **Zahlungs-Abwicklung in der Finanz** enthält detaillierte Einzel-Kontrollen hinsichtlich sachlicher und preislicher Richtigkeit.

3.3.3.3   Risiko-Management

Ein wesentlicher Prozess-Bestandteil des Internal Control ist ein ausreichendes Risikomanagement, das im Corporate-Governance-Kodex und im KonTraG explizit gefordert wird; das Risikomanagement wurde in grundsätzlichen Belangen bereits erörtert.

Nach der durch KonTraG erfolgten Änderung des Aktien- und Handelsrechts sind Aktiengesellschaften in Deutschland gesetzlich zur Risikofrüherkennung, einem Teilbereich des Risikomanagements, verpflichtet, um den Erhalt des eigenen Unternehmens sicherzustellen. Die Prüfung des Risikofrüherkennungssystems nach § 317 Abs. 4 HGB durch die Abschlussprüfer richtet sich vornehmlich an dem IDW Prüfungsstandard 340 (IDW PS 340) aus. Bei der Früherkennung von Risiken ist zu unterscheiden nach „bestandsgefährdenden Risiken" – mit einer 12-Monatssichtweise – und den „Risiken, die Auswirkungen auf die Ertrags-, Finanz- und Vermögenslage" – mit einer 24-Monatssicht – des Unternehmens haben. International finden sich ähnliche rechtliche Anforderungen beispielsweise im Sarbanes-Oxley-Act, einem

Normenkomplex für Unternehmen, die an US-Börsen gelistet sind; Risikomanagement ist eine Komponente des im Sarbanes-Oxley-Act geforderten internen Kontrollsystems (IKS).

Die IFAC – als internationale Standesvertretung der Wirtschaftsprüfer – definiert das Risk-Management wie folgt:[156]

„The process of planning, organizing, leading, executing, and controlling the activities of an organization to maximize value and minimize the risk of events that diminish value. Risk management covers all categories of risk (threats as well as opportunities), including financial, strategic, operational, and reputational risks. Depending on the type of risk, it can be managed in various ways, such as acceptance, avoidance, insurance, or via the implementation of Internal Controls.

Jointly, risk management and Internal Control are integrated parts of an organization's overall governance and management system that are:

1. effected and understood by the organization's governing body, management, and other personnel;
2. applied in strategy setting, both across the organization's operations and in its stakeholder communications;
3. designed to help its users identify, understand, and assess potential risks and opportunities and their interaction that might affect the organization

in order to:

1. manage those risks and opportunities to be in line with the organization's risk management strategy; and
2. provide reasonable assurance regarding the achievement of organizational objectives and proper disclosure regarding the effectiveness of the risk management and Internal Control systems.“

Wie bereits oben dargestellt, wurde auch das COSO-Kontroll-Modell im Hinblick auf die Einbindung des Risikomanagements ergänzt („Unternehmensweites Risikomanagement – Übergreifendes Rahmenwerk“). COSO definiert: „Unternehmensweites Risikomanagement ist ein Prozess, ausgeführt durch Überwachungs- und Leitungsorgane, Führungskräfte und Mitarbeiter einer Organisation, angewandt bei der Strategiefestlegung sowie innerhalb der Gesamtorganisation, gestaltet um die die Organisation beeinflussenden, möglichen Ereignisse zu erkennen, und um hinreichende Sicherheit bezüglich des Erreichens der Ziele der Organisation zu gewährleisten.“[157]

Die folgende Abbildung zeigt die grundsätzlichen Aufgaben beim Risikomanagement:

---

[156] *IFAC* (2011b), S.22.
[157] *COSO* (2004), S.2.

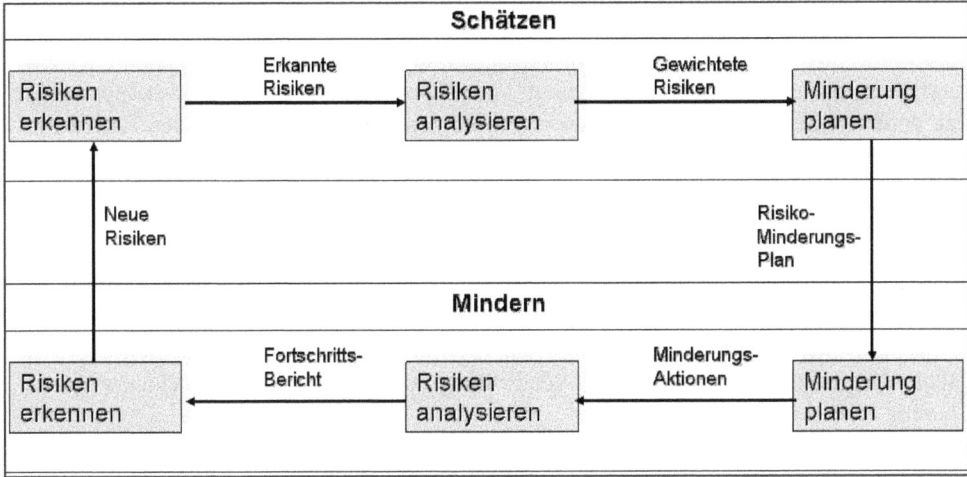

Abb. 3.38:   Aufgaben des Risikomanagements
Quelle: Eigene Darstellung

Wichtig erscheint uns, Risiken nicht nur zu erkennen, sondern sie auch durch angemessene Maßnahmen zu steuern, was eine (teilweise oder vollständige) Verminderung oder eine Abwälzung – v. a. bei asymmetrischen, also Schadensrisiken – oder eine bewusste Inkaufnahme – bei symmetrischen Risiken, die also auch Chancen bergen – bedeuten kann.

Ein wichtiger Schritt bei der Risikoeinschätzung ist die Priorisierung von Risiken nach zwei Parametern:

*   Eintrittswahrscheinlichkeit und
*   Schadenshöhe.

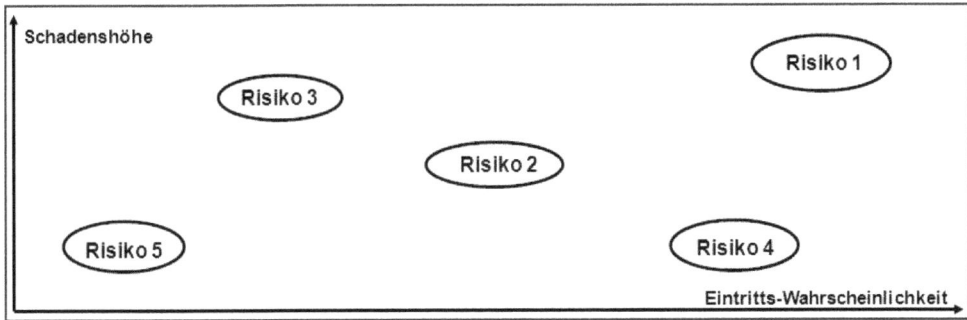

Abb. 3.39:   Grundschema einer grafischen Risikoübersicht
Quelle: Eigene Darstellung

In ihrem Corporate Governance Bericht informiert die VW AG auch über ihr Risikomanagement:

Der sorgsame Umgang mit potenziellen Risiken für das Unternehmen hat in unserer tägli-chen Arbeit einen hohen Stellenwert. Wir haben deshalb ein Risikomanagement-System installiert, das uns dabei hilft, Risiken zu identifizieren und bestehende Risikopositionen zu optimieren. Dieses System passen wir fortlaufend an die sich ändernden Rahmenbe-dingungen an. Eine ausführliche Erläuterung des Risikomanagement-Systems und die Be-schreibung unseres rechnungslegungsbezogenen internen Kontrollsystems finden Sie im Risikobericht.

Der vom Aufsichtsrat eingerichtete Prüfungsausschuss befasst sich insbesondere mit Fra-gen der Rechnungslegung und des Risikomanagements einschließlich des internen Kon-trollsystems und der Compliance. Zusätzlich zählen die Überwachung der notwendigen Unabhängigkeit des Abschlussprüfers, die Erteilung des Prüfungsauftrags an den Ab-schlussprüfer sowie die Bestimmung von Prüfungsschwerpunkten und die Honorarverein-barung zu seinen Aufgaben.

Abb. 3.40:   Corporate Governance Bericht der VW AG / Teil Risikomanagement
Quelle: VW (2012g).

Im Lagebericht des jährlichen Geschäftsberichts veröffentlicht die VW AG auch den gesetz-lich vorgeschriebenen Risikobericht:

Risikobericht (Bericht nach § 289 Abs. 5 HGB)

Erfolgreiches Risikomanagement dank effektiver Systeme

Den nachhaltigen Erfolg unseres Unternehmens sichern wir, indem wir die Risiken aus unserer operativen Tätigkeit frühzeitig identifizieren und vorausschauend steuern. Das interne Kontrollsystem und ein umfassendes Risikomanagement-System unterstützen uns dabei, mit den Risiken verantwortungsvoll umzugehen.

Abb. 3.41:   Risikobericht bei der VW AG
Quelle: VW (2012a), S. 220–228.

Im VW Geschäftsbericht für 2011 werden z. B. die folgenden Einzelrisiken genannt:
- Gesamtwirtschaftliche Risiken
- Branchenrisiken
- Risiken aus Forschung und Entwicklung
- Risiken aus der Beschaffung
- Produktionsrisiken
- Risiken aus Nachfrageänderungen
- Abhängigkeiten vom Großkundengeschäft
- Qualitätsrisiken
- Personalrisiken

- IT-Risiken
- Umweltschutzrechtliche Auflagen
- Rechtsfälle
- Strategien zur Risikoabsicherung im Finanzbereich
- Risiken aus Finanzinstrumenten
- Liquiditätsrisiken
- Restwertrisiken im Finanzdienstleistungsgeschäft
- Sonstige Einflüsse

Als Beispiel für die Beschreibung einer speziellen Risikokategorie dient nachfolgend das IT-Risiko bei der VW AG:

Bei Volkswagen als global agierendem und auf Wachstum ausgerichtetem Unternehmen kommt der konzernweit in allen Geschäftsbereichen eingesetzten Informationstechnik (IT) eine stetig wachsende Bedeutung zu. Risiken bestehen im Hinblick auf den unbefugten Zugriff auf sensible elektronische Unternehmensdaten und -informationen sowie die mangelnde Verfügbarkeit der Systeme als Folge von Störungen und Katastrophen. Dem Risiko eines unbefugten Zugriffs auf Unternehmensdaten begegnen wir mit dem Einsatz von Virenscannern, Firewall- und Intrusion-Prevention-Systemen. Zusätzlich wird die Sicherheit durch die restriktive Vergabe von Zugriffsberechtigungen auf Systeme und Informationen sowie durch das Vorhalten von Backup-Versionen der kritischen Datenbestände erhöht. Dazu setzen wir im Rahmen unternehmensweit gültiger Standards die am Markt bewährten technischen Mittel ein. Mit einer redundanten Auslegung unserer IT-Infrastrukturen sichern wir uns gegen Risiken ab, die im Störungs- oder Katastrophenfall entstehen.

Im Berichtsjahr haben wir am Standort Wolfsburg ein neues Konzern-Rechenzentrum in Betrieb genommen, das in puncto Sicherheit, Leistungsfähigkeit und Energieeffizienz hohe Maßstäbe in der gesamten Automobilbranche setzt.

Da der Volkswagen Konzern zunehmend international tätig ist, erhöhen sich auch die Intensität und die Qualität von Angriffen auf unsere IT-Systeme und Datenbestände. Deshalb werden schon während der Softwareentwicklung, bei der Absicherung der IT-Infrastruktur und auch bei der Vergabe von Zugriffsberechtigungen auf Systeme und Datenbestände fortlaufend Maßnahmen gegen identifizierte und antizipierte Risiken ergriffen.

Hinsichtlich der IT-Sicherheit besteht aufgrund der rasant fortschreitenden technischen Entwicklung ein Restrisiko, das nicht vollständig zu beherrschen ist.

Abb. 3.42:   Risiskobericht bei der VW AG / IT-Risiken
Quelle: VW (2012a), S. 225.

3.3.3.4   (Kontroll-orientiertes) Berichtswesen

Das insb. vom Controlling zu realisierende umfangreiche interne Berichtswesen hat neben dem Zweck der Informations- und Entscheidungsunterstützung teilweise auch kontrollorientierte Zwecke. Mit Kontroll-Berichten werden die bereits dargestellten Prozess-Kontrollen ergänzt und unterstützt und im Übrigen der Führungsprozess abgeschlossen.

Das Berichtswesen ist aus Sicht des Prinzipal-Agenten-Verhältnisses zwischen Unternehmensführung und dezentralen Einheiten des Unternehmens ein klassisches Kontrollinstrument. Ex post wird die Arbeit der beauftragten Agenten im Unternehmen geprüft, und zwar je nach Aufgabenbereich sowohl in Bezug auf die Prozesse als auch hinsichtlich der Ergebnisse.

Neben dieser Prinzipal-Agenten-Beziehung innerhalb des Unternehmens, deren „Entschärfung" das interne Berichtswesen – so wie auch ein Anreizsystem – dient, ist auch zwischen Unternehmensführung und dem AR (als Vertretung vornehmlich der Eigentümer) bzw. den Eigentümern direkt eine derartige Beziehung gegeben, allerdings mit „Rollentausch" in dem Sinn, dass hier die Unternehmensführung die Rolle des Agenten und der AR bzw. die Eigentümer jene des Prinzipals innehaben. Hier ist es die Aufgabe des Agenten Vorstand bzw. Geschäftsführung, dem Prinzipal AR mittels Berichten Rechenschaft abzulegen.

Das Berichtswesen sowohl innerhalb des Unternehmens – zur Unternehmensführung hin – als auch über die Grenzen des Unternehmens hinaus – zum AR bzw. direkt zu den Eigentümern hin – dient hiermit den Intentionen des Internal Control.

Das Controlling ist im Allgemeinen mit dem Rechnungswesen des Unternehmens eng verzahnt. Die gemeinsam mit dem Rechnungswesen erstellten jahresbezogenen und auch unterjährigen Bilanzen (als Bestandsgrößenrechnungen), Gewinn- und Verlustrechnungen (als Stromgrößenrechnungen zur Bestandsgröße Eigenkapital) und Kapital- bzw. korrekte „Geld"-Flussrechnungen (als Stromgrößenrechnungen zur Bestandsgröße Liquide Mittel) sind die am höchsten aggregierten Überwachungsberichte des Unternehmens. Sie dienen in der von den Wirtschaftsprüfern testierten Form auch der Information des AR und aller Anteilseigner in der Hauptversammlung.

Zur Unternehmenssteuerung und -überwachung stellen Rechnungswesen und Controlling dem Vorstand und allen FK regelmäßig zahlreiche weitere kontrollorientierte Berichte zur Verfügung. Am bekanntesten sind die monatlichen Budgetkontrollberichte, in denen für die FK aller Bereichsebenen die Ist-Kosten bis auf Kostenartenebene mit den Budgetvorgaben (Soll- oder Plan-Kosten) verglichen werden.

3.3.3.5   Systemimmanente Kontrollen (z. B. im Rechnungswesen)

Vornehmlich in Buchhaltungssystemen, aber auch bei anderen Unternehmensprozessen sind Abstimmungen mittels Kontrollsummen ein wichtiges Kontrollinstrument.

In einigen Verfahren und Systemen insb. des Rechnungswesens sind systemimmanente Kontrollen bereits enthalten.[158] Das wohl bekannteste, aber diesbezüglich u. U. nicht für jeden sichtbare Kontrollinstrument verbirgt sich im Grundprinzip der so genannten „doppelten Buchführung" oder „Doppik". Indem zu jeder Buchung immer eine entsprechende Gegenbuchung erfolgen muss, wird bei der für alle Unternehmen vorgeschriebenen Buchführung bereits prinzipbedingt gewährleistet, dass ein Buchhaltungssystem jeweils geschlossen ist und keine fehlenden bzw. doppelten Vorgänge erfolgen.

Systembedingt muss bei der doppelten Buchführung jeder Geschäftsvorfall mindestens zwei Konten betreffen (Aktivtausch, Passivtausch, Bilanzverlängerung, Bilanzverkürzung); dieses Prinzip gilt für erfolgswirksame wie für erfolgsunwirksame Vorfälle. Die GuV-Rechnung

---

[158] Vgl. *Zorn* (2011), S. 13–20.

bildet systemintegriert die Änderungen des Eigenkapitals aus der Geschäftätigkeit heraus ab (Aufwand, Ertrag), sie erklärt also die Änderung des Eigenkapitals durch die Geschäftätigkeit, sie zeigt mithin den Erfolg.

Die Kapital- oder Geldflussrechnung als Stromgrößenrechnung zur Bilanzposition „Liquide Mittel" (Cash and Cash Equivalents) erklärt die Änderung des Geldbestandes im Geschäftsjahr, und zwar durch die strukturierte Darstellung der Einnahmen (Zuflüsse) und Ausgaben (Abflüsse), wobei die Salden der drei Bereiche (betriebliche Tätigkeit, Investitionstätigkeit und (Außen-)Finanzierungstätigkeit) jeweils als „Cash Flow" dieser Bereiche gezeigt werden.

Auch die GuV und die Kapitalflussrechnung, die richtigerweise deshalb „Geld"-Flussrechnung heißen müsste, weil Bewegungen der Zahlungsmittel (Vermögensposition, also eine Aktivposition) und nicht Kapitalbewegungen (Passivseite der Bilanz) gezeigt werden, ergeben sich systematisch aus dem Buchführungssystem. Mithin gewährleistet der systematische Zusammenhang die grundsätzliche Richtigkeit der abgeleiteten „Berichtsformate".

3.3.3.6   Job Rotation

Die Funktionstrennung, die Prozess- und die Berichtskontrolle können und müssen in sicherheitskritischen Bereichen durch Maßnahmen der Job Rotation unterstützt werden. In besonders gefährdeten Bereichen wie Einkauf, Finanz und ggf. z. B. auch in der Planung besteht die Gefahr, dass Mitarbeiter bei langjährigem Kontakt zu externen Geschäftspartnern eventuell Korruptionsangebote erhalten und über deren Annahme u. U. geschäftsschädigende Manipulationen vornehmen.

Durch ein Mindestmaß an Job Rotation sollen für Mitarbeiter solche Gefährdungen reduziert und ggf. entstandene geschäftsschädigende Verbindungen zumindest nach gewisser Zeit zwangsweise unterbrochen werden. Aus Erfahrung der Autoren sind vornehmlich die folgenden Unternehmensbereiche gefährdet:

- Einkauf
- Finanz, insb. an Zahlungen beteiligte Abteilungen (Kreditoren, Debitoren, Treasury)
- Planung
- Werkschutz
- Revision.

In diesen Bereichen ist es üblich und angebracht, den Mitarbeitern ca. alle drei bis fünf Jahre zumindest andere Lieferanten zuzuordnen oder einen vollständigen Wechsel des Sachgebiets, wie z. B. von Metall zu Elektro-Einkauf, bzw. Wechsel der Funktion, wie z. B. vom Einkauf zu Projekt, herbeizuführen. Empfehlenswert ist es natürlich, notwendige Job Rotations-Maßnahmen möglichst mit Maßnahmen zur Humanressourcenentwicklung zu verknüpfen.

3.3.4   Ergänzende technische IC-Maßnahmen

Die das IC unterstützenden Prozessmaßnahmen müssen durch entsprechende technische Maßnahmen ergänzt werden. Weil in den Unternehmen praktisch alle Prozesse mit IT-Unterstützung abgewickelt werden, können und müssen viele Kontroll- und Sicherheitsmaßnahmen in die IT-Systeme integriert werden. Sie müssen aber auch weiterhin teilweise durch papiergestützte oder physische Sicherheitsmaßnahmen vervollständigt werden.

Bei den ergänzenden technischen Maßnahmen lassen sich so drei Ansatzbereiche unterscheiden:

1. IT-Kontrollen
2. Papiermäßige Unterstützung
3. Physische Absicherungen.

3.3.4.1   IT-seitige Absicherung

Weil die Unternehmen ihre Prozesse heute nur noch mit IT betreiben, müssen und können die meisten Überwachungs- und Sicherungsfunktionen auch IT-seitig unterstützt werden. Dabei sind zu unterscheiden:

1. IT-Zugriff-Absicherung mit Passwort-Schutz
2. IT-gestützte Abstimmungen
3. IT-gestützte Kontrolle
4. Datenschutz und Datensicherung

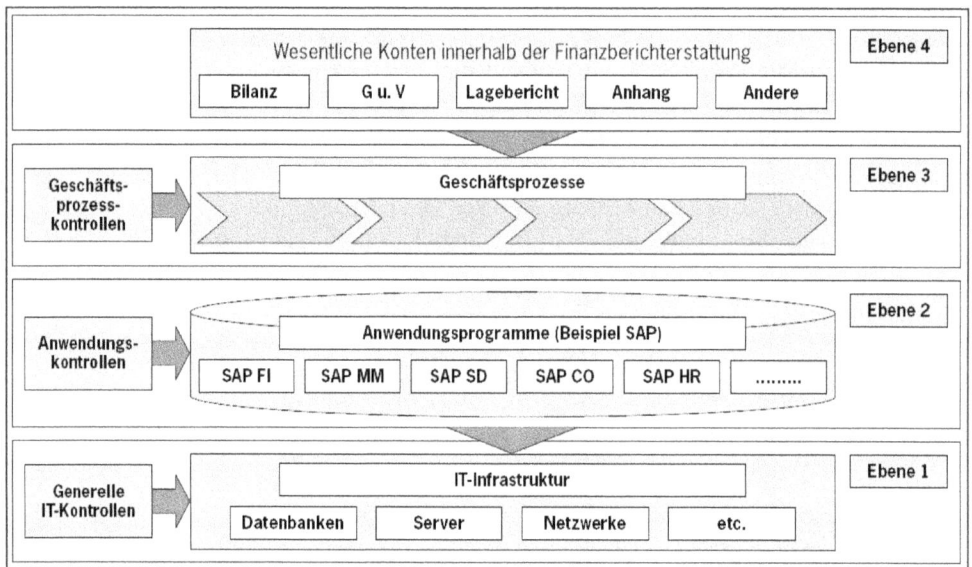

Abb. 3.43:   Risiko-Kontrollebenen im Unternehmen
Quelle: Sybon (2011), S. 96; IT-Governance-Institute, S. 29.

Die Grafik verdeutlicht ebenenorientiert, inwieweit Unternehmensprozesse durch IT-(SAP)-Anwendungen unterstützt werden und welche unterlagerten IT-Strukturen dabei mitwirken. Ebenso wird deutlich, dass auf allen drei Ebenen IC-Maßnahmen in Form von Geschäftsprozess-, Anwendungs- und generellen IT-Kontrollen erfolgen (müssen).[159]

---

[159] Vgl. *Sybon* (2011), S. 96.

In den Unternehmen werden heute praktisch alle Prozesse nur noch mit IT-Unterstützung abgewickelt und auch die Interne Revision und die Wirtschaftsprüfer setzen die IT bei ihren Prüfungen ein.[160] Die IT ermöglicht (z. B. über das Internet) wesentliche Prozessoptimierungen, aber nur dann, wenn die Unternehmensorganisation den IT-Möglichkeiten angemessen angepasst wird.[161]

Zur notwendigen Ausgestaltung der IT im Unternehmen auch hinsichtlich des Internal Control gibt es neben den bereits erwähnten COBIT-Modellanforderungen mehrere Gesetze und nützliche Ausführungshinweise:

- Das bereits 1978 in Kraft getretene Bundesdatenschutzgesetz (BDSG) regelt zusammen mit den Datenschutzgesetzen der Länder und anderen bereichsspezifischeren Regelungen den Umgang mit personenbezogenen Daten, die in IT-Systemen oder manuell verarbeitet werden.
- Die 1995 ausgegebenen „Grundsätze ordnungsmäßiger DV-gestützter Buchführungssysteme" (GoBS) enthalten Regeln zur Buchführung mittels Datenverarbeitungssystemen. Sie traten an die Stelle der bereits 1978 angewiesenen „Grundsätze ordnungsmäßiger Speicherbuchführung" (GoS).
- Die 2002 in Kraft getretenen „Grundsätze zum Datenzugriff und zur Prüfbarkeit digitaler Unterlagen (GDPdU) enthalten Regeln zur Aufbewahrung digitaler Unterlagen und zur Mitwirkungspflicht der Steuerpflichtigen bei Betriebsprüfungen.
- Das Bundesamt für Sicherheit in der Informationstechnik (BSI) hat eine öffentlich zugänglichen Katalog mit 4068 Seiten zur – ordnungsgemäßen – Anwendung der IT in deutschen Behörden herausgegeben, der auch zahlreiche Hinweise zu IT-gestützten Kontrollen und v. a. zu Datenschutz und Sicherheit enthält.[162]

Zum IT-Zugriff-Absicherung mit Passwort-Schutz:

Die für das Internal Control vorrangigen Funktionstrennungsmaßnahmen werden IT-seitig v. a. durch aufwändige Zugriffsabsicherungen unterstützt.[163] In IT-Systemen werden für die einzelnen Funktionen getrennte Zugriffsberechtigungen vergeben, die mit gesonderten Usern und Passwörter abgesichert werden. Den Systembenutzern werden über ihren sog. „User" bestimmte Systemfunktionen zugeordnet; die Zugriffmöglichkeit wird durch mehr oder weniger aufwändige Passwörter abgesichert, die immer wieder erneuert werden müssen.

Diese IT-Zugriffsabsicherungsmethoden unterstützen sowohl die notwendigen abteilungsübergreifenden Funktionstrennungen als auch die Separierung der Genehmigungs-Schritte nach dem Vier-Augen-Prinzip.

Zu IT-gestützte Abstimmungen:

Prozessseitig notwendige Kontroll-Abstimmungen sind heute ebenfalls weitgehend IT-gestützt realisiert. Innerhalb integrierter IT-Systeme (z. B. bei SAP-Anwendung) erfolgen die

---

[160] Vgl. *Schmelter* (2010), S. V.

[161] Vgl. *Schmelter* (1977), S. 1.

[162] Vgl. *BSI* (2012).

[163] Vgl. *Sybon* (2011), S. 97.

Abstimmungen überwiegend bereits zwangsläufig systemintern. Bei den heute üblichen integrierten Online-Systemen wird jede Einzeleingabe (Buchung) immer sofort „durchgebucht", so dass automatisch alle notwendigen Folge-Änderungen (bis zur Bilanzauswirkung) unmittelbar einzelfallbezogen realisiert werden. Seitens der IT-Systeme muss dabei sichergestellt werden, dass die „Durch"-Buchungen auch tatsächlich bis zum Endpunkt erfolgen oder ansonsten insgesamt storniert werden.

Bei älteren – zumeist nicht integrierten – Systemen erfolgt die Datenweitergabe (als sog. „Batch-Abwicklung") zumeist noch täglich oder nur monatlich. In diesen Fällen werden zur Absicherung der vollständigen und richtigen Datenübernahmen IT-gestützte Abstimmungen eingerichtet, die von den zuständigen IT-Fachstellen und Fachbereichen ggf. noch manuell abgesichert werden müssen.

Die einfachste Abstimmungsform für eine vollständige und richtige Datenweitergabe ist die manuelle oder automatisierte Summenkontrolle. Zur Absicherung der vollständigen Datenweitergabe werden vorrangig bestimmte numerische Felder – insb. Betragsfelder, wie z. B. von Rechnungsdaten – automatisch aufsummiert und bei der Datenweitergabe hinsichtlich Übereinstimmung kontrolliert. Weil diese Kontrolle zwar die korrekte Weitergabe der Gesamtsumme, nicht aber die richtige Anzahl der Datensätze und/oder sich aufhebende Einzeldaten-Manipulationen in den Datenbeständen gewährleisten kann, wird zumeist auch die Anzahl der weitergegebenen Datensätze kontrolliert und werden weitere Prüfzifferkontrollen eingesetzt. Dazu verwendet man für ein oder mehrere weitere Datenfelder zusätzliche Prüfziffern, die bei der Datenübernahme zwischen Aus- und Eingangsbestand verglichen werden.

Solche Datenweitergabe-Kontrollen sind auf allen technischen Ebenen des IT-Einsatzes notwendig und üblich. Auf der technisch tiefsten Ebene sind sie bereits im grundlegenden mehrstufigen Schichtenmodell der modernen Datenübertragung integriert. Damit wird gewährleistet, dass beim Datentransfer, insb. auch im Internet die richtige und vollständige Datenweitergabe funktioniert. Auch für den Laien sichtbar werden diese technischen Kontrollfunktionen z. B. bei Downloads, wenn bei Übertragungsunterbrechungen die Vollständigkeit der Datenübertragung durch automatisch eingeleitete Übertragungswiederholungen oder durch Fortsetzungen systembedingt gewährleistet wird.

Die logisch entsprechend höchste Abstimmebene besteht bei Datenschnittstellen zwischen Systemen. Dabei wird durch mitgeführte maschinelle Protokolle – z. B. zwischen Banken – sichergestellt, dass die Daten vollständig und richtig übernommen werden und bei technischen Problemen eine zweifelsfreie Wiederholung und/oder Korrektur erfolgt. Bei integrierten Systemen mit automatisierter Online-Datenweitergabe sind entsprechende technische IT-Vorkehrungen ebenfalls zwangsläufig, um sicher zu gehen, dass alle Dateneingaben jeweils in allen zugehörigen Prozessschritten automatisch berücksichtigt werden. Das dafür besonders einsichtige Systembeispiel ist in SAP-Systemen das so genannte Online-Durchbuchen vom Beleg bis zur Bilanz. Das Einbuchen und Kontieren einer Lieferanten-Materialrechnung im finanzorientierten Kreditorenteil eines SAP-Systems führt z. B. sowohl zu einer unmittelbaren Berücksichtigung im internen und externen Rechnungswesen – externe GuV und Bilanz bzw. interne Controlling-Auswertungen – als auch in zugehörigen anderen Unternehmensprozessen, wie z. B der Logistik hinsichtlich der Material-Bewegungen oder -Bestände.

Ein von allen IT-Systemen zu gewährleistendes Kontrollerfordernis ist auch die zwangsläufige Protokollierung und Archivierung aller wesentlichen Systemänderungen mit den dafür verantwortlichen Systemnutzern. Damit soll sichergestellt werden, dass die Veranlasser aller Dateneingaben zwangsläufig und zweifelsfrei jederzeit über den erforderlichen Nachweis aufgezeigt werden können.

Dieser Eingabe- bzw. Änderungsnachweis gilt insb. auch für alle Änderungen im Zugriffsberechtigungsmodul eines Systems, weil über diesen Weg ansonsten am einfachsten Manipulationsmöglichkeiten eingeräumt werden könnten. Dabei muss v. a. auch sichergestellt werden, dass alle Eingaben der „mächtigen" Systemadministratoren zweifelsfrei nachvollzogen werden können.

Zu IT-gestützte Plausibilitätskontrollen:

Auch weitergehende Einzel-Kontrollen erfolgen heute überwiegend IT-gestützt. In den Systemen sind zumeist umfangreiche Plausibilitätsprüfungen eingebaut, die Fehleingaben weitgehend verhindern. Bei Online-Systemen erfolgen die Prüfungen zumeist unmittelbar bei der Dateneingabe. Bei älteren Batch-Systemen werden vereinzelt noch Fehlerlisten erstellt, die anschließend bearbeitet und erfasst werden müssen.

Bei kritischen, vornehmlich zahlungswirksamen Systemen erfolgt in den IT-Systemen i. d. R. eine automatische Protokollierung aller Systemeingaben mit Datum und Anwendervermerk (User). Damit wird sichergestellt, dass zur evtl. Aufklärung von Systemmissbrauch jeweils der verantwortliche Mitarbeiter zwangsweise sicher identifiziert werden kann.

Weitere IT-gestützte Plausibilitätskontrollen sind so genannte Prüflisten, die sowohl online als auch offline erstellt und bearbeitet werden können. Dabei überprüft das System vor einem abschließenden Prozessschritt die dazu notwendigen Daten hinsichtlich ihrer Vollständigkeit und Richtigkeit. Bei der monatlichen Lohnabrechnung wird z. B. vor dem Monatsabschluss geprüft, ob dazu für alle abrechnungsrelevanten Mitarbeiter alle notwendigen Personal-Stammdaten (z. B. Steuerklasse) und die für die jeweilige Monatsabrechnung notwendigen Bewegungs-Daten (z. B. Monatsstunden) vorhanden und plausibel sind. Die festgestellten Fehler werden entweder online angezeigt und/oder in einer Fehlerliste ausgedruckt. Die zuständigen Sachbearbeiter müssen die Fehler im System vollständig korrigieren; nur nach erfolgter Korrektur wird für den jeweiligen Mitarbeiter die Abrechnung durchgeführt. Wichtig ist, dass das System zwangsläufig vorsieht, dass jeder Fehler vor Verarbeitung endgültig korrigiert worden sein muss.

Zu Datenschutz und -sicherung:

Im Informationszeitalter werden die meisten Daten IT-seitig erfasst und gespeichert. Sie müssen gegen ungerechtfertigte Nutzung geschützt und vor Zerstörung durch eine adäquate dauerhafte Speicherung gesichert werden.

Abhängig von der Vertraulichkeit und den Sicherheitsanforderungen werden die Daten mehr oder weniger aufwändig zugriffseitig geschützt; insb. bei Personaldaten müssen auch die Datenschutzerfordernisse erfüllt werden. Der Datenschutz wird bei IT-Systemen weitgehend durch die bereits oben dargestellten Zugriffssicherungen gewährleistet. Bei PCs, insb. Laptops wird die Zugriffsicherung zusätzlich auch durch physische Sicherungen – mit Schlössern und/oder Codekarten – verstärkt. Außerdem werden v. a. bei diebstahlgefährdeten Laptops die Daten ggf. verschlüsselt. Wegen der leichten Kopierbarkeit von Daten – auf CD oder mit USB – tragen aber auch die PC-Anwender eine große Verantwortung hinsichtlich der Datengeheimhaltung.

Weil Daten heute ein überaus wichtiges „Kapital" des Unternehmens sind und für viele Daten auch gesetzliche Aufbewahrungspflichten (bis zu 10 Jahren) bestehen, müssen sie auch gegen Zerstörung durch sichere Speicherung mit Kopien abgesichert werden. Die dazu notwendige Datensicherung ist überwiegend Aufgabe der verantwortlichen IT-Stellen. Sie müssen insb. bei der PC-Nutzung, aber auch von Seiten der PC-Anwender unterstützt werden. Die PC-Anwender müssen ihre wichtigen Daten möglichst auf von der IT gesicherten Servern speichern oder selbst für ausreichende Datensicherung mit regelmäßigen Kopien sorgen.

Um die Mitarbeiter hinsichtlich ihrer notwendigen Mitwirkung bei Datenschutz und -sicherung zu verpflichten, müssen alle internen und auch externen Mitarbeiter bei der Einstellung bzw. vor der erstmaligen Beschäftigung im Unternehmen schriftlich sowohl Geheimhaltungs- als auch Datenschutzverpflichtungen mit Unterschrift bestätigen.

3.3.4.2   „Papiermäßige" Absicherung

Bei vielen Prozessen werden im IT-Zeitalter auch heute noch Papier-Dokumente und Belege eingesetzt, um die Abläufe sicher zu organisieren. Insb. im Finanzbereich gelten weiterhin gesetzliche Vorgaben, die einen Belegnachweis (Beleg-Prinzip) mit entsprechender mehrjähriger Archivierung (ggf. in gescannter oder anderer elektronischer Form, sog. Speicherbuchführung) verlangen. Bei der papiermäßigen Prozessunterstützung können unterschieden werden:
1. formulargestützte Abläufe
2. Vordrucke im internen und externen Schriftverkehr
3. papiermäßige Archivierung im Zentralarchiv (mit Originalbelegen und Nummerierung).

Zu formulargestützten Abläufen:

Trotz IT-Unterstützung werden viele interne Abläufe weiterhin teilweise auch noch mit papierbezogene Formularen abgewickelt oder ergänzt, wie z. B. bei Mehrarbeits- oder Investitions-Anträgen. Die Formulare orientieren sich zumeist am Genehmigungsweg und enthalten dazu folgerichtige Abwicklungsrubriken mit entsprechenden Unterschriftsfeldern. Sie dokumentieren damit auch augenscheinlich die Funktionstrennung mit dem Vier- oder Mehraugen-Prinzip.

Zu Vordrucken im internen und externen Schriftverkehr:

Für den externen und internen Schriftverkehr insb. mit Privatkunden werden vielfach noch Vordrucke – abgesehen von E-Mails oder elektronischem Rechnungsaustausch – verwendet, die die Einhaltung von bestimmten Formvorgaben erzwingen. Aus Sicherheitsgründen werden bei Vordrucken, wie z. B. bei Quittungen, teilweise vornummerierte Belege eingesetzt, um nachträglich die Vollständigkeit nachzuweisen.

Zur Archivierung (mit Originalbelegen und Nummerierung):

Mit einer Unternehmensrichtlinie sollte für interne und externe Belege die notwendige Archivierung geregelt sein, die grundsätzlich eine dauerhafte mehrjährige Ablage im Zentralarchiv vorsieht. Die Fachbereiche müssen diese Unterlagen in vorgegebener Form an das Archiv übergeben und dazu parallel entsprechende Inhaltsübersichten erstellen. Im Finanzbereich wird die Ablage externer Buchhaltungsbelege dabei heute weitgehend in gescannter Form mit IT-Unterstützung durchgeführt.

Um bei der Ablage und Archivierung die Vollständigkeit nachzuweisen, werden die Belege durchnummeriert. Bei externen Belegen, wie z. B. bei Eingangsrechnungen, werden die Belege ergänzend zur automatisch vergebenen Buchungsnummer fortlaufend – innerhalb bestimmter Nummernkreise – mit entsprechender optischer Kennzeichnung nummeriert. Bei den zumeist IT-gestützt intern erstellten „Belegen", wie z. B. Ausgangsrechnungen, erfolgt ebenfalls eine fortlaufende Nummerierung.

Das Belegprinzip besagt, dass keine Buchung, auch nicht interne, ohne zugehörigen Einzelbeleg erfolgen darf. So genannte Ersatzbelege sind nur in seltenen Ausnahmefällen, wie z. B. bei verlorengegangenen Reiseabrechnungsunterlagen, dann zulässig, wenn eine Führungskraft den entsprechenden Ersatzbeleg akzeptiert und genehmigt.

Zur Sicherstellung des Belegprinzips gehört auch, dass auf nachweisfähigen Belegen nur dokumentenechte – und damit z. B. keine Bleistifteinträge – mit nicht verfälschbaren Unterschriften erfolgen.

3.3.4.3   Physische Absicherungen

Neben IT-Unterstützung und „Papier"-Belegorganisation verlangen manche Internal Control-Erfordernisse auch physische Absicherungsmaßnahmen. Grundsätzlich unterscheidbar sind:
* räumliche Abschottung
* spezielle physische Verwahrung
* Ausweis- und Zugangssysteme.

Zur räumliche Abschottung:

Als Pendant zur IT-Zugriffsabsicherung und prozessseitigen Funktionstrennung ist für kritische Bereiche auch eine räumliche Abschottung von Funktionen notwendig. Der sicherheitskritische IT-Bereich, insb. die Rechenzentren sind z. B. selbstverständlich nur für Berechtige zugänglich. Auch in anderen Bereichen wie Entwicklung oder Treasury erfolgt eine spezielle räumliche Absicherung. Generell ist das Werksgelände i. d. R. auch durch einen Werkszaun abgegrenzt und kann nur über vom Werkschutz kontrollierte Werkstore betreten werden.

Zur speziellen physischen Verwahrung:

In bestimmten Fällen bedürfen kritische Arbeitsmaterialien und -unterlagen darüber hinaus einer besonderen physischen Verwahrung. Im Finanzbereich werden Bargeld, Schecks und bestimmte Stempel zusätzlich zu bereits separierten Räumen gesichert in entsprechenden Tresoren verwahrt. Für geheimhaltungspflichtige Unterlagen gelten – analog der IT-Zugriffsabsicherung – besondere Aufbewahrungspflichten. Mitarbeiter und FK müssen diese Unterlagen so handhaben, dass nur Berechtigte Zugangsmöglichkeiten haben.

Zu Ausweis- und Zugangssystemen:

In den Unternehmen wird die physische Absicherung teilweise auch noch mit Schlüsseln, überwiegend aber über entsprechende Ausweis- und Zugangssysteme abgesichert. Jeder Mi-

tarbeiter verfügt über Ausweise und ggf. zusätzliche Codekarten, die ihm – persönlich zugeordnet – den individuellen Zugang zum Werk und zu den Fachbereichen erlauben. Vielfach
enthalten diese Ausweise heute zugleich auch Absicherungsmöglichkeiten beim IT-PC- oder
-Systemzugang.

4 Praxis des Internal Control an Beispielen

4.1 Funktions-/Prozessspezifisches Internal Control

Die notwendigerweise unternehmensspezifische Ausprägung eines angemessenen Internal Control ist v. a. abhängig von der Unternehmensgröße und der Branche. Außerdem benötigen die Unternehmensprozesse entsprechend ihren Besonderheiten spezifische IC-Instrumente.

Im Folgenden stellen wir deshalb zunächst die IC-Anforderungen der wichtigsten Unternehmensprozesse in Industrieunternehmen dar, und zwar ausgehend vom Rechnungswesen z. B. auch im Einkauf. Anschließend gehen wir auf einige wichtige IC-Besonderheiten der Banken-Branche ein. Im Mittelpunkt dieser Darstellungen steht jeweils die für das IC besonders wichtige Ausprägung der jeweiligen Funktionstrennung.

Die Prozesse in einem Industrieunternehmen haben für ihr effektives und effizientes Funktionieren sehr unterschiedliche Kontroll- und Sicherheitserfordernisse. Für die Finanz bzw. das Rechnungswesen gibt es hinsichtlich der Ordnungsmäßigkeit der Buchhaltung zahlreiche externe Vorgaben, die teilweise bereits auch das dort notwendige IC direkt präjudizieren; für andere Prozesse sind die externen Kontrollanforderungen zumeist wesentlich geringer.

Hinsichtlich der prozessspezifischen Kontrollanforderungen finden sich in der Literatur tabellarische Übersichten[164] und Checklisten prüfender Stellen, insb. vom Deutschen Institut für Interne Revision.

4.1.1 Rechnungswesen-Besonderheiten

Das Finanzwesen – und hierin insb. das Rechnungswesen – sind der vorrangige Gegenstand von Überwachungsanforderungen, weil die externen Gesetze zunächst vornehmlich auf diesbezügliche Kontrollmaßnahmen fokussiert sind. (Die notwendige Arbeitsteilung des Rechnungswesens mit anderen Unternehmensstellen wurde bei der grundsätzlichen Darstellung der für das IC vorrangigen Funktionstrennung anhand des dort beschriebenen Bestell- und Zahlungsvorgangs bereits erläutert.)

---

[164] Vgl. *Bungartz* (2011), S. 159 ff.; *Klinger* (2009), S. 27 ff.

Prozess/Stelle	Stammdaten	Buchen	Zahlung
Hauptbuchhaltung			
Stammdaten	**Kontenanlage**		
Buchen		**Buchen**	
Anlagenbuchhaltung			
Stammdaten	**Kontenanlage**		
Buchen		**Buchen**	
Kreditoren			
Stammdaten	**Stammdaten**		
Buchen		**Prüfen/Buchen**	
Debitoren			
Stammdaten	**Stammdaten**		
Buchen		**Fakturieren/Buchen**	
Zahlungsverkehr			
Zahlungseingang			**Zahlungseingang**
Zahlungsausgang			**Zahlungsausgang**
Anlage liquide Mittel			**Anlage liquide Mittel**
Personalwesen			
Stammdaten	**Stammdaten**		
Abrechnung		**Abrechnung**	

Abb. 4.1:   Mindest-Funktionstrennung im FINANZ-Bereich
Quelle: Eigene Darstellung

Die Abbildung zeigt die grundsätzlich notwendige – strukturelle – Funktionstrennung von Finanzfunktionen in einem mittleren oder großen Industrieunternehmen:

- Wichtig ist zunächst v. a. die Aufgabentrennung zwischen Haupt- und Nebenbuchhaltungen.
- Innerhalb jeder Finanz-Abteilung oder -Gruppe sollte außerdem eine Trennung von Stammdatenverwaltung und Abrechnung/Buchhaltung bestehen.
- Die Zahlungsein- und -ausgänge sollten zumindest in großen Unternehmen von einer zusätzlichen Zahlungsverkehrsstelle übernommen werden, in der sich ein Mitarbeiter oder eine Gruppe speziell auch mit der Liquiditätsplanung bzw. der Anlage flüssiger Mittel und der Kreditaufnahme befasst.
- Hinsichtlich der Lohn- und Gehaltsabrechnung sollte die Personalverwaltung die Stammdatenanlage vom Personalwesen und die Abrechnung von Finanzstellen übernehmen.

Für den Finanz-, insb. Rechnungswesenbereich finden sich in der IC-Literatur viele detaillierte Hinweise zu den Risiken und IC-Erfordernissen.[165]

Über die oben genannten Funktionstrennungsanforderungen hinaus sollten dort insb. folgende IC-Maßnahmen beachtet werden:

---

[165] Vgl. *Bungartz* (2011), S. 134–143 und 235 -268; vgl. *Klinger* (2009), S. 31–38 und 69–78.

- Zahlungsein- und -ausgänge im Unternehmen dürfen grundsätzlich nur durch den Finanzbereich und nach dem Vier-Augen-Prinzip abgewickelt werden.
- Insb. für Zahlungen muss es eine unternehmensweite Richtlinie zum internen und externen Zeichnungsrecht geben.
- Innerhalb des Finanzbereichs müssen die wichtigsten Prozesse mit Arbeitsanweisungen geregelt sein.
- In der Finanz gilt die Grundsatzregel „keine Buchung ohne Beleg".
- Alle Finanztransaktionen müssen für einen sachverständigen Dritten innerhalb einer angemessenen Zeit jederzeit nachvollziehbar sein.
- Die Buchungsunterlagen müssen – auch bei der sog. Speicherbuchführung – über den gesetzlichen Aufbewahrungszeitraum von 10 Jahren sicher archiviert werden.

4.1.2   Einkauf-Besonderheiten

Der EINKAUF (oder die sog. BESCHAFFUNG) ist ein hinsichtlich der Überwachung besonders sensibler Bereich, weil die vom Einkauf verhandelten Preise insb. für das Produktions- oder Handelsmaterial die Kosten der meisten Unternehmen maßgeblich beeinflussen und dort wegen der externen Lieferantenkontakte ein besonders hohes Korruptionsrisiko besteht. (Die notwendige Arbeitsteilung des Einkaufs mit anderen Unternehmensstellen wurde bei der grundsätzlichen Darstellung der für das IC vorrangigen Funktionstrennung anhand des dort beschriebenen Bestell- und Zahlungsvorgangs bereit ausführlich erläutert.)

Zumindest in jedem größeren Unternehmen ist der Einkauf eine zentrale Stelle, über den alle anderen Bereiche ihre Beschaffungen vornehmen müssen. Wegen der besonderen Sensibilität von Einkaufsvorgängen muss dort nach strengen, einheitlichen Prozessvorgaben gearbeitet werden. Um sicherzustellen, dass die kostengünstigsten Lieferanten genutzt werden, müssen insb. eine ausreichende Ausschreibung und eine sichere Angebotsbearbeitung gewährleistet werden.

Auch zum Einkauf finden sich in der IC-Literatur detaillierte Hinweise zu den Risiken und IC-Erfordernissen.[166] Im Einkauf sollten insb. folgende IC-Anforderungen beachtet werden:

- Alle Bereiche eines Unternehmens dürfen ihre Beschaffungen nur über den zentralen Einkauf abwickeln.
- Dazu muss eine unternehmensweite Einkauf-Richtlinie gelten.
- Einkauf-intern muss für alle Einkäufer eine einheitliche Beschaffungs-Arbeitsanweisung vorliegen, die einen systematischen Beschaffungsprozess vorschreibt.
- Ab einem bestimmten Bestellwert ist eine Ausschreibung an mehrere Lieferanten obligatorisch.
- Auch für die Angebotseröffnung und -verhandlung müssen einheitliche Regelungen vorgegeben werden, die Manipulationen verhindern und (unter Wahrung der qualitativen Anforderungen) die Auftragserteilung an den insgesamt kostengünstigsten Lieferanten gewährleisten.
- Abhängig vom jeweiligen Beschaffungswert muss es hierarchieabhängige Bestell-Genehmigungen nach dem Vier-Augen-Prinzip geben.

---

[166] Vgl. *Bungartz* (2011), S. 117–121 und 161–175; vgl. *Klinger* (2009), S. 39–41 und 78–80.

- Alle Einkaufvorgänge müssen für einen sachverständigen Dritten innerhalb einer angemessenen Zeit jederzeit nachvollziehbar sein.
- In angemessenen Zeitabständen ist für Einkäufer eine Job Rotation zumindest mit wechselnden Lieferantengruppen vorzusehen.
- Im Sinne der für das IC grundlegenden Funktionstrennung muss der Einkauf insb. vom WARENEINGANG und der KREDITORENBUCHALTUNG strikt getrennt sein.
- Von der KREDITORNBUCHHALTUNG dürfen nur vom Einkauf bestellte Lieferungen bezahlt werden. Bei Abweichungen muss vom Einkauf (und ggf. von der anfordernden Fachabteilung) eine Genehmigung nach dem Vier-Augen-Prinzip eingeholt werden.

4.1.3   Vertrieb-Besonderheiten

Auch der VERTRIEB (oder der sog. ABSATZ) erfordert hohen Kontrollaufwand, weil dort wegen der Kundenkontakte besondere Risiken bestehen. In den meisten Unternehmen obliegt dem Vertrieb der Verkauf und Versand der Produktions- oder Handelsmaterialien, während die Fakturierung und die Zahlungsüberwachung im Finanzbereich angesiedelt sind.

Auch zum Vertrieb finden sich in der IC-Literatur detaillierte Hinweise zu den Risiken und speziellen IC-Erfordernissen.[167] Im Vertrieb sollten insb. folgende IC-Anforderungen beachtet werden:

- Im Vertriebsprozess ist unter Kontrollgesichtspunkten v. a. die sog. „Zwangsläufigkeit der Fakturierung" vorrangig. Durch entsprechende prozess- bzw. IT-seitige Maßnahmen muss sichergestellt werden, dass alle versandten Produkte dem Kunden auch in Rechnung gestellt werden.
- Für alle Rechnungen muss die Vollständigkeit durch eine zwangsläufige Nummerierung nachgewiesen werden.
- Üblicherweise erfolgt die Fakturierung der verkauften Artikel im Finanzbereich durch die DEBITORENBUCHHALTUNG.
- Insb. vor wertmäßig bedeutenden Verkäufen muss eine Bonitätsprüfung der Kunden unter Beachtung von Kreditlimits erfolgen.
- Der DEBITORENBUCHALTUNG obliegt in jedem Fall die Buchung der Zahlungseingänge und die Mahnung rückständiger Forderungen.
- Im Sinne der für das IC grundlegenden Funktionstrennung muss der Vertrieb von der DEBITORENBUCHALTUNG strikt getrennt sein.
- Für die Preisbildung und Rabattgewährung sollte es klare Arbeitsanweisungen geben.
- Für Preisabweichungen, besondere Rabatte, Reklamationen und Gutschriften muss es Genehmigungsvorgänge nach dem Vier-Augen-Prinzip geben.
- Solche speziellen Vertriebsvorgänge müssen für einen sachverständigen Dritten innerhalb einer angemessenen Zeit jederzeit nachvollziehbar sein.

---

[167] Vgl. *Bungartz* (2011), S. 126–127 und 195–207; vgl. *Klinger* (2009), S. 49–53.

4.2   Branchenspezifische Internal Control-Ausprägungen in Banken

Wie die 2008 mit der Lehman-Brothers-Insolvenz einsetzende Finanz- bzw. Bankenkrise und auch danach wiederholt aufgetretene gravierende Bankenskandale gezeigt haben, birgt die Finanzwelt besonders große Risiken und erfordert deshalb aufwändige spezielle Kontrollen. Im ersten Kapitel dieses Buches wurden bereits einige bankspezifische Wirtschaftskriminalitätsfälle vorgestellt, bei denen mangelnde Kontrollen zu existenzgefährdenden Verlusten einiger Großbanken geführt haben.

Auch für Banken gelten neben dem Corporate Governance Kodex zunächst AktG und HGB mit den GoB. Für den Finanzbereich gibt es in Deutschland zusätzlich spezielle Gesetze, wie z. B.: KWG (Kreditwesengesetz), InvG (Investmentgesetz), WpHG (Wertpapierhandelsgesetz) oder GwG (Geldwäschegesetz). Diese Gesetze enthalten bankspezifische Regelungen, die hinsichtlich des Internal Control für diese Branche auch konkrete Detailvorgaben u. a. zu einer angemessenen Funktionstrennung vorschreiben. Z. B. normiert § 25 KWG konkrete aufbau- und ablauforganisatorische Vorgaben zur klaren Abgrenzung der Verantwortungsbereiche bei der Identifizierung, Beurteilung, Steuerung sowie Überwachung von Risiken. In § 9 InvG werden z. B. Kontroll- und Sicherheitsvorkehrungen für den Einsatz der elektronischen Datenverarbeitung in Banken vorgeschrieben.

In den USA ist der bereits vorgestellte Sarbanes-Oxley-Act ebenso für Banken verpflichtend. Für Banken in Europa und auch in Deutschland gilt als europäisches Recht auch das „Rahmenkonzept für interne Kontrollsysteme in Bankinstituten", das in seiner Weiterentwicklung als „Basel II" bekannt ist.[168]

---

[168] Vgl. *Basel Committee on Banking Supervision* (2004).

Abb. 4.2:   Kernelemente von Basel II
Quelle: Günther /Serafin (2008), S. 8.

Die Basel II-Vorgaben bestehen aus drei Säulen: „Säule 1 regelt die Berechnung der gesamten Mindestkapitalanforderungen für das Kredit- und Marktrisiko sowie für das operationelle Risiko. Säule 2 legt die zentralen Grundsätze des aufsichtlichen Überprüfungsverfahrens dar und gibt Empfehlungen zum Risikomanagement. Säule 3 gilt schließlich als Ergänzung der beiden anderen Säulen und ist betitelt als Marktdisziplin. Darin werden eine Reihe von Offenlegungspflichten entwickelt, welche das Ziel haben, den Marktteilnehmern eine Auswertung der Kerninformationen einer Bank zu ermöglichen."[169]

Für den Banken- und Versicherungsbereich gibt es in Deutschland mit der BaFin (Bundesanstalt für Finanzdienstleistungsaufsicht) auch eine spezielle Aufsichtsbehörde. Sie gibt in unregelmäßigen Abständen Rundschreiben heraus, wie z. B. die Mindestanforderungen an das Risikomanagement (MaRisk) oder speziell für Investmentgesellschaften die Mindestanforderungen an das Risikomanagement für Investmentgesellschaften (InvMaRisk), mit denen Vorgaben aus dem KWG und InvG im Detail interpretiert werden. Die nachstehende Abbildung bietet z. B. die MaRisk von 2005 im Überblick.[170]

---

[169] *Eisenmann* (2012), S. 12–13.
[170] Vgl. *BaFin* (2005), S.1.

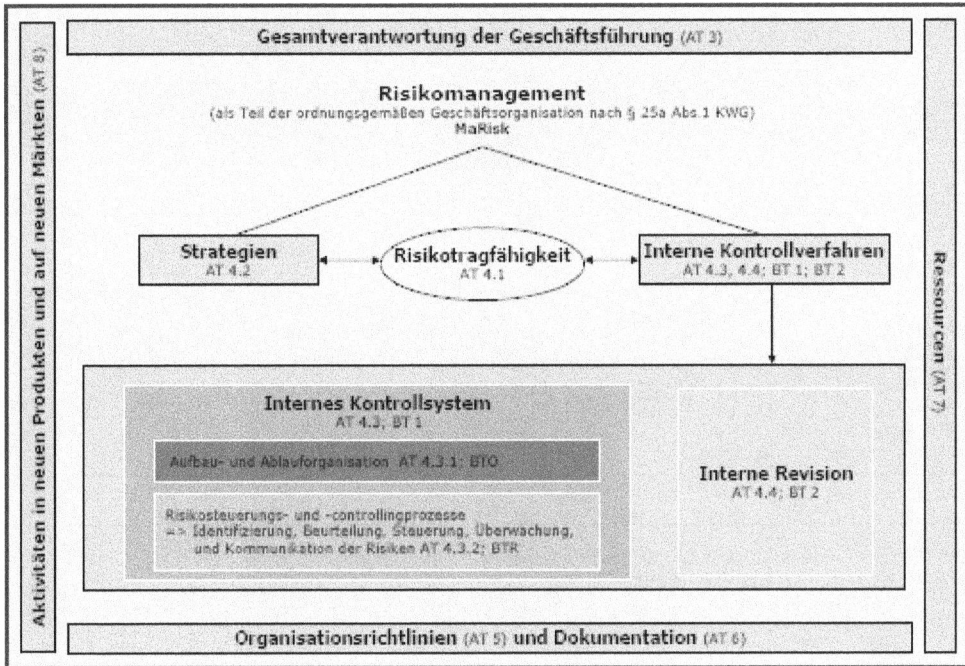

Abb. 4.3:   Hierarchie der Begriffe in den MaRisk
Quelle: BaFin (2005), S. 1.

Die Grafik zeigt die Hierarchie der Begriffe zum Risikomanagement und zum Internen Kontrollsystem in Banken. Mit den jeweiligen Teilziffern (z. B. AT 4.3. zur Aufbau- und Ablauforganisation des Internen Kontrollsystems) wird auf die entsprechenden Detailvorgaben verwiesen.

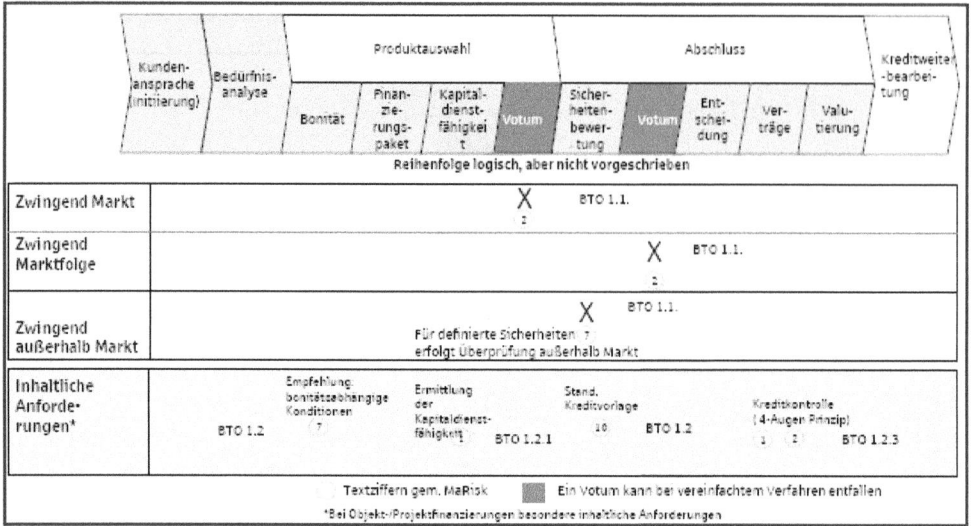

Abb. 4.4:   MaRisk-konforme Kreditprozesse - Kreditgewährung
Quelle: DSGV (Hrsg.) (2009), S. 129.

Die vorstehende Abbildung veranschaulicht eine vom Deutschen Sparkassen- und Giroverband e.V. (DSGV) herausgegebene Interpretationshilfe zu einem MaRisk-konformen Kreditvergabeprozess, der insb. die notwendige Funktionstrennung bei diesem für Banken wichtigen Kernprozess fordert.

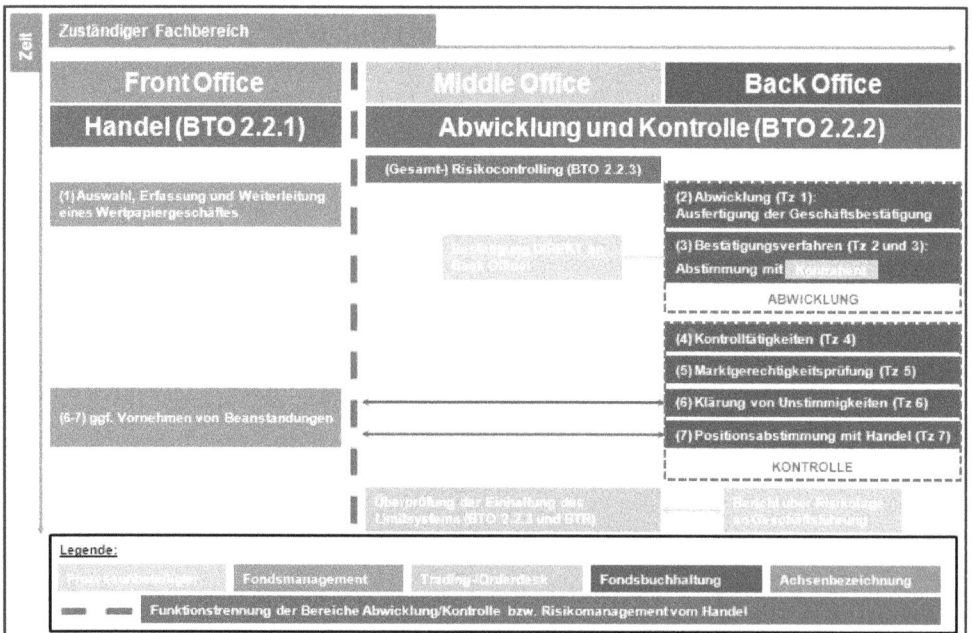

Abb. 4.5:   Darstellung der Funktionstrennung im Handelsgeschäft.
Quelle: Eisenmann (2012).

Die Abbildung zeigt die Funktionstrennung beim Handelsgeschäft im Investment Banking, welche Handel, Risikocontrolling und Abwicklung bzw. Kontrolle und die Bereiche „Front Office", „Middle Office" und „Back Office" umfasst. „Der Bereich Handel entspricht in der Abbildung dem Front Office und wird oftmals auch als „Treasury" bezeichnet. Hier werden sämtliche Finanztransaktionen abgeschlossen. Der zweite große Bereich umfasst die Abwicklung und Kontrolle, wobei das Risikocontrolling einen Teilbereich davon bildet. Mittlerweile sind die Funktionen und Aufgaben einer modernen Abwicklung und Kontrolle derart komplex, dass sich eine Trennlinie zwischen Risikocontrolling und Abwicklung kaum mehr ziehen lässt. In einigen Instituten sind beide Funktionen bereits zusammengefasst. Dennoch wird die Funktionstrennung oftmals noch so praktiziert, dass das Risikocontrolling im Middle Office beheimatet ist. Dieses ist für die Überwachung und Kommunikation sämtlicher Risiken verantwortlich. Da in den meisten Fällen dem sog. „Trading Desk" (in der Abb. als „Trading-/Orderdesk" bezeichnet) kein Entscheidungsspielraum eingeräumt wird, ist dieser auch nicht dem Fondsmanagement bzw. Handel zuzuordnen. Die Abwicklung und Kontrolle der Handelsgeschäfte liegt im Aufgabenbereich des Back Office. Diese Stelle ist mit der Durchführung und Dokumentation der im Handel geschlossenen Finanztransaktionen beauftragt."[171]

Mit den beiden vorangehenden Prozessbeispielen wird verdeutlicht, dass für Banken besonders hohe IC-Anforderungen bestehen, die anders als bei Industrieunternehmen durch Gesetze und Vorgaben von Aufsichtsbehörden vielfach auch im Detail konkret formuliert sind. Wegen der noch andauernden Euro- und Finanzkrise werden in der Öffentlichkeit weitere Regulierungen der Finanzmärkte diskutiert. Als „Basel III" wird schon bald eine weitere Stufe des europaweit gültigen „Rahmenkonzepts für interne Kontrollsysteme in Bankinstituten" erwartet, die insb. eine höhere Mindestkapitalausstattung der Banken verlangen wird. Außerdem wird z. B. politisch über die möglichst weltweite Einführung einer Finanztransaktionssteuer diskutiert, um insb. den Umfang spekulativer Derivatgeschäfte einzudämmen und die Banken an den Folgekosten der Finanzkrise zu beteiligen.

4.3   IT-Umsetzung des Internal Control (am Beispiel SAP-Finanzsystem)

SAP-Standardsoftware ist die am weitesten verbreitete Unternehmenssoftware für integrierte Businessanwendungen; sie wird insb. von den meisten Großunternehmen auch im Finanz- und Personalbereich eingesetzt. Die Ordnungsmäßigkeit und Sicherheit dieser Software wird auch durch Zertifizierungen der Wirtschaftsprüfer bestätigt. Zu beachten ist, dass das SAP-System die erforderlichen Schutzfunktionen IT-seitig bereits grundsätzlich bietet, für die ordnungsmäßige Anwendung im Unternehmen müssen aber dort die notwendigen anwenderspezifischen Einstellungen der Standardsoftware erfolgen.

Die SAP-Software-Anwendungen enthalten alle in der IT üblichen und notwendigen IT-gestützten Kontroll- und Sicherheitsmaßnahmen. Deshalb kann am Beispiel von SAP-Finanzsystemen die durch IT-Einsatz mögliche Umsetzung von Kontrollerfordernissen symptomatisch aufgezeigt werden. Die für ein funktionsfähiges Internal Control grundsätzlichen Funktionstrennungsanforderungen werden in SAP-Systemen v. a. durch ein detailliertes

---

[171] *Eisenmann* (2012), S. 24–25.

Transaktionskonzept realisiert, das durch differenzierte mitarbeiterorientierte Rollenmodelle mit Passwortschutz abgesichert ist.

Weil die SAP-Standardsoftware ein integriertes System ist, wird gewährleistet, dass alle Dateneingaben jeweils zwangsläufig „durchgebucht werden". D. h., dass im System durch automatisierte Schnittstellenkontrollen und Abstimmungen die Vollständigkeit und die Richtigkeit sichergestellt werden. Fehler bei der Dateneingabe werden soweit wie IT-technisch möglich schon bei der Datenerfassung durch entsprechende Plausibilitätsprüfungen verhindert. Die Vollständigkeitsprüfung der Buchungen wird durch zwangsläufige systeminterne Belegnummernvergabe unterstützt.

Als professionelle Standardsoftware sind SAP-Systeme sowohl IT-systemtechnisch als auch anwendungsorientiert bereits sehr detailliert und ausreichend dokumentiert. Weil für die Anwendung im jeweiligen Unternehmen aus der Vielzahl der SAP-Anwendungsmöglichkeiten jeweils die spezifische Ausprägung ausgewählt und konkret eingerichtet wird, muss aber natürlich auch die jeweils individuelle Systemeinstellung detailliert dokumentiert werden.

4.4   Internal Control am Unternehmens-Beispiel eines Autohauses

Die praktische Ausrichtung des Internal Control kann sehr gut anhand der Soll-Vorgaben eines typischen Unternehmens illustriert werden. Im **Anhang 1** ist dazu ein so genannter **Self-Audit-Fragebogen** angefügt, durch dessen Beantwortung die Führungskräfte eines Unternehmens eigenständig überprüfen können, ob in ihrem Unternehmen die wichtigsten IC-Grundlagen verwirklicht sind. Der Fragebogen ist für ein mittelständisches Autohaus mit KFZ-Neu- und -Gebrauchtwagenhandel sowie Werkstatt und Lager konzipiert, dessen Grundfunktionen jeder Autofahrer zumeist aus eigener Anschauung durch Fahrzeugkäufe und KFZ-Reparaturen kennt.

Der Fragebogen geht zunächst auf grundsätzliche Unternehmens-Geschäftsführungsfunktionen und auf die für das IC grundlegenden Buchhaltungsaufgaben ein; außerdem werden die wesentlichen Bereiche Verkauf, Werkstatt und Lager hinsichtlich ihrer IC-Erfordernisse vorgestellt. Letztere Vorgaben können in analoger Weise auch auf andere Unternehmensbranchen, insb. Produktionsunternehmen übertragen werden. Im Einzelnen deckt der Fragebogen folgende Unternehmensfunktionen ab:

A   Organisatorische Regelungen
B   Strukturorganisation (Funktionstrennung)
C   IT-Unterstützung
D   Risikomanagement
E   Corporate Identity (Erscheinungsbild, Prozessvorgaben)
F   Buchhaltung Allgemein (inkl. Belegwesen, Archivierung)
G   Kreditoren
H   Debitoren
I   Zahlungsverkehr
J   Kassenführung
K   Lohn-, Gehalts-Abrechnung

L   Reisekosten-Abrechnung
M   Controlling-Berichtswesen, Ergebnisanalyse
N   Einkauf
O   NW-Abwicklung (Neuwagen)
P   GW-Abwicklung (Gebrauchtwagen)
Q   KD-Abwicklung (Kundendienst)
R   ET-Abwicklung (Ersatzteile)
S   Gewährleistungsabrechnung

5 Fazit: Mitwirkung der Führungskräfte bei der IC-Umsetzung

In den beiden vorangehenden Kapiteln wurde erörtert, welche grundsätzlichen Möglichkeiten zur Sicherstellung des IC bestehen und welche Maßnahmen dazu in vielen, insb. großen Unternehmen i. d. R. ergriffen werden. In diesem letzten und abschließenden Kapitel wird das Internal Control speziell aus Sicht der Führungskräfte aller Hierarchieebenen hinsichtlich ihrer Möglichkeiten und Notwendigkeiten der Mitwirkung diskutiert.

Im Folgenden soll also gezeigt werden, wie FK aller Ebenen – vom Gruppenleiter bis zum Vorstand – bei den einzelnen IC-Maßnahmen persönlich mitwirken können und müssen.

Die Gliederung der IC-Maßnahmen orientiert sich an den vier grundsätzlichen IC-Gestaltungsinstrumenten:

- Konkretisierung organisatorische Regelungen
- Unterstützung Struktur-Maßnahmen
- Durchführung Prozess-Maßnahmen
- Umsetzung technische Absicherungs-Maßnahmen (insb. mit IT).

Am Ende eines jeden Abschnitts wird die persönliche Mitwirkungsnotwendigkeit von FK jeweils einheitlich, kurz und plakativ in kursiver Schrift zusammengefasst. Soweit es sinnvoll erscheint, wird bei den Mitwirkungsnotwendigkeiten auch die dafür jeweils vorrangig verantwortliche Managementebene hervorgehoben.

5.1 Mitwirkung bei der organisatorischen IC-Regelung

Wie bei den einzelnen IC-Instrumenten schon ausführlich und grundsätzlich erörtert wurde, müssen sowohl die für das Internal Control wichtigen Struktur- und Prozessmaßnahmen als auch viele ergänzende technische Kontroll-Absicherungen durch organisatorischen Regelungen als „Soll" für die internen Abläufe und Mitarbeiter jedes Unternehmens konkret vorgegeben und dokumentiert werden. Dazu müssen:

- Leitlinien, Organisationsrichtlinien und Arbeitsanweisungen unternehmensspezifisch erstellt werden,
- für alle Mitarbeiter angewiesen werden und dazu ein zwangsläufiger Zugang sichergestellt sein und
- das Internal Control insb. auch im Hinblick auf externe Anforderungen angemessen dokumentiert werden.

Dafür müssen von den Führungskräften aller Abteilungen und Gruppen für ihren jeweiligen Verantwortungsbereich die Arbeitsprozesse mit den notwendigen internen Kontrollen für ihre

Fachbereiche jeweils konkretisiert und für die jeweiligen Mitarbeiter im Detail vorgegeben werden.

Dementsprechend müssen im Hinblick auf die für das IC notwendigen Organisationsrichtlinien:

- *die Vorstände bzw. Geschäftsführer die unternehmensübergreifenden internen Richtlinien*
  - *unternehmensspezifisch erstellen,*
  - *sicher anweisen und*
  - *ausreichend dokumentieren (lassen),*
- *die Führungskräfte aller Bereiche für ihren Verantwortungsbereich jeweils die notwendigen Überwachungsprozesse*
  - *im Detail konzipieren,*
  - *ihre Einhaltung von allen Mitarbeitern konsequent einfordern*
  - *und angemessen dokumentieren.*

5.2   Unterstützung von IC-Struktur-Maßnahmen

Die für das Internal Control zuständigen Gremien und dafür speziell eingerichteten IC-Stellen benötigen die Unterstützung aller Führungskräfte. Abhängig von der jeweiligen Funktion und Hierarchieebene ergeben sich unterschiedliche IC-Aufgaben: Während die Einrichtung von Vorstand, AR, interner und externer Revision gesetzlich vorbestimmt ist, werden die anderen IC-Stellen von der jeweiligen Geschäftsführung unternehmensspezifisch entschieden und ausgelegt. Die Führungskräfte dieser speziellen Überwachungsstellen müssen deren spezielle Kontrollfunktion organisieren und ausführen; zu ihrem effektiven und effizienten Einsatz bedürfen aber auch die „Kontroll-Stellen" der Unterstützung aller Führungskräfte eines Unternehmens.

5.2.1   Zusammenarbeit mit dem Vorstand bzw. der Geschäftsführung

Obwohl die Unternehmensüberwachung laut AktG und HGB zunächst Aufgabe des Vorstands bzw. der Geschäftsführung ist, kann deren detaillierte Umsetzung in Form vielfältiger IC-Maßnahmen nur mit einer Delegation an die Führungskräfte eines Unternehmens erfolgen. Der Vorstand muss zwar die Kontrollgrundlagen schaffen und trägt die Gesamtverantwortung; in ihren jeweiligen Fachbereichen müssen die Führungskräfte aller Ebenen aber für die Konzeption und Anwendung des IC im Detail sorgen.

Wie aus unserem IC-Modell erkennbar ist, muss der Vorstand zunächst strukturelle Voraussetzungen schaffen. Die Beauftragung externer Wirtschaftsprüfer ist gesetzlich vorgeschrieben; über die Einrichtung interner Überwachungsstellen – z. B. Interne Revision oder Compliance-Stelle – entscheidet der Vorstand v. a. abhängig von Unternehmensbranche und -größe. Die Leiter dieser Überwachungsstellen – z. B. interne Revision – berichten i. d. R. direkt an den Vorstand.

Auch beim prozessorientierten IC muss die Geschäftsführung einige Instrumente – z. B. das Risikomanagement – zentral vorgeben, während die meisten Kontrollmaßnahmen fachbereichsbezogen von den dort jeweils verantwortlichen Führungskräften konzipiert und eingesetzt werden müssen.

Einrichtung und Betrieb technischer Absicherungsinstrumente erfolgen stark prozessbezogen. Der Vorstand muss die Durchführung dieser Maßnahmen deshalb weitgehend an die Fachbereiche und insb. die IT-Stelle des Unternehmens delegieren.

Entsprechend der jeweiligen Delegation sind die Führungskräfte aller Hierarchieebenen auch beim IC zunächst jeweils gegenüber ihrem nächst höheren Vorgesetzten und letztlich dem Vorstand gegenüber verantwortlich.

Hinsichtlich der IC-Aufgaben des Vorstands muss zwischen dessen eigener Aufgabenstellung und der Mitwirkung der Führungskräfte unterschieden werden:

- *Der Vorstand selbst muss eine angemessene Unternehmensüberwachung sicherstellen, indem er:*
    - *die dazu notwendigen grundsätzlichen IC-Organisationsrichtlinien konzipiert, dokumentiert und anweist,*
    - *die für das IC notwendigen Überwachungsstellen (z. B. Interne Revision) einrichtet und darin direkt unterstellte Fachbereichsleiter führt,*
    - *IC-Prozessmaßnahmen (z. B. das Risikomanagement) einrichtet oder deren Organisation und Anwendung delegiert,*
    - *den angemessenen Einsatz technischer IT-Unterstützungsmaßnahmen (insb. auch mit IT) delegiert und*
    - *dem Aufsichtsrat – auch zu Risikomanagement und Internal Control – berichtet.*
- *Die Führungskräfte müssen alle vom Vorstand delegierten IC-Aufgaben umsetzen, indem sie deren Einrichtung und Anwendung sicherstellen bzw. selbst durchführen.*
- *Insb. die Führungskräfte des Finanzbereichs müssen für das Rechnungswesen die gesetzlich vorgeschriebenen IC-Maßnahmen gewährleisten.*
- *Vornehmlich die Führungskräfte der IT müssen die notwendigen IT-gestützten Kontrollmöglichkeiten – auch für die IT-Systeme der Fachbereiche – sicher konzipieren und betreiben.*

5.2.2 Zusammenarbeit mit dem Aufsichtsrat und dem Prüfungsausschuss

Wie bereits erwähnt, ist in deutschen Aktiengesellschaften das sog. „Duale System" gesetzlich vorgeschrieben, bei dem der Vorstand die exekutive Verantwortung trägt und der AR für die Aktionäre die Überwachungsfunktion übernimmt. Die Vorgaben im Detail ergeben sich aus dem AktG, dem HGB und dem deutschen Corporate Governance Kodex. Deutsche Aktiengesellschaften sind dementsprechend wie folgt organisiert:

- Der **Vorstand** ist die oberste exekutive Leitung der Aktiengesellschaft.
- Der **Aufsichtsrat** überwacht den Vorstand.
- Zur Verstärkung der Überwachung benennt der Aufsichtsrat einen **Prüfungsausschuss**.

In Unternehmen mit anderen Rechtsformen – z. B. GmbH – ist das duale System zumeist geringer ausgeprägt. Die exekutive Leitung ist i. d. R. einem oder mehreren Geschäftsführern übertragen; deren Überwachung obliegt zumeist der jeweiligen Gesellschafterversammlung.

Gegenüber dem Aufsichtsrat ist von Gesetzes wegen zunächst nur der Vorstand – insb. auch hinsichtlich des Internal Control – direkt verantwortlich; alle anderen Führungskräfte des Unternehmens sind dem Aufsichtsrat nur indirekt im Rahmen der jeweils an sie delegierten Aufgaben verpflichtet.

Hinsichtlich der IC-Aufgaben des Aufsichtsrats muss zwischen dessen eigener Aufgabenstellung und der Mitwirkung von Vorstand und Führungskräften unterschieden werden:

- *Der Aufsichtsrat selbst hat folgende Internal Control-Aufgaben:*
    - *Er muss die Arbeit des Vorstands überwachen.*
    - *Er muss die Wirtschaftsprüfer beauftragen und den Jahresabschluss prüfen und freigeben.*
        - *Dazu muss er ggf. einen speziellen Prüfungsausschuss installieren, besetzen und anhören.*
        - *Er muss mit dem Prüfungsausschuss insb. das Risikomanagement und die IC-Maßnahmen prüfen und würdigen.*

- *Der Vorstand und alle Führungskräfte müssen mit dem Aufsichtsrat angemessen zusammenarbeiten.*
    - *(Wie schon dargestellt, muss der Vorstand an den Aufsichtsrat insb. auch zum Risikomanagement und Internal Control berichten.)*

- *Alle anderen Führungskräfte müssen im Rahmen der an sie delegierten IC-Aufgaben dem Aufsichtsrat bei Bedarf über ihre IC-Maßnahmen berichten.*

5.2.3   Zusammenarbeit mit dem Controlling

Wie bei der Unterscheidung der grundsätzlichen Überwachungsfunktionen bereits erwähnt wurde, kann das Controlling einen wichtigen Beitrag zur unternehmensinternen Überwachung leisten. Führungskräfte haben mit dem Controlling im Allgemeinen vielfältige Berührungspunkte, insb. bei der Planung, Budgetierung und Budgetkontrolle. Sie vermögen das Controlling darüber hinaus auch als betriebswirtschaftliche Berater zu nutzen. Besonders enge und regelmäßige Kontakte zum Controlling bestehen bei der monatlichen Budgetkontrolle; im Vorfeld dazu benötigen alle Führungskräfte die Mitwirkung von Controllern zumeist zwangsläufig auch bei Genehmigungsvorgängen zu Bestellanforderungen ihrer jeweiligen Fachabteilungen.

Für eine fruchtbare Zusammenarbeit müssen von den Führungskräften die an das Controlling delegierten Aufgaben im Führungsprozess akzeptiert werden; gleichzeitig können sie bei Bedarf die besondere betriebswirtschaftliche Kompetenz des Controllings nutzen.

Bei der Durchführung der Controlling-Aufgaben sind die Controller auf die Mitwirkung der Führungskräfte aller Ebenen angewiesen.

Entsprechend der Controlling-Aufgabenstellung und der zugehörigen internen Regelungen ergeben sich für die FK aller Bereiche folgende Aufgaben und Verantwortungen:

- *Der Vorstand oder die Geschäftsführer erstellen und genehmigen mit Unterstützung des Controllings die jährliche Langfristplanung und das Budget.*
- *An der Erstellung der Langfristplanung und des Budgets wirken funktionsorientiert ebenfalls auch alle anderen Führungskräfte mit; sie unterstützen in diesem Rahmen insb. auch die Erstellung der vom Aufsichtsrat zu genehmigenden Investitionsplanung.*

- *Alle Führungskräfte orientieren sich laufend an den Budgetvorgaben und überwachen ihren Verantwortungsbereich und ihre Mitarbeiter hinsichtlich Budgeteinhaltung.*
- *Entsprechend den jeweiligen Detailregelungen – z. B. für Bestellungen – holen die Führungskräfte vom Controlling die notwendigen finanzorientierten Beratungen und ggf. Genehmigungen ein.*

5.2.4   Zusammenarbeit mit der Compliance Organisation

V. a. in deutschen Großunternehmen wurde in den letzten Jahren zusätzlich auch eine explizite Compliance-Organisation unter Federführung zumeist des Rechtswesens eingerichtet. Die Compliance-Stelle soll verstärkt gewährleisten, dass innerhalb des Unternehmens alle gesetzlichen Vorgaben sicher eingehalten werden (= „Compliance"). Sie übernimmt dazu insb. die entsprechende Compliance-Schulung aller FK und Mitarbeiter. Bei der Sicherstellung der „Compliance" arbeitet diese Stelle eng auch mit der Internen Revision und mit den Ombudsmännern zusammen; die Aufgabe der internen – fallweisen – Kontrolle verbleibt aber bei der Internen Revision.

Führungskräfte haben mit der Compliance-Organisation Berührungspunkte v. a. bei ihrer persönlichen Compliance-Schulung und der entsprechenden Information und Fortbildung ihrer Mitarbeiter. Ergänzend zur zentralen Compliance-Stelle sind die Führungskräfte selbstverständlich auch dafür verantwortlich, dass sie selbst und ihre Mitarbeiter alle compliance-relevanten Vorgaben, vornehmlich externe Gesetzesnormen, für ihr spezielles Arbeitsgebiet vollständig kennen und beachten.

Entsprechend der jeweiligen internen Compliance-Organisation ergeben sich in den Unternehmen dabei folgende Aufgaben und Verantwortungen:

- *Sofern im Unternehmen eine zentrale Compliance-Organisation besteht, muss diese von allen Führungskräfte angemessen unterstützt werden, indem*
  - *die Compliance Stelle von den jeweiligen Führungskräften fach- und bereichsbezogen mit den entsprechenden Informationen versorgt und bei der Konzeption spezieller Compliance-Schulungen unterstützt wird,*
  - *die Führungskräfte für eine ausreichende zentrale Compliance-Schulung ihrer Mitarbeiter sorgen und*
  - *sie selbst an notwendigen zentralen Compliance-Schulungen teilnehmen.*

- *Alle FK müssen für ihren eigenen Verantwortungsbereich jeweils sicherstellen*
  - *dass Sie selbst dafür persönlich alle compliance-relevanten externen und internen Vorgaben jederzeit aktuell und vollständig kennen,*
  - *die dazu notwendigen Kenntnisse bei ihren Mitarbeitern durch entsprechende Information und Schulung bei jedem ihrer Mitarbeiter stellenbezogen sicherstellen und*
  - *soweit notwendig durch entsprechende strukturelle, prozessseitige und technische Maßnahmen (insb. auch des Internal Control) sicherstellen, dass alle Arbeitsabläufe ihres Fachbereichs compliance-orientiert sicher gestaltet sind.*

5.2.5   Zusammenarbeit mit der Internen Revision

Wie bei der Unterscheidung der grundsätzlichen Überwachungsfunktionen bereits erörtert wurde, ist die interne Revision im Rahmen der Unternehmensüberwachung für die nachträgliche – fallweise – interne Kontrolle zuständig. Im Unterschied zum Controlling, das bei der internen Überwachung prozessgebunden kontrolliert, steht bei der Revision die prozessunabhängige fallweise Einzelprüfung im Vordergrund. Um diese Aufgabe wahrnehmen zu können, steht der internen Revision ein uneingeschränktes Informationsrecht zu.

Führungskräfte haben Berührungspunkte mit der internen Revision regelmäßig bei der jährlichen Revisionsplanung und unregelmäßig abhängig von den ihre Fachabteilung ggf. betreffenden Prüfungen. Bei der Prüfungsplanung erwartet die interne Revision von den Führungskräften mindesten einmal jährlich Prüfungshinweise zu kritischen Vorgängen oder Prozessen, zu denen Prüfungen durch die Revision notwendig erscheinen. Im Falle konkreter Prüfungen wird von den Führungskräften entsprechend dem Informationsrecht der internen Revision eine kooperative Mitarbeit erwartet.

Entsprechend der Revisions-Aufgabenstellung und den zugehörigen internen Regelungen ergeben sich für die FK aller Bereiche folgende Aufgaben und Verantwortungen:

- *Der Vorstandsvorsitzende oder Geschäftsführer ist Vorgesetzter der Revision. Er genehmigt den Revisionsplan und beauftragt ggf. Sonderprüfungen.*
- *Sofern Geschäftsführern von Tochtergesellschaften örtliche Revisionsabteilungen zugeordnet sind, gelten die gleichen Rechte und Pflichten als Vorgesetzter der örtlichen internen Revision. Die örtlichen Revisionsleiter berichten aber immer zusätzlich – fachlich (als „dotted-line") – auch an den Leiter einer eventuellen übergeordneten Konzernrevision.*
- *Alle Führungskräfte müssen die interne Revision bei speziellen Prüfungen unterstützen, indem sie*
  - *bei Prüfungen mitwirken und uneingeschränkt informieren,*
  - *zu Entwürfen von Revisionsberichten i. d. R. innerhalb zwei Wochen Stellung nehmen und*
  - *von der Revision empfohlene Maßnahmen umsetzen und dazu innerhalb vier Wochen über den jeweiligen Vorstandsvorsitzenden mit Kopie an Revision berichten.*
- *Alle Führungskräfte sollten die Revision generell unterstützen, indem sie*
  - *insb. am Jahresende Prüfungsvorschläge für das Folgejahr einbringen*
  - *und/oder ggf. Hinweise auf Unregelmäßigkeiten und Unwirtschaftlichkeiten weitergeben.*

5.2.6   Zusammenarbeit mit dem Ombudsmann

Viele große Unternehmen haben in den letzten Jahren ein spezielles Antikorruptions-System mit einer Ombudsmann-Organisation eingerichtet, die i. d. R. mit der internen Revision eng zusammenarbeitet. Damit besteht für alle Führungskräfte und Mitarbeiter eine – neutrale, geheime – Informationsmöglichkeit zu Unregelmäßigkeiten auch unabhängig von den normalen Hierarchiewegen.

Mit Ombudsmännern und zugehörigen Gremien wird über die Einschaltung neutraler externer Rechtsanwälte insb. sichergestellt, dass Hinweise auf Unregelmäßigkeiten (Denunziationen) vertraulich und sicher gehandhabt werden. Die Führungskräfte sollten diese Informationsmöglichkeiten kennen und im Interesse der Aufklärung aller für das Unternehmen kritischen Vorgänge auch fördern. Zu dieser Thematik gehört auch die regelmäßige Einholung von Informationen zu persönlichen Interessenkonflikten aller Mitarbeiter, die erstmals bei der Einstellung offiziell erfragt und bei Änderungen der persönlichen Lebensumstände aktualisiert werden sollte.

Entsprechend den jeweiligen internen Regelungen ergeben sich in den Unternehmen dabei folgende Aufgaben und Verantwortungen:

- *Alle Führungskräfte unterstützen die Korruptionsbekämpfung, indem sie für ihre Mitarbeiter*
  - *die Information über Unregelmäßigkeiten fördern und*
  - *die vollständige Erklärung von Interessenkonflikten gewährleisten.*

- *Alle Führungskräfte unterstützen das System auch persönlich, indem sie*
  - *über ihnen persönlich bekannt gewordene Unregelmäßigkeiten informieren und*
  - *auch für sich selbst alle Interessenkonflikte vollständig angeben.*

5.2.7 Zusammenarbeit mit dem Werkschutz

Berührungspunkte mit Werkschutz und -sicherheit bestehen für Führungskräfte sowohl persönlich als auch für ihre Mitarbeiter. Ergänzend zu zentralem Werkschutz/-sicherheit haben Führungskräfte entsprechende Aufgaben natürlich immer auch für ihren eigenen Bereich, d. h. sie sind in ihrem speziellen Arbeitsumfeld selbstverständlich zunächst immer selbst für die physische Sicherung und Geheimhaltung verantwortlich; dazu mögliche und notwendige IC-Maßnahmen werden auch bei den „technischen" IC-Instrumenten noch erwähnt.

Entsprechend der jeweiligen Ausprägung des zentralen Werkschutzes im Unternehmen ergeben sich für Führungskräfte dazu folgende Aufgaben und Verantwortlichkeiten:

- *Hinsichtlich der Zusammenarbeit mit dem zentralen Werkschutz bestehen für Führungskräfte Pflichten hinsichtlich Zugangskontrolle und Geheimhaltung in Bezug auf die eigene Person und auf ihre Mitarbeiter:*
- *Auch Führungskräfte müssen für sich persönlich die vom Werkschutz verlangten Maßnahmen einrichten und beachten.*
- *Für ihre Mitarbeiter müssen sie die Einhaltung dieser Sicherheitsmaßnahmen jeweils sicherstellen und überwachen.*
- *Bei notwendigen Sicherheitsrecherchen des Werkschutzes, wie z. B. bei Diebstählen, müssen die Führungskräfte deren Aufklärung unterstützen.*
- *Sofern nicht durch Maßnahmen des zentralen Werkschutzes abgedeckt, müssen die Führungskräfte physische Sicherungen und Geheimhaltung für ihren Bereich prozessabhängig sicherstellen, indem sie:*
  - *die dazu jeweils notwendigen Sicherungsmaßnahmen konzipieren und einrichten (lassen) und*
  - *deren ordnungsgemäße Handhabung durch ihre Mitarbeiter sicherstellen und angemessen überwachen.*

5.2.8   Zusammenarbeit mit der Externen Revision (Wirtschaftsprüfung)

Nach deutschem Aktien- und Handelsrecht muss der Jahresabschluss von externen Wirtschaftsprüfern oder Steuerberatern geprüft und testiert werden; Wirtschaftsprüfer werden dazu vom AR bestellt.

Im Rahmen der Prüfungspflicht müssen die Wirtschaftsprüfer insb. auch die Wirksamkeit des internen Kontrollsystems und des Risikomanagements beurteilen. Zum Jahresende müssen die Wirtschaftsprüfer den Jahresabschluss in allen Teilen dem Prüfungsausschuss des AR vorstellen und abnehmen lassen.

Um ihre Aufgabe wahrnehmen zu können, steht den Wirtschaftsprüfern – wie der internen Revision – ein uneingeschränktes Informationsrecht zu. Im Bedarfsfall müssen die Führungskräfte aller Ebenen – vornehmlich aus dem Finanzbereich – die Wirtschaftsprüfer in ihrer Arbeit unterstützen.

Entsprechend den gesetzlichen Vorgaben müssen die externen Wirtschaftsprüfer seitens der Führungskräfte des Unternehmens wie folgt unterstützt werden:

- *Der Vorstand, insb. der Finanz-Vorstand koordiniert die externe Prüfungstätigkeit und unterzeichnet den von den Wirtschaftsprüfern testierten Jahresabschluss.*
- *Die Geschäftsführer von Tochtergesellschaften mit eigenständiger Jahresabschlussnotwendigkeit unterstützen die externe Prüfung jeweils in gleicher Weise für ihre jeweilige Tochtergesellschaft.*
- *Alle Führungskräfte – insb. in der „Finanz" – müssen die externen Wirtschaftsprüfer – bedarfsweise – bei der externen Prüfung unterstützen, indem sie*
  - *bei Prüfungen mitwirken und uneingeschränkt informieren,*
  - *ggf. zu Wirtschaftsprüfer-Anmerkungen termingerecht Stellung nehmen und ggf. notwendige Maßnahmen termingerecht umsetzen.*

Von den Wirtschaftsprüfern muss insb. auch das Risikomanagement der Unternehmen geprüft werden. Die dabei notwendige Mitwirkung aller Führungskräfte wird beim prozessbezogenen IC-Abschnitt „Mitwirkung beim Risikomanagement" dargestellt.

5.3   Durchführung von Prozess-Maßnahmen

Bei den IC-Prozessmaßnahmen müssen die Führungskräfte in ihrem jeweiligen Aufgabenbereich für die Einrichtung und Durchführung sorgen. Beim Risiko-Management ist nur eine temporäre Mitwirkung nötig; bei allen anderen Prozess-Kontrollmaßnahmen ist eine bereichs- bzw. abteilungsbezogene spezielle Ausführung im jeweiligen Verantwortungsbereich erforderlich, die die Führungskräfte nicht nur organisieren, sondern bei der Mitarbeiterkontrolle teilweise auch persönlich laufend übernehmen müssen.

5.3.1   Sicherstellung der Funktionstrennung und Genehmigungswege

Wie schon grundsätzlich dargestellt wurde, sind Funktionstrennung und Wahrung des Vier-Augen-Prinzips die bei weitem wichtigsten Maßnahmen zur Realisierung eines funktionsfähigen IC-Systems im Unternehmen.

Die Funktionstrennung im Unternehmen wird teilweise bereits auf hoher struktureller Ebene durch die Einrichtung gesonderter Stellen (z. B. Finanz, zentraler Einkauf) von der Geschäftsführung etabliert. Sie muss insb. im Finanzbereich jeweils bereichsbezogen ergänzt (z. B. Trennung Haupt- und Nebenbuchhaltungen) und in kritischen Bereichen auch prozessseitig verfeinert werden (z. B. getrennte Stammdateneinrichtung). Es ist Aufgabe der jeweiligen Führungskraft in ihrem Verantwortungsbereich, die Funktionstrennung und das Vier-Augenprinzip abhängig vom Risiko der Detailprozesse einzurichten, anzuwenden und zu überwachen. Bei IT-gestützten Abläufen muss natürlich auch die IT-seitige Absicherung der Funktionstrennung und des Vier-Augen-Prinzips sichergestellt werden.

Der Grad der notwendigen und möglichen Funktionstrennung ist sehr prozess-, branchen- und größenabhängig. Bei kritischen Prozessen v. a. des Zahlungsverkehrs ist ein Höchstmaß an Funktionstrennung und Vier-Augen-Prinzip notwendig. Dementsprechend erfolgt im Finanzsektor bei Banken und Versicherungen eine starke Prozessabsicherung durch Einschaltung mehrerer Stellen. Weil in großen Unternehmen in kritischen Bereichen, wie z. B. im Rechnungswesen, wesentlich mehr Mitarbeiter vorhanden sind, muss und kann dort die Funktionstrennung von den Führungskräften auch wesentlich stärker ausgeprägt werden.

Entsprechend den jeweiligen internen Richtlinien zur Leitungs- sowie externen/internen Unterschriftenregelung und zusätzlichen Arbeitsanweisungen für bestimmte Geschäftsvorfälle ergeben sich hinsichtlich Funktionstrennung und Genehmigungshandhabung in den Unternehmen folgende Aufgaben und Verantwortungen:

- *Der Vorstand muss im Unternehmen für kritische Funktionen (z. B. Rechnungswesen, Einkauf) die notwendige Funktionstrennung bzw. das Vier-Augenprinzip grundsätzlich einrichten und durch entsprechende Richtlinien dokumentieren (lassen).*
- *Führungskräfte müssen in ihrem Verantwortungsbereich prozessabhängig die notwendige Funktionstrennung oder das Vier-Augenprinzip einrichten (lassen).*
- *Alle Führungskräfte dürfen Geschäftsvorgänge (status- und funktionsabhängig) nur entsprechend den generellen Leitungs- und Unterschriftenregelungen sowie gemäß den prozessbezogenen Einzel-Regelungen (z. B. zu Bestellungen) veranlassen, genehmigen und unterzeichnen. Dabei sind die bereichsübergreifenden bzw. bereichsspezifischen Funktionstrennungen zu beachten und bei externen Verpflichtungen in aller Regel mindestens zwei Unterschriften (Vier-Augen-Prinzip) vorzusehen.*
- *Die Führungskräfte sind natürlich auch dafür verantwortlich, ihre Mitarbeiter entsprechend den internen Vorgaben anzuleiten und ggf. zu kontrollieren.*
- *Beim Vorgang „Bestellungen" müssen die FK z. B. für sich bzw. ihre Mitarbeiter hinsichtlich Funktionstrennung und Genehmigungswegbeachtung sicherstellen, dass*
  - *die jeweilige FK (statusabhängig) selbst nur bis zu bestimmten Wertgrenzen zeichnet,*
  - *ggf. (wertabhängig) höhergestellte Vorgesetzte zur Genehmigung eingeschaltet werden,*
  - *ggf. (wertabhängig) das Controlling zusätzlich genehmigt,*
  - *die Bestellung nur über den Einkauf erfolgt und*
  - *vor Zahlung eine Wareneingangskontrolle durch „Wareneingang" erfolgt.*

5.3.2 Wahrnehmung von prozessbezogenen Einzelkontrollen als Vorgesetzter

Die Funktionstrennung und die Genehmigungsregelungen werden durch zahlreiche weitere Kontrollmöglichkeiten und -notwendigkeiten – z. B. Abstimm-, Plausibilitätsprüfungen oder Einzelkontrollen durch Vorgesetzte – ergänzt, die prozessbezogen für bestimmte Geschäftsablaufe eingerichtet und mit bereichsübergreifenden ORL oder bereichsspezifischen Arbeitsanweisungen vorgegeben werden.

Viele dieser prozessseitigen Kontrollen können und müssen von den Führungskräften in die Arbeitsabläufe integriert werden; sie müssen dann von den jeweiligen Mitarbeitern – möglichst zwangsläufig – beachtet und durchgeführt werden. Zusätzlich ist es aber auch eine grundsätzliche Aufgabe jeder Führungskraft, ihre Mitarbeiter angemessen zu kontrollieren. Umfang und Intensität dieser Vorgesetztenkontrolle sind abhängig von der Risikobehaftetheit der jeweiligen Arbeitsprozesse und von der Kompetenz der Mitarbeiter bzw. des Vertrauens der Führungskraft. Bei kritischen (Zahlungs-)Prozessen muss der Vorgesetzte intensiver mitwirken und häufiger kontrollieren als bei unkritischen Routinevorgängen. Bei kompetenten Mitarbeitern muss der Vorgesetzte i. d. R. weniger kontrollieren als bei unerfahrenen Anfängern. Letztlich muss jeder Vorgesetze in Abhängigkeit vom Einzelfall und Vertrauen entscheiden, wie weit seine persönlichen Kontrollen gehen, um die grundsätzlich bei ihm persönlich liegende Aufgabenverantwortung seines Tätigkeitsfeldes zu übernehmen.

Entsprechend den für bestimmte Geschäftsvorgänge jeweils gültigen speziellen Richtlinien und/oder Arbeitsanweisungen ergeben sich hinsichtlich prozessbezogener Kontrolle folgende Aufgaben:

- *Alle Führungskräfte müssen – prozessbezogen – die für ihre Bereichsabläufe jeweils notwendigen Kontrollen erkennen und einrichten, indem sie die für den jeweiligen Prozess jeweils möglichen und notwendigen Kontrollen ablaufmäßig und ggf. IT-mäßig konzipieren und einrichten (lassen).*
- *Alle Führungskräfte müssen – prozessbezogen – die für ihren Bereich bzw. ihre Funktion jeweils angewiesenen Kontrollen tatsächlich anwenden, indem sie*
    - *die Kontrollen entweder selbst durchführen, insb. wenn sie als ureigene Aufgabe der FK angelegt sind (z. B. bei der Reisekostenabrechnungskontrolle von Mitarbeitern), und/oder*
    - *die Kontrollen an ihre Mitarbeiter delegieren und hinsichtlich Durchführung angemessen überwachen.*
- *Beim Vorgang „Bestellungen" müssen die FK z. B. für sich bzw. ihre Mitarbeiter hinsichtlich der notwendigen prozessbezogenen Kontrollen sicherstellen,*
    - *im Fachbereich, dass die Bestellungen wirtschaftlich erforderlich sind,*
    - *im Controlling, dass die Wirtschaftlichkeit und Budgetdeckung gewährleistet sind,*
    - *im Einkauf, dass eine ausreichende Angebotseinholung und regelgerechte Vergabe erfolgen,*
    - *im Wareneingang, dass eine ausreichende Wareneingangsprüfung erfolgt und*
    - *in der Finanz, dass vor Zahlung eine ausreichende Rechnungsprüfung hinsichtlich sachlicher und preislicher Richtigkeit erfolgt.*

5.3.3 Mitwirkung beim Risikomanagement

Wie bei den externen Vorgaben schon ausgeführt wurde, fordert das AktG von den Unternehmen explizit die Etablierung und Anwendung eines systematischen Risikomanagements. Insb. große Unternehmen haben umfassende Risikomanagementsysteme, die sie durch entsprechende interne Organisationsrichtlinien anweisen und dokumentieren. Die systematische Risikoanalyse erfolgt mindestens einmal jährlich; sie wird zumeist durch das Controlling und auch die Revision unter Beteiligung aller Fachbereiche durchgeführt; alle Führungskräfte haben dabei mitzuwirken.

Entsprechend den gesetzlichen Vorgaben und internen Regelungen ergeben sich zum Risikomanagement folgende Aufgaben und Verantwortungen:

- *Der Vorstand priorisiert die für das Unternehmen relevanten Top-Risiken und berichtet dazu an den Aufsichtsrat und im jährlichen Geschäftsbericht.*
- *Die Bereichsleiter und die Geschäftsführer aller Tochtergesellschaften erstellen für ihre Bereiche bzw. Unternehmen jeweils den jährlichen Risikobericht und „übermitteln" jeweils die Top-Risiken an die Muttergesellschaft.*
- *Die Leiter der für das Risikomanagement relevanten wichtigsten Bereiche (zumeist Controlling und/oder Interne Revision) analysieren und bewerten die wichtigsten Risiken mit den notwendigen Maßnahmen.*
- *Alle Führungskräfte wirken an der Risikoanalyse mit und melden bei der jährlichen Risikoerhebung ggf. vornehmlich neu auftretende Risiken.*
  Alle Führungskräfte wirken funktionsorientiert auch laufend an der Umsetzung der festgelegten Risiko-Abstellmaßnahmen mit.
- *Controlling und Revision organisieren und überwachen die jährliche Risikoanalyse.*
- *In Gesellschaften mit dauerhaft eingerichteten Risikoteams wirken die beteiligten Führungskräfte an der laufenden Risikoanalyse und -bearbeitung mit.*

5.3.4 Nutzung des (Kontroll-orientierten) Berichtswesen

Die Führungskräfte eines Unternehmens können in ihrem Bereich ein internes Berichtswesen einrichten und anwenden, das neben Planungs- und Steuerungsaufgaben auch internen Kontrollzwecken dient.

Außerdem sind sie in ein unternehmensweites Berichtswesen eingebunden, das überwiegend vom Controlling aufgebaut, bereitgestellt und überwacht wird; neben jahresbezogenen Ergebnisberichten sind in erster Linie monatsbezogene Budget-Ist-Abgleichberichte üblich, mit denen die FK regelmäßig die Kostenentwicklung kontrollieren können. I. d. R. erfolgen Planung und Abweichungsanalyse in enger Zusammenarbeit von Fachbereichsmanagement und zuständigem Controller.

Auch die Ausgestaltung des Berichtswesens ist sehr branchen- und größenabhängig; in finanzorientierten Bereichen und in großen Unternehmen sind zumeist kontrollorientierte Berichte besonders ausgeprägt. Die Art der verwendeten Berichte hängt sehr stark von den Fachbereichserfordernissen ab; während im Finanzbereich buchhaltungsorientierte Berichte vorherrschen, liegt z. B. in Produktion und Entwicklung von Industrieunternehmen der Fokus auf Material- und Arbeitszeitkosten.

Entsprechend den für alle Führungskräfte gültigen finanziellen Steuerungsgrundsätzen des jeweiligen Unternehmens ergeben sich zur berichtsorientierten Kontrolle folgende Mitwirkungspflichten der FK:

- *Alle Führungskräfte müssen die bereitgestellten kontrollorientierten Berichte nutzen, indem sie*
  - *aufgezeigte Abweichungen zur Kenntnis nehmen und analysieren und*
  - *ggf. Gegensteuerungsmaßnahmen einleiten.*
  - *Insb. in Bezug auf die monatlichen Budgetkontrollberichte müssen sie z. B.*
    - *die Gründe für Kostenabweichungen aufklären und*
    - *ggf. Gegensteuerungsmaßnahmen veranlassen.*

- *Abhängig von den Fachbereichserfordernissen (z. B. im Qualitätsbereich) können und müssen die Führungskräfte für ihre Belange auch kotrollorientierte Berichte eigenständig einrichten, deren Anwendung sie anweisen und überwachen.*

5.3.5   Sicherstellung von systemimmanenten Kontrollen

Systemimmanente Kontrollen sind zwangsläufige, integrale Bestandteile spezieller Prozesse (z. B. der Doppik in Buchhaltungssystemen) und/oder vieler IT-Systeme bzw. –Techniken (z. B. Schichtenmodell und automatisierte Datenabstimmung bei der Datenübertragung). Verantwortlich für ihre Konzipierung und Verwendung sind die verantwortlichen Fachabteilungen (z. B. Leiter Rechnungswesen) und insb. die Führungskräfte der IT-Stellen.

Die richtige Handhabung dieser systemimmanenten Kontrollen muss von den dafür zuständigen Führungskräften (insb. in der IT) organisiert und überwacht werden:

- *Alle Führungskräfte müssen hinsichtlich der in ihrem Fachbereich relevanten Prozesse dafür sorgen, dass*
  - *die dafür möglichen und angemessenen systemimmanenten IC-Maßnahmen eingerichtet werden und*
  - *von ihren Mitarbeitern konsequent genutzt werden.*
- *Insb. die Führungskräfte des Finanzbereichs müssen die speziell für eine ordnungsmäßige Buchhaltung üblichen systemimmanenten Kontrollen sicherstellen und überwachen.*
- *Insb. die Führungskräfte der IT müssen die beim Einsatz von Informationstechnologie weltweit gültigen, teilweise automatisierten Sicherheitsstandards – auch für die IT-Systeme der Fachbereiche – angemessen installieren und betreiben.*

5.3.6   Gewährleistung der Job Rotation

Wie schon erläutert wurde, muss in sicherheitskritischen Bereichen, wie z. B. im Einkauf oder im Bereich Finanz, eine regelmäßige Job Rotation erfolgen. Diese Maßnahmen können sowohl die Führungskräfte selbst als auch ihre Mitarbeiter betreffen.

Um in kritischen Bereichen das Internal Control zusätzlich zu unterstützen, müssen die dortigen Führungskräfte sicherstellen, dass

- *Mitarbeiter (auch Führungskräfte) in „gefährdeten" Bereichen bzw. Funktionen mindestens alle drei bis fünf Jahre entweder*

- *innerhalb ihres Fachbereichs andere Arbeitsumfänge (z. B. andere Kunden- oder Lieferantengruppen) ausführen oder*
- *vollständig andere Aufgaben in einer anderen Abteilung übernehmen.*

5.4 Umsetzung der ergänzenden „technischen" Absicherungs-Maßnahmen

Auch bei den ergänzenden „technischen" Absicherungsmaßnahmen müssen die Führungskräfte in ihrem jeweiligen Aufgabenbereich für die konkrete Einrichtung und Anwendung sorgen. Die IT-seitige Absicherung ist sehr stark von der jeweiligen IT-Durchdringung der jeweiligen Verantwortungsbereiche abhängig; sie muss insb. die prozessseitige Funktionstrennung auch systemseitig sicherstellen; vgl. auch die später dargestellten automatisierten IT-Abstimmungen. Papiermäßige Absicherungen des IC sind v. a. in sog. Verwaltungsabteilungen üblich und physische Absicherungen betreffen vorrangig Logistik/Produktion und bestimmte Finanzbereiche, wie insb. auch das Kassenwesen.

Bei den technischen IC-Maßnahmen ist die Branchenzugehörigkeit des jeweiligen Unternehmens besonders bedeutsam. Weil die angemessene Ausprägung dieser Kontrollinstrumente sehr stark von den Detailprozessen abhängt, sind für Installation und Betrieb dieser IC-Maßnahmen vorrangig die Führungskräfte auf der unmittelbaren Ausführungsebene zuständig.

5.4.1 Gewährleistung der IT-seitigen Absicherung

Nachdem heute praktisch alle Unternehmensprozesse nur noch mit IT-Systemen abgewickelt werden, müssen und können die meisten Überwachungs- und Sicherungsfunktionen auch IT-seitig unterstützt werden. Obwohl die IT-Systeme von den jeweiligen IT-Abteilungen entwickelt und betrieben werden, sind für die ordnungsgemäße Anwendung letztlich doch immer die Führungskräfte der nutzenden Bereiche verantwortlich. Demensprechend müssen die Führungskräfte auch die IT-seitige Absicherung ihrer Prozesse gewährleisten.

5.4.1.1 Einrichtung der IT-Zugriff-Absicherung mit Passwort-Schutz

Die für das Internal Control vorrangigen Funktionstrennungsmaßnahmen müssen IT-seitig durch entsprechende Zugriffsabsicherungen realisiert werden. Diese IT-Zugriffsabsicherungsmethoden unterstützen sowohl die notwendigen abteilungsübergreifenden Funktionstrennungen als auch die Separierung der Genehmigungs-Schritte nach dem Vier-Augen-Prinzip.

Für die sichere Funktionsweise sind neben der IT-Abteilung die für die jeweilige Anwendung verantwortlichen Führungskräfte der nutzenden Abteilung verantwortlich.

Die richtige Handhabung der IT-Zugriffsabsicherungen muss von den Führungskräften unterstützt und kontrolliert werden:

- *Alle Führungskräfte müssen hinsichtlich ihrer Mitarbeiter dafür sorgen, dass*
  - *die Mitarbeiter jeweils nur die für ihre Funktion notwendigen Zugriffsberechtigungen erhalten,*

- *bei Prozessen nach dem Vier-Augen-Prinzip die entsprechenden zwangsläufigen Genehmigungsprozeduren angelegt sind,*
- *die Mitarbeiter ihre Passwörter geheim halten und nicht mit anderen teilen (um Missbrauch zu vermeiden),*
- *die Mitarbeiter ihre Passwörter entsprechend den Vorgaben anlegen und fristgemäß ändern.*

• *Jede Führungskräfte muss hinsichtlich ihrer eigenen Zugriffsberechtigungen gewährleisten, dass*
- *die nur den Vorgesetzen zustehenden Funktionen (insb. Genehmigungen) selbst wahrgenommen werden und nicht delegiert werden (z. B. an Sekretärin),*
- *ihre persönlichen Passwörter geheim gehalten werden und nicht an Mitarbeiter oder Kollegen weitergegeben werden und*
- *ihre Passwörter entsprechend den Vorgaben erstellt und fristgemäß geändert werden.*

5.4.1.2   Nutzung von IT-gestützten Abstimmungen

Bei IT-gestützten Prozessen werden notwendige Kontroll-Abstimmungen system- bzw. programmseitig durchgeführt. Obwohl die IT-Realisierung und der Betrieb durch die IT-Stellen erfolgen, obliegt die Prozessverantwortung weiterhin den zuständigen Führungskräften der systemanwendenden Fachabteilungen.

Die richtige Handhabung der IT-Abstimmungserfordernisse muss von den dafür zuständigen Führungskräften organisiert und kontrolliert werden:

• *Abhängig von den Prozesserfordernissen müssen die Führungskräfte die notwendigen automatisierten oder manuellen Abstimmungen einrichten (lassen) und anweisen.*
- *Alle Führungskräfte müssen hinsichtlich ihrer Mitarbeiter dafür sorgen, dass die Mitarbeiter die notwendigen Abstimmungsarbeiten jeweils vollständig, richtig und termingerecht durchführen,*
- *Bestimmte Führungskräfte müssen im Einzelfall die Abstimmungen selbst kontrollieren und genehmigen und*
- *insb. die Führungskräfte in der Finanz müssen die buchhaltungsrelevanten Abstimmungen gewährleisten:*
     o *die monatlichen Kontenabstimmungen v. a. zwischen Haupt- und Nebenbuchhaltungen,*
     o *die zumeist jährlichen Saldenabstimmungen mit Banken, Lieferanten und Kunden,*
     o *die Zahlungstransfers mit den Banken.*

5.4.1.3   Sicherstellung der IT-gestützten (Plausibilitäts-)Kontrollen

Auch bei IT-gestützten (Plausibilitäts-)Kontrollen erfolgen die IT-Realisierung und der Betrieb durch die IT-Stellen. Die Prozessverantwortung dafür verbleibt bei den zuständigen Führungskräften der systemanwendenden Fachabteilungen.

Die richtige Durchführung der IT-Einzel-Kontrollen muss von den FK organisiert und überwacht werden:

- *Abhängig von den Prozesserfordernissen müssen die Führungskräfte die notwendigen IT-Kontrollen in ihren Systemen von den IT-Stellen einrichten (lassen).*
  - *Alle Führungskräfte müssen hinsichtlich ihrer Mitarbeiter dafür sorgen, dass die Mitarbeiter die notwendigen Einzel-Kontrollen jeweils vollständig, richtig und termingerecht durchführen.*
  - *Bestimmte Führungskräfte müssen im Einzelfall die ihnen persönlich obliegenden IT-Kontrollen selbst vollständig, richtig und termingemäß erledigen.*

5.4.1.4   Wahrung von Datenschutz und -sicherung

Weil im Informationszeitalter die meisten Daten IT-seitig erfasst und gespeichert werden, müssen sie gegen ungerechtfertigte Nutzung geschützt und vor Zerstörung durch dauerhafte Speicherung gesichert werden. Obwohl Datenschutz und -sicherung vorrangig Aufgabe der IT-Abteilungen sind, müssen auch hier die Führungskräfte der verantwortlichen Anwenderfachbereiche mitwirken, indem sie ihrer Teilverantwortung dafür gerecht werden.

IT-Datenschutz und -Sicherung müssen von den Führungskräften unterstützt und überwacht werden:

- *Abhängig von den Prozesserfordernissen müssen die Führungskräfte notwendige IT-Datenschutz und –sicherungsmaßnahmen in ihren Systemen von den IT-Stellen einrichten (lassen).*
- *Führungskräfte müssen hinsichtlich ihrer Mitarbeiter dafür sorgen dass,*
  - *die notwendigen Geheimhaltungs- und Datenschutzverpflichtungen von internen Mitarbeitern bei Einstellung und von externen Mitarbeitern vor erster Beschäftigung mit Unterschrift bestätigt werden,*
  - *die internen und externen Mitarbeiter ihre Systeme, PCs und Laptops hinsichtlich Zugriffabsicherung durch Dritte entsprechend den Sicherheitsvorgaben ordnungsgemäß handhaben und insb. genutzte Laptops ausreichend absichern lassen.*
  - *die Mitarbeiter vertrauliche Daten vertraulich behandeln und*
  - *wichtige, aufbewahrungsnotwendige Daten sicher gespeichert werden.*
- *Führungskräfte müssen hinsichtlich der von ihnen persönlich genutzten Systeme und PCs wie ihre Mitarbeiter handeln.*

5.4.2   Nutzung der „papiermäßigen" Absicherung

Weil bei vielen Prozessen auch im IT-Zeitalter noch Papier-Dokumente und Belege eingesetzt werden, müssen auch diese Abläufe sicher organisiert sein und die gesetzlich vorgeschriebene Archivierung abhängig von den eingesetzten Technologien angemessen gewährleistet werden. Die für solche Prozesse verantwortlichen Führungskräfte sollten die Möglichkeiten der „papiermäßigen" Absicherung kennen und sie für notwendige Kontrollen in ihrem Verantwortungsbereich angemessen einsetzen.

5.4.2.1   Einhaltung von formulargestützten Abläufen

Wenn interne Abläufe weiterhin noch mit papierbezogenen Formularen abgewickelt oder (IT-Systeme) hiermit ergänzt werden (z. B. bei Mehrarbeits- oder Investitions-Anträgen), dann erfolgt deren Gestaltung zumeist direkt durch die entsprechenden Fachbereiche ggf. in Zusammenarbeit mit der Organisationsabteilung.

Die mit formulargestützten Abläufen vorhandenen IC-Möglichkeiten, insb. die Einhaltung des Vier-Augen-Prinzips bei Genehmigungsvorgängen, müssen von den für solche Prozesse verantwortlichen Führungskräften sicher konzipiert und hinsichtlich ihrer Einhaltung überwacht werden.

Auch die ordnungsgemäße papiergestützte Prozessorganisation muss von den Führungskräften organisiert und überwacht werden:

- *Die Führungskräfte müssen hinsichtlich der in ihrem Fachbereich relevanten Prozesse die dafür möglichen und notwendigen formulargestützten Abläufe einrichten und anweisen (lassen).*
- *Alle Führungskräfte müssen hinsichtlich ihrer Mitarbeiter dafür sorgen dass,*
  - *die Mitarbeiter die Vorgaben formulargestützter Abläufe einhalten, insb. die notwendigen Genehmigungen einholen,*
- *Jede Führungskraft muss bezüglich persönlicher Mitwirkung sicherstellen, dass*
  - *in formulargestützten Abläufen die persönlichen Arbeitsschritte selbst abgezeichnet werden.*

5.4.2.2   Nutzung von Vordrucken im internen und externen Schriftverkehr

Wenn für den externen und internen Schriftverkehr noch Vordrucke verwendet werden, die zu Kontrollzwecken vornummeriert sind und die die Einhaltung von Formvorschriften erzwingen sollen, dann sind für deren Einsatz die fachbezogenen Führungskräfte verantwortlich.

Die ggf. notwendige Verwendung von Vordrucken muss von den Führungskräften organisiert und überwacht werden:

- *Die Führungskräfte müssen hinsichtlich der in ihrem Fachbereich relevanten Prozesse die dafür möglichen und notwendigen Vordrucke erstellen (lassen).*
- *Alle Führungskräfte müssen hinsichtlich ihrer Mitarbeiter dafür sorgen, dass*
  - *prozessabhängig und insb. im externen und internen Schriftverkehr die notwendigen Vordrucke ordnungsgemäß verwenden werden.*
- *Jede Führungskraft muss auch bezüglich ihrer persönlicher Mitwirkung*
  - *notwendige Vordrucke verwenden und insb. im offiziellen Schriftverkehr Formvorschriften auch persönlich einhalten.*

5.4.2.3   Durchführung der Archivierung (mit Originalbelegen)

Um insb. bei buchhaltungsrelevanten Belegen das gesetzlich vorgeschriebene Belegprinzip zu wahren, müssen die jeweils prozessverantwortlichen Führungskräfte die dazu notwendige Archivierung sicherstellen.

Auch die prozessabhängig notwendige Archivierung muss von den Führungskräften organisiert und überwacht werden:

- *Die Führungskräfte müssen hinsichtlich der in ihrem Fachbereich relevanten Prozesse die Archivierungsmaßnahmen (papiermäßig oder IT-unterstützt z. B. gescannt) installieren und anweisen (lassen).*
- *Alle Führungskräfte müssen hinsichtlich ihrer Mitarbeiter dafür sorgen, dass*
  - *die aufbewahrungspflichtigen Belege form- und fristgerecht erstellt und abschließend vollständig an das Zentralarchiv übergeben bzw. IT-mäßig übermittelt werden.*
- *Jede Führungskraft muss bezüglich ihrer persönlichen Mitwirkung sicherstellen, dass aufbewahrungspflichtige Unterlagen (z. B. Personalpapiere) der Archivierung zugeführt werden.*

5.4.3   Einrichtung der physischen Absicherungen

Wenn das Internal Control mit physischen Absicherungsmaßnahmen unterstützt werden kann bzw. muss, sind die jeweils tangierten Führungskräfte auch für deren Einrichtung verantwortlich.

5.4.3.1   Sicherstellung der räumlichen Abschottungen

Für kritische Bereiche eines Unternehmens, wie z. B. für Design und Entwicklung, ist teilweise eine räumliche Abschottung notwendig, die durch die jeweiligen Führungskräfte eingerichtet und dauerhaft sichergestellt werden muss.

Abhängig von den im jeweiligen Fachbereich notwendigen Maßnahmen ergeben sich für Führungskräfte dazu folgende Aufgaben und Verantwortungen:

- *Sofern nicht durch Maßnahmen des zentralen Werkschutzes abgedeckt, müssen die Führungskräfte notwendige räumliche Abschottungen für ihren Bereich prozessabhängig sicherstellen, indem sie:*
  - *die dazu jeweils notwendigen räumlichen Abgrenzungen konzipieren und einrichten (lassen) und*
  - *deren sichere Nutzung durch ihre Mitarbeiter gewährleisten und angemessen überwachen.*

5.4.3.2   Nutzung der speziellen physischen Verwahrung

Weil kritische Arbeitsmaterialien und -unterlagen (z. B. Bargeld, Personalpapiere) in bestimmten Fällen einer besonderen physischen Verwahrung bedürfen, muss auch deren Nutzung durch die verantwortlichen Führungskräfte realisiert werden.

Abhängig von den im jeweiligen Fachbereich notwendigen Maßnahmen ergeben sich für Führungskräfte dazu folgende Aufgaben und Verantwortlichkeiten:

- *Sofern nicht durch Maßnahmen des zentralen Werkschutzes abgedeckt, müssen die Führungskräfte physische Sicherungen und Geheimhaltung für ihren Bereich prozessabhängig sicherstellen, indem sie:*
  - *die dazu jeweils notwendigen Sicherungsmaßnahmen konzipieren und einrichten (lassen) und*

– *deren ordnungsgemäße Handhabung durch ihre Mitarbeiter sicherstellen und angemessen überwachen sowie*

– *von den Führungskräften eigenhändig wahrzunehmende physische Verwahrungsaufgaben (z. B. für vertrauliche Personalpapiere oder geheimhaltungsbedürftige Konstruktionsunterlagen) technisch sicherstellen und persönlich immer sicher handhaben.*

5.4.4   Einrichtung von Ausweis- und Zugangssystemen

Die physische Absicherung muss teilweise noch mit Schlüsseln, heute überwiegend aber mit Ausweis- und Zugangssystemen realisiert werden. Dafür sind zentral zumeist der Werkschutz und IT-Stellen des Unternehmens verantwortlich; sie bedürfen zur mitarbeiterbezogenen Einrichtung, aber auch der Mitwirkung der jeweils verantwortlichen Führungskräfte.

Die Zugangs-Absicherungen greifen nur bei ordnungsgemäßer Handhabung und Überwachung durch die Führungskräfte:

• *Führungskräfte müssen hinsichtlich ihrer Mitarbeiter dafür sorgen dass,*

  – *die Mitarbeiter über die Zuordnung persönlich orientierter Schlüssel und Ausweise nur zu den funktionsbedingten Bereichen und Systemen Zugang bzw. Zugriff erhalten,*

  – *die Mitarbeiter die Zugangsinstrumente ordnungsgemäß handhaben (insb. nicht an Kollegen ausleihen).*

• *Führungskräfte müssen hinsichtlich ihrer eigenen Zugangs-Instrumente wie die Mitarbeiter sicherstellen, dass damit kein Missbrauch betrieben wird.*

Resumee für alle Führungskräfte

Angesichts der Vielzahl der Mitwirkungs-Möglichkeiten bzw. -Notwendigkeiten für Führungskräfte (FK) beim Internal Control kann resümiert werden:

- Möglich und notwendig ist neben Vorstand und AR die Mitwirkung der FK jeder Führungsebene und aller Mitarbeiter.
- Jede FK hat die Pflicht und Verantwortung sowohl zur Unterstützung zentraler IC-Stellen als auch unternehmensweiter IC-Prozesse (z. B. Risikomanagement).
- Jede FK muss ein angemessenes Internal Control auch innerhalb des eigenen Verantwortungsbereichs organisieren, dokumentieren und anweisen (lassen).
- Jede FK muss die Umsetzung der erforderlichen Maßnahmen durch die eigenen Mitarbeiter sicherstellen, indem sie deren richtige Handhabung – ggf. auch persönlich – überwacht.
- Die Überwachung durch FK schließt persönliche Kontrollen der Mitarbeiter als auch die persönliche Beteiligung an IC-Prozessen z. B. bei Genehmigungsvorgängen ein.
- Obwohl letztlich der Vorstand für die Unternehmensüberwachung verantwortlich ist, übernimmt jede FK im Rahmen der notwendigen Delegation auch IC-Aufgaben, deren angemessene Umsetzung sie sicherstellen muss.
- Bei grob fahrlässiger Verletzung von Kontrollpflichten müssen FK nicht nur mit disziplinarischen Konsequenzen rechnen!
- Für FK sollte die angemessene Mitwirkung beim Internal Control aber nicht nur Pflichtübung zur Wahrung externer und interner Überwachungsvorgaben sein, sondern auch als Unterstützung ihrer effektiven und effizienten Fachbereichsarbeit angesehen werden.

Literaturverzeichnis

(Zitierte und weiterführende Literaturquellen)

Achenbach, H., Ransiek, A., Handbuch Wirtschaftsstrafrecht, C. F. Müller Verlag, 2008.

Ahlemeyer, N., Burger, A. und Ulbrich, P., Fallstudienbuch Beteiligungscontrolling, 1. Aufl., München, 2009.

Amling, T., Bantleon, U. (Hrsg.), Praxis der Internen Revision, ESV-Verlag, Berlin, 2012.

Arbeitsgruppe „8. EU-Richtlinie", Die 8. EU-Richtlinie – Kein „SOX" für Europa, Bestärkung der Tätigkeit der Internen Revision. Ein Beitrag der Arbeitsgruppe „8. EU-Richtlinie" innerhalb des IIR-Arbeitskreises „Revision des Finanz- und Rechnungswesen", in: Zeitschrift für Interne Revision, Heft 6, 2007, S. 238–241.

Arbeitskreis „Externe und Interne Überwachung der Unternehmung" der Schmalenbach-Gesellschaft für Betriebswirtschaft e.V., Gesellschaft für Betriebswirtschaft e.V., Auswirkungen des Sarbanes-Oxley-Act auf die Interne und Externe Unternehmensüberwachung, in: Betriebs-Berater, Nr. 44, 2004, S. 2399–2407.

Arndorfer, Isabella, Ist Sarbanes-Oxley zu weit gegangen?, in: Zeitschrift für Interne Revision, Heft 2, 2007, S. 70–71.

Audi (Audi AG) (2012a), Geschäftsbericht 2011 der Audi AG, elektronisch veröffentlicht unter der URL: http://www.audi.de/etc/medialib/ngw/company/investor_relations/pdf/finanzberichte/geschaefts-berichte5.Par.0003.File.pdf/gb_2011_audi_konzern.pdf, abgerufen am 1.3.2012.

Audi (Audi AG) (2012b), Satzung, elektronisch veröffentlicht unter der URL: http://www.audi.de-/etc/medialib/ngw/company/investor_relations/pdf/corporate_governance.Par.0031.File.pdf/audi_ag_sa tzung_mai.pdf, abgerufen am 1.3.2012.

Ax, T., Rechtshandbuch Korruptionsbekämpfung, ESV-Verlag, Berlin, 2011.

Baetge, J., Grundsätze ordnungsmäßiger Rechnungslegung, in: Freidank, C.-C., Lachnit, L., Tesch, J.: Vahlens Großes Auditing Lexikon, München, 2007, S. 599–603.

BaFin (Bundesanstalt für Finanzdienstleistungsaufsicht), Anschreiben zur Veröffentlichung der MaRisk mit Rundschreiben 18/2005 vom 20.12.2005, Anlage 4, 2005, S. 1.

BaFin (Bundesanstalt für Finanzdienstleistungsaufsicht), Rundschreiben 15, 2009, Mindestanforderungen an das Risikomanagement – MaRisk in der Fassung vom 14.8.2008.

Bannenberg, B., Jehle, M. (Hrsg.), Wirtschaftskriminalität, 2010.

Basel Committee on Banking Supervision, Framework for Internal Control Systems in Banking Organisations, Basel, 1998.

Basel Committee on Banking Supervision, International Convergence of Capital Measurement and Capital Standards, Basel, 2004.

Baum, H.G., Coenenberg, A.G. und Günther, T., Strategisches Controlling, 4. überarbeitete Aufl., Stuttgart, 2007.

Becker, A., Schulte-Mattler, H. (Hrsg.), Finanzkrise 2.0 und Risikomanagement von Banken, Berlin, 2012.

Behringer, S. (Hrsg.), Compliance kompakt, ESV-Verlag, Berlin, 2011.

Berg, C., Wirtschaftskorruption - Phänomen und zivilrechtliche Rechtsfolgen, Frankfurt am Main: Peter Lang GmbH, 2004.

Betriebs Berater, Euro-Sox sorgt zwangsweise für Transparenz in den IT-Systemen, Online abrufbar unter: http://www.betriebs-berater.de/detail//specific/0d42597670aab723a91078e108cc5ec3 [26.12.2011], 2011.

BKA (Bundeskriminalamt) (Hrsg.), Bundeslagebild Wirtschaftskriminalität 2010, Wiesbaden, 2011.

BKA (Bundeskriminalamt) (Hrsg.), Bundeslagebild Korruption 2009, Wiesbaden, 2010.

BKA (Bundeskriminalamt), Polizeiliche Kriminalstatistik 2009 – Bundesrepublik.

BKA (Bundeskriminalamt), ORGANISIERTE KRIMINALITÄT, Bundeslagebild 2010, vgl. DIIR-Übersicht 9, 2011.

Boecker, C., Accounting Fraud aufdecken und vorbeugen, ESV-Verlag, Berlin, 2011.

Brühwiller, B., Romeike, F., Praxisleitfaden Risikomanagement, ESV-Verlag, Berlin, 2011.

BSI, IT-Grundschutzkataloge, https://www.bsi.bund.de/DE/Themen/weitereThemen/ITGrund-schutzKataloge/itgrundschutzkataloge_node.html, Bonn, 2012.

Bundesministeriums der Inneren, Initiativkreis Korruptionsbekämpfung Wirtschaft Bundesverwaltung, Fragen-/Antwortkatalog zum Thema Annahmen von Belohnungen, Geschenken und sonstigen Vorteilen /Zuwendungen), 2011.

Bungartz, O., Handbuch Interne Kontrollsysteme (IKS), Steuerung und Überwachung von Unternehmen, ESV-Verlag, 3. Aufl., Berlin, 2010.

Burger, A., Buchhart, A., Risikocontrolling, München, 2002.

Burger, A., Ulbrich, P.R. und Ahlemeyer, N., Beteiligungscontrolling, 2. Aufl., München, 2010.

COBIT (IT governance Institute) (2007), COBIT 4.1. Excerpt, Excecutive Summary Framework elektronisch veröffentlicht unter der URL:https://www.isaca.org/Knowledge-Center/cobit/Documents/CobiT-Products.pdf, abgerufen am 15.4.2012.

COBIT (IT governance Institute) (2007), Transforming Enterprise IT, elektronisch veröffentlicht unter der URL:https://www.isaca.org/Search/Pages/DefaultResults.aspx?k=transforming%20enterprise&s=-Site Content&start1=0&ct=Site&cs=COBIT (IT Governance & Con-trol)&scopes=People,Site Content, Conversations, abgerufen am 15.4.2012.

Congress of the United States of America (2002), Sarbanes Oxley Act, http://fl1.findlaw.com/news.-findlaw.com/cnn/docs/gwbush/sarbanesoxley072302.pdf, COSO (Committee of Sponsoring Organizations of the Treadway Commission, (2011a), Internal Control – Integrated Framework (Framework December 2011), elektronisch veröffentlicht unter der URL:http://www.coso.org/documents/coso_-framework_body_v6.pdf, abgerufen am 14.4.2012.

COSO (Committee of Sponsoring Organizations of the Treadway Commission (2011b), An Update of COSO's Internal Control-Integrated Framework, Dezember 2011.

COSO (Committee of Sponsoring Organizations of the Treadway Commission (2011c): Enterprise Risk Management – Integrated Framework (Präsentationsfolien), Dezember 2011.

COSO (Committee of Sponsoring Organizations of the Treadway Commission (2010), COSO Announces Project to Modernize Internal Control – Integrated Framework, elektronisch veröffentlicht unter der URL:http://www.coso.org/documents/COSOReleaseNov2010_000.pdf, abgerufen am 14.4.2012.

COSO (Committee of Sponsoring Organizations of the Treadway Commission (2004), Unternehmens-weites Risikomanagement – Übergreifendes Rahmenwerk, deutsche Zusammenfassung, September 2004, elektronisch veröffentlicht unter der URL:http://www.coso.org/documents/COSO_ERM_ExecutiveSummary_German.pdf, abgerufen am 14.4.2012.

Deggendorfer Forum zur digitalen Datenanalyse, (Hrsg.), Compliance- und Risikomanagement, ESV-Verlag, Berlin, 2011.

Deutscher Bundestag, BilMoG / Bilanzrechtsmodernisierungsgesetz (Gesetzestext-Download), http://dipbt.bundestag.de/dip21/brd/2009/0270-09.pdf, 2009.

Deutscher Bundestag, KontraG / Gesetz zur Transparenz und Kontrolle im Unternehmensbereich, http://dipbt.bundestag.de/dip21/btd/13/097/1309712.pdf, 1998.

Deutscher Corporate Governance Kodex (2012a), Homepage /Startseite, elektronisch veröffentlicht unter der URL:http://www.corporate-governance-code.de/, abgerufen am 26.4.2012.

Deutscher Corporate Governance Kodex (2012b), Text des Kodex (Fassung vom 26.Mai 2010), elektronisch veröffentlicht unter der URL:http://www.corporate-governance-code.de/ger/download/kodex_2010/D_CorGov_Endfassung_Mai_2010.pdf, abgerufen am 26.4.2012.

DIIR (Deutsches Institut für Interne Revision e.V.) (2012a), Definition „Interne Revision", elektronisch veröffentlicht unter der URL:http://www.diir.de/ueber-das-diir/berufsgrundlagen/definition-interne-revision/?0=, abgerufen am 26.4.2012.

DIIR (Deutsches Institut für Interne Revision e.V.) (2012b), IIR Revisionsstandard Nr. 3 /Qualitäts-management in der Internen Revision, elektronisch veröffentlicht unter der URL:http://www.diir.de-/fileadmin/downloads/allgemein/Revisionsstandard_Nr._3.pdf, abgerufen am 26.4.2012.

DIIR (Deutsches Institut für Interne Revision e.V., Hrsg.) (2005), Die Interne Revision, Bestandsauf-nahme und Entwicklungsperspektiven, 1. Aufl., Berlin.

DIIR (Deutsches Institut für Interne Revision e.V.), DIIR Revisionsstandard Nr. 1 „Zusammenarbeit von Interner Revision und Abschlussprüfer", (WWW.IIR-EV.DE).

DIIR (Deutsches Institut für Interne Revision e.V.), DIIR Revisionsstandard Nr. 2 „Prüfung des Risi-komanagements durch die Interne Revision", (WWW.IIR-EV.DE).

DIIR (Deutsches Institut für Interne Revision e.V.), Arbeitskreis „Revision des Kreditgeschäfts", Inter-nes Kontrollsystem im Kreditgeschäft, in ZIR 4, 2011, S. 224 ff.

DIIR (Deutsches Institut für Interne Revision e.V., Hrsg.), Zusammenarbeit der Internen Revision mit Risikocontrolling und Compliance, Berlin, 2011.

Dölling, D., Handbuch der Korruptionsprävention, München, C.H. Beck oHG, 2007.

Dörfler, P., Gundlach, N. und Wagner, H.-J., Antikorruptionssystem in Industrieunternehmen, in: Freidank, C.-C., Peemöller, V., Corporate Governance und Interne Revision, Berlin, 2008.

DSGV (Deutscher Sparkassen und Giroverband e.V.), Mindestanforderungen an das Risikomanage-ment – Interpretationsleitfaden, Version 3.0, Berlin, 2009.

ECIIA (European Confederation of Institutes of Internal Auditing) (2010), ECIIA-Yearbook of Internal Audit 2010/11, Berlin, 2010.

ECIIA (European Confederation of Institutes of Internal Auditing) (2011), Das Three Lines of Defence Modell, in: Zeitschrift für Interne Revision (ZIR) 2, 2012, S. 55–59, elektronisch veröffentlicht unter der URL:http://www.eciia.eu/about-us/news/whats-hot, abgerufen am 31.3.2012.

Eichenwald, K., Verschwörung der Narren, Der Enron- Skandal: Eine wahre Geschichte, 1. Aufl., München, 2007.

Eidgenössische Finanzkontrolle, Aufbau eines Internen Kontrollsystems (IKS), 2. Aufl., 2007.

Eisenmann, S., Internal Control in Investmentbanken, Bachelorarbeit KU-Ingolstadt (Betreuer: H. Schmelter), 2012.

Ernst&Young (2010), The multi-billion dollar black hole, 2010.

Ernst&Young (2008a), Korruption – Das Risiko der Anderen (10th Global Fraud Survey).

Ernst&Young (2008b), Internes Kontrollsystem – Die Anforderungen im Hinblick auf die Umsetzung von Art. 728 Abs.1 Ziff.3 OR, 2008.

Ernst&Young (2007), Global Internal Audit Survey 2007.

Europäische Kommission, GRÜNBUCH Europäischer Corporate Governance-Rahmen, 2011, vgl. DIIR Mail 9.2011.

Eulrich, M., IKS/BilMoG/COSO/SOX, in: Zeitschrift für Interne Revision (ZIR) 2, 2012, S. 55–59.

Fabian, K., IT und Wirtschaftsprüfung: Grundlagen, Anwendung. Perspektiven, Verlag Dr. Müller, 2007.

Fellmann, I., Die „automatische" Korruption – Handbuch der Korruptionsprävention. Wien: Berliner Wissenschaftsverlag, 2010.

Förschle, G., Peemöller, V. H., Wirtschaftsprüfung und Interne Revision, 1. Aufl., Heidelberg, 2004.

Frei, P., IT-Kontrollen in der Finanzberichterstattung, Rechnungswesen&Controlling, Nr. 1, 2008.

Freidank, C., Peemöller, V. H, Corporate Governance und Interne Revision, 1. Aufl., Berlin, 2008.

Freidank, C., Internes Kontrollsystem, in Freidank, C.-C., Lachnit, L., Tesch, J., Vahlens Großes Auditing Lexikon, München, 2007, S. 699 ff.

Freidank, C., Peemöller, V. H., Kompendium der Internen Revision, 1. Aufl., Berlin, 2011.

Freidank, C., Unternehmensüberwachung,Verlag Vahlen, 2012.

Freidank, C., Velte, P. (Hrsg.), Corporate Governance, Abschlussprüfung und Compliance, ESV-Verlag, Berlin, 2012.

Freidank, C., Lachnit, L. und Tesch, J., Vahlens Großes Auditing Lexikon, München, 2007.

Fröhlich, M., Glasner K., IT-Governance: Leitfaden für eine praxisgerechte Implementierung, Wiesbaden, 2007.

Gabler Wirtschaftslexikon (2012a), Stichwort: Corporate Governance, elektronisch veröffentlicht unter der URL:http://wirtschaftslexikon.gabler.de/Archiv/55268/corporate-governance-v5.html, abgerufen am 1.3.2012.

Gabler Wirtschaftslexikon (2012b), Stichwort: Handelsrecht, elektronisch veröffentlicht unter der URL:http://wirtschaftslexikon.gabler.de/Archiv/4349/handelsrecht-v11.html, abgerufen am 1.3.2012.

Gabler Wirtschaftslexikon (2012c), Stichwort: Grundsätze ordnungsmäßiger Buchführung, elektronisch veröffentlicht unter der URL:http://wirtschaftslexikon.gabler.de/Archiv/54670/grundsaetze-ordnungs-maessiger-buchfuehrung-gob-v7.html, abgerufen am 1.3.2012.

Gabler Wirtschaftslexikon (2012d), Stichwort: Gesetz zur Kontrolle und Transparenz im Unternehmensbereich (Kon-TraG), elektronisch veröffentlicht unter der URL:http://wirtschaftslexikon.gabler.de/Archiv/296413/gesetz-zur-kontrolle-und-transparenz-im-unternehmensbereich-kontrag-v2.html, abgerufen am 1.3.2012.

Gabler Wirtschaftslexikon (2012e), Stichwort: Bilanzrechtsmodernisierungsgesetz (BilMoG), elektronisch veröffentlicht unter der URL:http://wirtschaftslexikon.gabler.de/Archiv/119069/bilanzrechtsmodernisierungsgesetz-bilmog-v5.html, abgerufen am 1.3.2012.

Gabler Wirtschaftslexikon (2012f), Stichwort: Controlling, elektronisch veröffentlicht unter der URL: http://wirtschaftslexikon.gabler.de/Archiv/399/controlling-v6.html, abgerufen am 1.3.2012.

Gabler Wirtschaftslexikon (2012g), Stichwort: Wirtschaftsprüfer, elektronisch veröffentlicht unter der URL:http://wirtschaftslexikon.gabler.de/Archiv/54754/wirtschaftspruefer-wp-v7.html, abgerufen am 1.3.2012.

Gerner, J., Umsetzung der Anforderungen an das Internal Control, (Darstellung in internationaler Fachgesetzgebung und Literatur), Bachelorarbeit KU-Ingolstadt (Betreuer: H. Schmelter), 2010.

Günther, M., Serafin, A., Rechtliche Grundlagen und Konzeption der MaRisk, in: Becker, A., Berndt, M., Klein, J. (Hrsg.), MaRisk-Öffnungsklauseln – Prüfungsvorbereitende Dokumentation, Heidelberg, 2008, S. 5–32.

Hasenkamp, U., Grundsätze ordnungsmäßiger IT-gestützter Buchführungssysteme, in Freidank, C.-C., Lachnit, L., Tesch, J., Vahlens Großes Auditing Lexikon, München, 2007, S. 595.

Helfer, U. (Hrsg.), Interne Kontrollsysteme in Banken und Sparkassen, Heidelberg, 2008.

Henselmann, K., Hofmann, S., Accounting Fraud (Case Studies an Practical Implications), Berlin, 2010.

Hiendlmeier, A., Maier, B., Das Interne Kontrollsystem: Pflichtübung oder Steuerungsinstrument?, in: Zeitschrift für interne Revsion (ZIR) 3, 2009, S. 119–123.

Hofmann, S., Handbuch Anti-Fraud-Management, Erich Schmidt Verlag, Berlin, 2008.

Horvath, H., Controlling, 8 Auflage, München, 2002.

Hütten, C., Strohmann, H., Umsetzung des Sarbanes-Oxley Acts in die Unternehmenspraxis, in: Betriebsberater, 2003, S. 2223–2227.

IdW (Institut der Wirtschaftsprüfer) (2002), Entwurf IDW Prüfungsstandard: Zur Aufdeckung von Unregelmäßigkeiten im Rahmen der Abschlussprüfung (IDW EPS 210) (Stand: 01.07.2002), elektronisch veröffentlicht unter der URL:http://www.roger-odenthal.de/Mitgliederbereich/Unteragen/EPS_210.pdf, abgerufen am 15.4.2012.

IdW (Institut der Wirtschaftsprüfer) (2007), IDW zum IAASB Discussion Document Internal Control – Integrated Frame-work:Guidance on Monitoring Internal Control Systems, 4. Dezember 2007, elektronisch veröffentlicht unter der URL:http://www.idw.de/idw/download/425632.pdf?id=425632, abgerufen am 15.4.2012.

IdW (Institut der Wirtschaftsprüfer) (2011), Entwurf einer Neufassung des IDW Prüfungsstandards: Feststellung und Beurteilung von Fehlerrisiken und Reaktionen des Abschlussprüfers auf die beurteilten Fehlerrisiken (IDW EPS 261 n.F.), (Stand: 10.06.2011).

IdW (Institut der Wirtschaftsprüfer) (Hrsg.), IDW Prüfungsstandard: Abschlussprüfung bei Einsatz von Informationstechnologie (IDW PS 330, 2002) in: WPg 55 (2002a).

IFAC (International Federation of Accountants) (2011a): Global Survey on Risk Management and Internal Control, elektronisch veröffentlicht unter der URL:http://www.ifac.org/sites/default/files/publications/files/global-survey-on-risk-manag.pdf, abgerufen am 5.4.2012.

IFAC (International Federation of Accountants) (2011b), Evaluating and Improving Internal Control in Organizations, elektronisch veröffentlicht unter der URL:http://www.ifac.org/sites/default/files/publications/files/20111201-PAIB-ED-Internal%20Control-FINAL_0.pdf, abgerufen am 5.4.2012.

Institut für Interne Revision, IIA Austria (Hrsg), Das Interen Kontrollsystem aus Sicht der Internen Revision, Linde-Verlag, Wien, 2011.

Institut für Interne Revision, IIA Austria (Hrsg), Wirtschaftskriminalität und Korruption in Deutschland, Österreich und der Schweiz, Linde-Verlag, Wien, 2007.

Joussen, E., Sicher handeln bei Korruptionsverdacht, ESV-Verlag, Berlin, 2011.

Jung, C., Wirtschaftskriminalität, in: Freidank, C.-C., Lachnit, L., Tesch. J., Vahlens Großes Auditing Lexikon, ESV-Verlag, Berlin, 2007, S. 1541 f.

Kagermann, H., Küting, K. und Weber, C.-P., Handbuch der Revision, Management mit der SAP®-Revisions-Roadmap, 1. Aufl., Stuttgart, 2006.

Klinger, M., Klinger, O., ABC der Gestaltung und Prüfung des Internen Kontrollsystems (IKS im Unternehmen, Linde-Verlag, Wien, 1999.

Klinger, M., Klinger, O., Das Interne Kontrollsystem (IKS) im Unternehmen (Praxisbeispiele, Checklisten, Organisationsanweisungen und Muster-Prüfberichte, Franz Vahlen Verlag, München, 2009.

KPMG (2010a), Wirtschaftskriminalität in Deutschland, 2010.

KPMG (2010b), e-Crime-Studie 2010 (Computerkriminalität in der deutschen Wirtschaft).

KPMG (2011), Profile of a Fraudster 2011, Press Conference, Zürich.

KPMG, Methodik zur Durchführung eines IKS-Projekts – basierend auf dem IKS Projekt Navigator, 2007.

Lackes, R., Standardsoftware für das Rechnungswesen, in: Freidank: C.-C., Lachnit, L., Tesch, J., Vahlens Großes Auditing Lexikon, München, 2007, S. 1276.

Lehmann, U., Internes Kontrollsystem (IKS) in der Umsetzung – Ein risikobasiertes Gestaltungskonzept für mittelgroße Unternehmen, Zürich Basel, Genf, 2009.

Lück, W. (Hrsg.), Anforderungen an die Interne Revision, Erich Schmidt Verlag, Berlin, 2009.

Lück, W., Internes Überwachungssystem (IÜS) – Organisatorische Sicherungsmaßnahmen – Kontrolle – Prüfung, in: Steuerberatung Nr. 9, 1997, S. 424 ff.

Marten, K.U., Quick, R. und Ruhnke, K., Wirtschaftsprüfung, Grundlagen des betriebswirtschaftlichen Prüfungswesens nach nationalen und internationalen Normen, 3. überarbeitete Aufl., Stuttgart, 2007.

Menzies, C., Sarbanes-Oxlex Act, Professionelles Management interner Kontrollen, Schäffer- Poeschel Verlag, Stuttgart, 2004.

Menzies, C., Sarbanes-Oxlex Act und Corporate Compliance, Nachhaltigkeit, Optimierung, Integration, 1. Aufl., Stuttgart, 2006.

Ministry of Justice (GB), THE BRIBERY ACT 2010, Guidance about procedures which relevant commercial organisations can put into place to prevent persons associated with them from bribing, Broschüre laut ZIR-Mail 9.2011.

Momsen, C., § 299 Bestechlichkeit und Bestechung im geschäftlichen Verkehr. In Beck'scher Online Kommentar, von Bernd Heintschel-Heinegg, Rn. 1–25, C. H. Beck, 2010.

Müller, K.-R., IT-Sicherheit mit System, 3. Auflage, Wiesbaden, 2008.

Neubeck, G., Prüfung von Risikomanagementsystemen, 1. Aufl., Düsseldorf, 2003.

New York Times (2012), Why I am Leaving Goldman Sachs (Greg Smith), elektronisch veröffentlicht unter der URL:http://www.nytimes.com/2012/03/14/opinion/why-i-am-leaving-goldman-sachs.html?_r=1&sq=smith&st=cse&scp=4&pagewanted=print, abgerufen am 15.3.2012.

Niehaus, H., Strafrechtliche Folgen der Bestechung im vermeintlichen Unternehmensinteresse, in: Graeff, P., Schröder, K., Wolf, S., (Hrg.), Der Korruptionsfall Siemens – Analysen und praxisnahe Folgerungen des wissenschaftlichen Arbeitskreises von Transparency International Deutschland, S. 21–46, Baden-Baden: NOMOS, 26, 2009.

Nimwegen, S., Vermeidung und Aufdeckung von Fraud, Lohmar, 2009.

Odenthal, R., Rechtliche Implikationen bei Mitarbeiterkriminalität, in: Zeitschrift für Interne Revision 6, 2005, S. 230 ff.

PCAOB (2007), Auditing Standard No. 2 An Audit of Internal Control Over Financial Reporting Performed in Conjunction With an Audit of Financial Statements. Superseded by Auditing Standard No. 5, effective for fiscal years ending on or after November 15, 2007, Online abrufbar unter: http://pcaobus.org/Standards/Auditing/Pages/Auditing_Standard_2.aspx#relationshipauditfinancialstatements [28.12.2011].

Peemöller, V. H., Bilanzskandale – Delikte und Gegenmaßnahmen, ESV Verlag, Berlin, 2005.

Peemöller, V. H., Controlling, Grundlagen und Einsatzgebiete, 5. Aufl., Herne/Berlin, 2005.

Peemöller, V. H., Kregel, J., Grundlagen der Internen Revision, Berlin, 2010.

Pieth, M., Die Strafbarkeit der aktiven Bestechung ausländischer Beamter, in: Pieth, Mark, Eigen, Peter (Hrg.), Korruption im internationalen Geschäftsverkehr – Bestandsaufnahme, Bekämpfung, Prävention, Neuwied: Luchterhand, 1999,S. 341, 353.

Pohlmann, N., Blumberg, H., Der IT-Sicherheitsleitfaden: Das Pflichtenheft zur Implementierung von IT-Sicherheitsstandards im Unternehmen, 2. Auflage, Heidelberg, 2006.

Preising, T., Nützliche Aufwendungen – Steuerliche und rechtliche Risiken beim Geschäftsverkehr mit dem Ausland. Stuttgart: Ernst & Young AG, 2007.

PwC (PricewaterhouseCoopers) (2011a), Wirtschaftskriminalität 2011 (Sicherheitslage in deutschen Großunternehmen).

PwC (PricewaterhouseCoopers) (2011b), Cybercrime: protecting against the growing threat (Global Economic Crime Survey), elektronisch veröffentlicht unter der URL:http://www.pwc.de/de_DE/de/risiko-management/assets/global_economic_crime_survey.pdf, abgerufen am 1.3.2012.

PwC (PricewaterhouseCoopers) (2009a), Wirtschaftskriminalität 2009 (Sicherheitslage in deutschen Großunternehmen), 2009.

PwC (PricewaterhouseCoopers) (2009b), The Global Economic Crime Survey, 2009.

PwC (PricewaterhouseCoopers) (2007), Wirtschaftskriminalität 2007 (Sicherheitslage in deutschen Großunternehmen), 2007.

Rath M., IT-Compliance, ESV-Verlag, Berlin, 2011.

Ringleb, H.- M., Kremer, T., Lutter, M. und v.Werder, A., Kommentar zum Deutschen Corporate Governance Kodex, 2. Aufl., München, 2005.

Röhrich, R. (Hrsg.), Methoden der Korruptionsbekämpfung: Risiken erkennen – Schäden vermeiden. Berlin, Erich Schmidt Verlag, 2008.

SAP (2012)., Management des internen Kontrollsystems (FIN-CGV-MIC), elektronisch veröffentlicht unter der URL:http://help.sap.com/saphelp_mic10/helpdata/de/index.htm, abgerufen am 12.3.2012.

Schmelter, H. (2009a), Die „neue" Rolle der Internen Revision – nur noch Erfüllungsgehilfe der WP für Compliance?, in: Zeitschrift für Interne Revision (ZIR) 2, 2009, S. 58–64.

Schmelter, H. (2009b), Interner Revisor – Generalist oder Spezialist, in: Zeitschrift für Interne Revision (ZIR) 5, 2009, S. 218–225.

Schmelter, H. (2011), Internal Auditor – Generalist or Specialist, in: ECIIA (European Confederation of Institutes of Internal Auditing, (Hrsg.), ECIIA-Yearbook of Internal Audit 2010/11 / Global Management Challenges for Internal Auditors, ESV-Verlag, Berlin 2011.

Schmelter, H., IT-Unterstützung für Interne Revision und Wirtschaftsprüfung, ESV-Verlag, Berlin, 2010.

Schmelter, H. (1977), Organisatorische Auswirkungen des EDV-Einsatzes in Klein- und Mittelunternehmen, Darmstadt, 2007.

Schmidt S., Reimer B., Zusammenwirken von Abschlussprüfung und Interner Revision, in: Freidank, C.-C., Peemöller, V., Corporate Governance und Interne Revision, Berlin, 2008.

Schneider, M., Benecke, W.C., Modell zur Visualisierung revisionsspezifischer Potenzialbereiche, in: Zeitschrift für Interne Revision (ZIR) 5, 2008, S. 210–217.

Schoberth, J., Compliance und Revision, in: Lück, W. (Hrsg.), Anforderungen an die Interne Revision, ESV-Verlag, Berlin, 2009, S. 299 ff.

Schuppenhauer, R., GoDV-Handbuch (Grundsätze ordnungsmäßiger Datenverarbeitung und DV-Revision), 6. Aufl., 2007.

SEC (2003), Final Rule: Management's Report on Internal Control Over Financial Reporting and Certification of Disclosure in Exchange Act Periodic Reports. Final Rule,Release No. 33-8238, in: Federal Register, Vol. 68, No. 117, 18. Juni 2003, S. 36636–36673, elektronisch veröffentlicht unter der URL: http://www.sec.gov/rules/final/33-8238.htm [26.12.2011], abgerufen am 16.3.2012.

Siemens AG (2012), Geschäftsbericht 2011 der Siemens AG, elektronisch veröffentlicht unter der URL:http://www.siemens.com/investor/pool/de/investor_relations/siemens_gb_2011.pdf, abgerufen am 28.3.2012.

Spiegel (Spiegel Online) (23.6.2006), Ex-Enron-Chef Skilling zu 24 Jahren Haft verurteilt, elektronisch veröffentlicht unter der URL:http://www.spiegel.de/wirtschaft/0,1518,444274,00.html, abgerufen am 5.4.2012.

Spiegel (Der Spiegel) (16/2008), Die Firma (Siemens Affäre), S. 76–90.

Spiegel (Der Spiegel) (50/2011), Im Würgegriff der USA, S. 82–84.

Spiegel (Der Spiegel) (3/2012), Auf schmalem Grad, S. 68–69.

Spiegel (Spiegel Online) (16.3.2012), Korruption richtet Schaden von 250 Milliarden Euro an elektronisch veröffentlicht unter der URL:http://www.spiegel.de/wirtschaft/soziales/0,1518,821687,00.html, abgerufen am 16.3.2012.

Splinter, V., Abgrenzung/Überschneidungen der Straftatbestände bei passiver Korruption, Bachelorarbeit KU-Ingolstadt (Betreuer: H. Schmelter), 2011.

Sprenger, R., Das anständige Unternehmen, in: Manager Magazin 11, 2011, S. 70.

Stendal, A., Risiken im SAP-Berechtigungssystem erkennen und beseitigen, in: Zeitschrift für Interne Revision (ZIR) 1, 2009, S. 19.

Stierle, J., Frühwarnsysteme zum Erkennen von Korruptionsrisiken, in: Zeitschrift für Interne Revision (ZIR) 3, 2006, S. 109 ff.

Strieder, T., DCGK: Deutscher Corporate Governance Kodex Praxiskommentar. Erich Schmidt Verlag, Berlin,2005.

Sybon, E., IKS/BilMoG/COSO/SOX, in: Zeitschrift für Interne Revision (ZIR) 2, 2011, S. 93–99.

SZ (Süddeutsche Zeitung) (12.2.2011), Gribkowskys Geld soll von BayernLB stammen, S. 25.

SZ (Süddeutsche Zeitung) (4.2.2012), Gesetz über das laute Pfeifen, S. 1.

SZ (Süddeutsche Zeitung) (17.10.2011), Burghardt, P., Ott, K., Die erste heiße Spur, S. 19.

SZ (Süddeutsche Zeitung) (20.1.2012), Frey, D., Schnabel, A., Die Wulffs sind unter uns (Was Führungskräfte aus der Affäre um den Bundespräsidenten lernen können, um Vertrauen und Gläubwürdigkeit zu erhalten.) S. 18.

SZ (Süddeutsche Zeitung) (16.9.2011), Die größten Börsenzocker, S. 19.

Thomas, A., IKS in und mit qualifizierter Standard-Anwendungssoftware – dargestellt am Beispiel SAP, in: Die Wirtschaftsprüfung, Heft 5,1994, S. 137 ff.

Thommen, J.-P, Achleitner, A.-K., Allgemeine Betriebswirtschaftslehre, 6. Aufl., Wiesbaden, 2009.

Tietje, C., Begriff, Geschichte und Grundlagen des Internationalen Wirtschaftssystems und Wirtschaftsrechts, in Tietje, Christian (Hrsg.), Internationales Wirtschaftsrecht, S. 1–60, Berlin: de Gruyter Recht, 2009.

Transparency International (2011a): Jahresbericht 2010, elektronisch veröffentlicht unter der URL: http://www.transparency.de/fileadmin/pdfs/Ueber_TI/Jahresbericht_2010_Version_Website_niedrige_Aufloesung.pdf, abgerufen am 26.4.2012.

Transparency International (2011b), Corruption Perception Index 2010, elektronisch veröffentlicht unter der URL:http://www.transparency.de/Pressemitteilung-Transparency.2022.0.html, abgerufen am 26.4.2012.

Transparency International (Hrsg.), A-B-C der Korruptionsprävention – Leitfaden für Unternehmen, Stuttgart: pws Print und Werbeservice, Stuttgart, 2004.

Velte, P., Corporate Governance Reporting des Aufsichts-/Verwaltungsrats zur Internen Revision, in: Zeitschrift für Interne Revision (ZIR) 6, 2011, S. 299–305.

VW (Volkswagen AG) (2012a): Geschäftsbericht 2011 der Volkswagen AG, elektronisch veröffentlicht unter der URL:http://www.volkswagenag.com/content/vwcorp/content/de/investor_relations.bin.html/marginalparsys/textandimage_0/downloadFile/Y_2011_d.pdf, abgerufen am 12.3.2012.

VW (Volkswagen AG) (2012b), Volkswagen Group – Factbook 2011, elektronisch veröffentlicht unter der URL:http://www.volkswagenag.com/content/vwcorp/info_center/de/publications/2011/04/Volkswagen_Group_-_Factbook_2011.bin.html/binarystorageitem/file/Factbook+2011.pdf, abgerufen am 12.3.2012.

VW (Volkswagen AG) (2012c), Entsprechenserklärung 2012, elektronisch veröffentlicht unter der URL:http://www.volkswagenag.com/content/vwcorp/content/de/investor_relations/corporate_governance/declaration_of_conformity.html, http://www.volkswagenag.com/content/vwcorp/content/de/investor_relations/corporate_governance/declaration_of_conformity.bin.html/downloadfilelist/downloadfile/downloadfile_9/file/Corporate+Governance+Kodex.pdf, abgerufen am 15.4.2012.

VW (Volkswagen AG) (2012d), Verhaltensgrundsätze des VW Konzerns / Lines of Conduct, elektronisch veröffentlicht unter der URL:http://www.volkswagenag.com/content/vwcorp/info_center/de/pulications/2010/06/verhaltensgrundsaetze.-bin.acq/qual-BinaryStorageItem.Single.File/28052010_Verhaltensgrunds%C3%A4tze%20des%20Volkswagen%20Konzerns.pdf, abgerufen am 12.3.2012.

VW (Volkswagen AG) (2012e), Satzung, elektronisch veröffentlicht unter der URL: http://www.volkswagenag.com/content/vwcorp/content/de/investor_relations/corporate_governance/satzung.bin.html/downloadfilelist/downloadfile/downloadfile/file/DEUTSCH_Oktober_2011.pdf, abgerufen am 12.3.2012.

VW (Volkswagen AG) (2012f), Das Ombudsmann-System, elektronisch veröffentlicht unter der URL: http://www.volkswagenag.com/content/vwcorp/content/de/the_group/compliance/ombudsmann_system.html, abgerufen am 12.3.2012.

VW (Volkswagen AG) (2012g), Corporate Governance Bericht, Das Ombudsmann-System, elektronisch veröffentlicht unter der URL: http://www.volkswagenag.com/content/vwcorp/content/de/investor_relations/corporate_governance/Corporate_Governance_Report.html, abgerufen am 12.3.2012.

VW (Volkswagen AG) (2011), Geschäftsbericht 2010 der Volkswagen AG, elektronisch veröffentlicht unter der URL: http://www.volkswagenag.com/content/vwcorp/info_center/de/publications/2011/03/Volkswagen_AG_

Geschaeftsbericht_2010.-bin.acq/qual-BinaryStorageItem.Single.File/GB_2010_d.pdf, abgerufen am 12.3.2012.

Warncke, M., Zusammenarbeit von Interner Revision und Prüfungsausschuss, in: Freidank, C.-C., Peemöller, V., Corporate Governance und Interne Revision, Berlin, 2008.

Weber, J., Schäffer, U., Einführung in das Controlling, 13. Aufl., Stuttgart, 2011.

Wecker, G., van Laak, H., Compliance in der Unternehmerpraxis, 2. Aufl., Wiesbaden, 2009.

Wehling, J., Abwehr von Wirtschaftskriminalität und Korruption, in: Zeitschrift für Interne Revision (ZIR) 3, 2009, S. 104 ff.

Weitz, M., Müller, M., Datenschutz, in: Freidank, C.-C., Lachnit, L., Tesch, J., Vahlens Großes Auditing Lexikon, München, 2007, S. 318.

Wehrheim, F., Gösele, M., Inside Steuerfahndung, Riva Verlag, München, 2011.

Westhausen, H.-U., Das COSO-Modell bisher nur eine Randerscheinung in Deutschland?, in: Zeitschrift für Interne Revision (ZIR) 3, 2005, S. 98–103.

Westhausen, H.-U., Wie steht es um die Zusammenarbeit von Interner Revision und Abschlussprüfung, in Zeitschrift für Interne Revision (ZIR) 3, 2008, S. 134–137.

Wicher, B., Die Rolle der Interne Revision bei Prävention und Aufdeckung von dolosen Handlungen, in: Zeitschrift für Interne Revision (ZIR) 2, 2007, S. 58 ff.

Wikipedia (2012), Lenin, elektronisch veröffentlicht unter der URL:http://de.wikiquote.org/wiki/Lenin, abgerufen am 12.3.2012.

Withus, K.-H., Überwachung der Wirksamkeit von Internen Kontroll- und Risikomanagementsystemen, Effizienzgewinne durch „Ongoing monitoring" in: Zeitschrift Interne Revision, 44. Jg., Heft 06.09, 2009, S. 262 ff.

Withus, Karl-Heinz, Bringt das Bilanzrechtsmodernisierungsgesetz (BilMoG) auch „Euro-SOX"?, ein kritischer Vergleich der europäischen und US-amerikanischen Vorschriften, in: ZCG, Heft 3, 2009, S. 119–125.

Witt, B., Datenschutz kompakt und verständlich: Eine praxisorientierte Einführung, Wiesbaden, 2007.

Zarnekow, R., Hochstein, A. und Brenner, W., Service-orientiertes IT-Management: ITIL-Best-Practices und Fallstudien, Berlin, 2005.

Zorn, M., Internal Control im Rechnungswesen, Bachelorarbeit KU-Ingolstadt (Betreuer: H. Schmelter), 2011.

Zwingmann, L., Erwartungen an die Wertsteigerungsbeiträge der Internen Revision, in: Zeitschrift für Interne Revision (ZIR) 2, 2007, S. 46 ff.

Anhang

	self-audit Fragebogen: Internal Control im Autohandels-Betrieb
A	**Organisatorische Regelungen**
1	Existiert ein Gesellschaftsvertrag und eine schriftliche Geschäftsordnung zur Geschäftsführung?
2	Liegen für wesentlichen Abläufe aktuelle schriftliche Arbeits- bzw. Verfahrensanweisungen vor?
3	Liegen insb. aktuelle Unterschriften-Regelungen und -verzeichnisse vor ?
4	Sind insb. folgende Sachverhalte schriftlich eindeutig geregelt: - Zuständigkeiten - Kompetenzen / Limite / Geringfügigkeitsgrenzen - Vertretungen?
B	**Strukturorganisation (Funktionstrennung)**
5	Basiert die Aufbauorganisation auf der Grundlage der Geschäftsordnung?
6	Ist sichergestellt, dass wesentliche Abläufe zur Vermeidung von Risiken nur durch ausreichend qualifizierte Mitarbeiter abgewickelt werden ? - insb. in den Werkstätten Mitarbeiter mit Kfz-Meister, -Gesellenbrief - im Verkauf nach Hersteller-Vorgaben geschulte Verkäufer - in der Finanz kaufmännisch ausgebildetge Mitarbeiter Sind diese Mitarbeiteranforderungen in Personalanforderungsprofilen / Stellenbeschreibungen fixiert?
7	Ist sichergestellt, dass den zur Unterschrift Bevollmächtigten unverzüglich die Vollmacht entzogen wird, wenn sie die Funktion wechseln bzw. das Unternehmen verlassen?
8	Erfolgt die Vergabe von Schlüsseln (und ggf. Betriebs-Ausweisen) an Mitarbeiter und Fremd-Personal sowie deren Rückgabe kontrolliert ?
9	Ist die ordnungsgemässe Erfassung der An- und Abwesenheit von Mitarbeitern aller Bereiche gewährleistet ? Wird die Anwesenheit von Produktiv-Kräften (insb. Monteuren) angemessen überwacht (Stechuhr, ...)?

C	**IT-Unterstützung**
10	Verfügt das Unternehmen über angemessene (moderne, integrierte) IT-Unterstützung insb. für: - Buchhaltung - Fakturierung und Kassenführung - Lohn-, Gehaltsabrechnung - Einkauf - NW-Abwicklung - GW- Abwicklung - KD-Abwicklung - ET-Abwicklung - Gewährleistungsabwicklung - Finanzierung, Leasing?
11	Sind die eingesetzten IT-Systeme anerkannt und als ordnungsgemäß bestätigt (von anerkannten Herstellern)?
12	Existieren für die ggf. extern vergebene IT-Auftragsdatenverarbeitung Dienstleistungs-vereinbarungen?
13	Existieren ausreichende Vereinbarungen/Verträge für die SW-Wartung des Systems bzw. eigenständige SW-Pflege?
14	Ist eine angemessene IT-System-Dokumention vorhanden, die den Betrieb des IT-Systems ermöglicht (Beschreibung von IT-Technik, -Aufbauorganisation, -Datenmodell, -Funktionsmodell, -Benutzeroberfläche und technische Schnittstellen) für alle oben angegebenen Systemunterstützungen?
15	Ist eine angemessene IT-Benutzer-Dokumentation vorhanden, die die speziellen Einstellungen für das Unternehmen berücksichtigt? Sind die Anwendungen insb. so dokumentiert, daß sie durch sachver-ständige Dritte nachvollziehbar bzw. prüfbar sind ?
16	Ist sichergestellt, dass nur Berechtigte die Systeme im Rahmen der ihnen zugeordneten Berechtigungen nutzen können?
17	Sind sicherheitskritische IT-Einrichtungen, insb. zentrale Server, in gesondert verschlossenen Räumen untergebracht?
18	Ist der Zugang zu den zentralen Systemen über - individu-ell/persönlich - vergebene Zugriffsberechtigungen (mit Passwörtern) abgesichert?
19	Sind Benutzerklassen mit Eigenschaften wie z.B. Superuser, Adminis-tratoren, Entwicklung Customizing und Endbenutzer eingerichtet?
20	Erfolgt ein regelmäßiger, vom System erzwungener Passwort-Wechsel?

21	Wenn Mitarbeiter die Funktion wechseln oder das Unternehmen verlassen: - werden nicht mehr benötigte Zugriffserlaubnisse umgehend entzogen? (Server, PC etc.)
22	Ist sichergestellt, dass das System Stammdaten-Änderungen (z.B. Preise) mit Datum und Erfasser archiviert?
23	Ist sichergestellt, dass das System alle Systemeingaben mit Datum und Erfasser protokolliert?
24	Sind vertrauliche Daten, Programme und Systeme angemessen gegen Diebstahl, unbefugte Kenntnisnahme oder Manipulation gesichert? Ist die vertrauliche Behandlung gewährleistet insb. von: - personenbezogenen Daten (Mitarbeiter) - Kundenstammdaten, - unternehmensbezogenen Daten?
25	Ist ein Datenschutzbeauftragter benannt?
26	Ist ein schriftliches Datensicherheitskonzept vorhanden? - für die zentralen Anwendungen - für PC-Daten
27	Gibt es für wichtige Dateien eine Sicherungskopie?
28	Werden die Datenträger an einem sicheren Ort aufbewahrt: - Einbruchs- und feuersichere Aufbewahrung - Sicherungskopie in einem anderen Gebäude oder Safe?
29	Ist die regelmäßige Wartung des Systems sichergestellt (Hardware, Software) in Eigenregie oder extern?
30	Ist für den Ausfall des IT-Systems eine angemessene (betriebsgrößengemäße) Notfall-Organisation eingerichtet? Wiederanlauf innerhalb 1 Tag, ggf. Backup-Lösung Vorkehrungen (Papier-Arbeitsmittel) für Notbetrieb?
31	Sind der IT-Administrator und seine Stellvertreter geschult für: - Datensicherungen, - Datenrecovery (Wiederherstellung, -anlauf) - Support bei Netzwerkproblemen, - Verwalten von Berechtigungen für User, - sonstigen AnwenderSupport

32	Wird jeder Mitarbeiter, der einen PC des Händlerbetriebs benutzt, regelmäßig darauf hingewiesen, dass: - sämtliche Software- und Hardware-Komponenten nur für dienstliche Aufgaben genutzt werden dürfen, - das Mitbringen privater Geräte sowie die Nutzung privat beschaffter Software nicht gestattet ist, - wichtige Daten von Desktops auf Servern gesicher werden müssen, - die Mitnahme von Geräten, Datenträgern und Daten auf Datenträgern nur für dienstliche Zwecke und nur mit einer entsprechenden Genehmigung gestattet ist?

D Risikomanagement

33	Erfolgt - mindestens einmal jährlich - eine Risikoanalyse mit einer von der Geschäftsführung durchgeführten Priorisierung?
34	Werden im Jahresabschlußbericht die Unternehmensrisiken angemessen dargestellt?
35	Werden in den unterjährigen Ergebnisvorausschätzungen Risiken ausreichend (Risikovorsorge, Chancen/Risiken) beachtet und gibt es für gravierende Risiken angemessene Maßnahmepläne?

E Corporate-Identity (Erscheinungsbild, Prozessvorgaben)

36	Entspricht das innere und äußere Erscheinungsbild der Gesellschaft (und aller Niederlassungen) den CI-Vorgaben des Herstellers?
37	Werden von der Gesellschaft die vom Hersteller vorgegebenen Standardprozesse (Richtlinien, Formulare, ...) verwendet?

F Buchhaltung Allgemein (inkl. Belegwesen, Archivierung)

38	Ist organisatorisch und IT-zugriffsmäßig abgesichert, dass Buchhaltungsfunktionen nur Mitarbeitern der Buchhaltung zugänglich sind, insb. Mitarbeiter anderer Bereiche allein keine zahlungswirksamen Transaktionen auslösen können?
39	Ist insb. auch IT-seitig sichergestellt, dass Mitarbeiter niemals eigenständig Zahlungen o.ä. für sich selbst vornehmen können?
40	Ist organisatorisch und IT-zugriffsmäßig (soweit betriebgrößenbedingt und systemseitig möglich) abgesichert, dass Buchhaltungs-Mitarbeiter jeweils nur in einem der folgenden Zuständigkeitsbereiche buchen können: - Kreditoren - Debitoren - Zahlungsverkehr/ Banken/Kassen - Lohn-Gehaltsabrechnung - Reisekostenabrechnung

41	Ist insb. auch IT-seitig sichergestellt, dass Zahlungen immer nur unter Beteiligung eines Leiters/Mitarbeiters der Abteilung/Gruppe Zahlungsverkehr erfolgen können?
42	Ist gewährleistet (soweit betriebgrößenbedingt und systemseitig möglich), dass Mitarbeiter, die Stammdaten erfassen, nicht gleichzeitig Abrechnungsfunktionen ausüben können?
43	Ist gewährleistet, dass kritsche Stammdateneingaben, insb. Lieferanten-,Kunden-Stamm- und Bankdaten nach dem Vieraugenprinzip kontrolliert und möglichst systemseitig genehmigt werden müssen?
44	Sind die Mitarbeiter der Buchhaltung kompetent und haben sie für ihre Aufgabe die richtige kaufmännische Ausbildung und Schulung? (kfm. Lehre, ggf. kfm Fachhochschul-, -Uni-Abschluss) Sind diese Mitarbeiteranforderungen in Personalanforderungsprofilen / Stellenbeschreibungen fixiert?
45	Werden die Belege systematisch, folgerichtig erstellt und nummeriert?
46	Existiert ein einheitliches Belegwesen mit festgelegtem Informationsfluss ? (z.B. mit vornummerierten Belegen, keine Nummernwiederholung / Nummernlücken, eindeutige Empfängerangabe)
47	Werden die Belege systematisch, folgerichtig über den vorgeschriebenen Zeitraum archiviert? (6, 10 Jahre)
48	Entsprechen die angewandten Archivierungsverfahren, Papierablage oder ggf. Scannen oder Verfilmen, den gesetzlichen Regelungen?
49	Werden Kundenakten ordnungsgemäß geführt und archiviert?
50	Entspricht der Kontenplan den Vorgaben des Herstellers?
51	Wird an den Hersteller im erforderlichen (Standard-) Format berichtet?
52	Werden mit der Hauptbuchhaltung monatlich abgestimmt folgende Nebenbuchhaltungen: - Kreditoren - Debitoren - Zahlungsverkehr/ Banken/Kassen - Lohn-Gehaltsabrechnung - Reisekostenabrechnung
53	Erfolgen die Abschreibung ordnungsgemäß?
54	Gab es im Vorjahr und laufenden Jahr außergewöhnliche Wertberichtigungen/Rückstellungen und erfolgten diese besonders autorisiert?
G	**Kreditoren**
55	Ist gewährleistet, dass Eingangs-Rechnungen nur von der Kreditorenabteilung und nur nach dem Vieraugenprinzip bezahlt werden können?

56	Ist insb. gewährleistet, dass Eingangs-Rechnungen von den Lieferanten immer direkt an die Kreditorenabteilung gesendet werden? (Weist Kreditoren ggf. bei den Fachabteilungen eingegangene und bereits anerkannte Rechnungen zurück?)

57	Ist gewährleistet, dass die Rechnungsbearbeitung folgende Prüfungen umfasst?
	 - sachlich?
	   Findet vor der Freigabe eine Prüfung statt, ob ein Auftrag vorliegt?
	   Ob der Wareneingang oder die Leistungserbringung bestätigt ist
	 - preislich? (Vergleich zur Bestellung)
	 - rechnerisch?

58	Ist die Genehmigung von Rechnungen, die von der Bestellung abweichen oder für die keine Bestellung vorliegt schriftlich geregelt ?
59	Sind Buchungen über Sammelkonten organisatorisch besonders geregelt ?
60	Werden alle Rechnungen termingerecht bezahlt?
61	Ist die Veranlassung und Genehmigung von kreditorischen Gutschriften schriftlich geregelt ?
62	Ist die Bearbeitung und Genehmigung von Anzahlungen schriftlich geregelt?
63	Sind Anzahlungen besichert? (z.B. durch Bürgschaften von Lieferanten)
H Debitoren	
64	Ist gewährleistet, dass Ausgangs-Rechnungen (NW, GW) nur nach dem Vieraugenprinzip und KD- und ET-Fakturierungen nur in Zusammenarbeit von ET-/KD-Stellen (und Fakturierung/Kasse) erstellt werden können?
65	Gibt es eine Funktionstrennung zwischen der Verarbeitung von Zahlungseingängen und der Verbuchung auf den Forderungskonten?
66	Ist sichergestellt, dass alle Leistungen zwangsläufig fakturiert werden für? - NW - GW - KD - ET
67	Ist sichergestellt, dass alle NW-. GW-, KD-, ET-Leistungen richtig zugeordnet werden zu: - externe Leistung (Fakturierung) - interne Leistung - Gewährleistung
68	Werden Fakturierungsrückstände dokumentiert und zügig abgearbeitet?

69	Werden bei der Fakturierung die vorgegebenen Zahlungsbedingungen beachtet (und Sonderkonditionen speziell genehmigt)? - i.d.R. Verkauf nur gegen Barzahlung - "Kredit"-Verkäufe nur an "sichere" Firmenkunden
70	Werden bei der Fakturierung die vorgegebenen Zahlungsziele (Fälligkeiten, Valuta) beachtet (und Sonderkonditionen speziell genehmigt)? - bei "Kredit"-Verkäufe an "sichere" Firmenkunden i.d.R. sofortige Fälligkeit
71	Werden bei -großen (mehr als 5.000,- Euro) - "Kredit-"Verkäufen mit Zahlungsziel zuvor Bankeinkünfte eingeholt und ausreichende Sicherheiten (Bürgschaften) gewährleistet?
72	Sind Buchungen über Sammelkonten organisatorisch besonders geregelt ?
73	Existiert das 4-Augen-Prinzip für die Erstellung und Buchung bei debitorischen Gutschriften (inkl. Stornos) und können die Gutschriften lückenlos zurückverfolgt werden ? (ordnungsgemässe Referenzierung, Dokumentation der Ursache)?
74	Ist klar geregelt, wann externe NW-, GW. KD-, ET-Leistungen ggf. unentgeltlich erfolgen können?
75	Ist klar geregelt, wann und wie bei externen NW-, GW-, KD-ET-Leistungen ggf. spezielle Rabatte gegeben werden dürfen?
76	Werden besondere Rabatte - z.B. für Sonderabnehmer - von berechtigten Personen genehmigt ?
77	Werden manuelle Preisänderungen protokolliert und von Dritten unter Wahrung des Vier-Augen-Prinzips geprüft?
78	Gibt es ein schriftlich geregeltes Mahnwesen (entsprechend den Retail-Vorgaben)?
79	Erfolgen zeitnahe schriftliche Mahnungen?
80	Werden bei notwendigem Inkasso zwangsläufig Verzugszinsen bei verspäteten Zahlungseingängen berechnet ? Ist sicher gestellt, dass die Nebenkosten der Mahnung (Zinsen, Gebühren ...) dem Kunden in Rechnung gestellt werden?
81	Gibt es eine schriftliche Regelung für die Bearbeitung von uneinbringlicher Forderungen (Ausbuchungszeitpunkt, Genehmigungsvorschriften für best. Forderungshöhen, ...)? Werden Rechtsanwälte für den Mahnprozeß eingeschaltet?
82	Werden zweifelhafte bzw. rückständige Forderungen auf ein von den übrigen Forderungen getrenntes Konto gebucht?
83	Ist gewährleistet, dass bei Konkursfällen Forderungen rechtzeitig angemeldet werden ?

	I Zahlungsverkehr
84	Gibt es ein aktuelles internes Unterschriftenverzeichnis, das die Zeichnungsberechtigung für Zahlungsvorgänge regelt ?
85	Ist bei den Kontrahentenbanken ein aktuelles Unterschriftenverzeichnis hinterlegt?
86	Ist sichergestellt, dass eine Person allein nicht Zahlungen veranlassen und durchführen kann, ohne dass eine inhaltliche Prüfung durch eine zweite Person erfolgt, insbesondere auch für Barauszahlungen?
87	Ist insb. auch IT-seitig gewährleistet, daß Mitarbeiter nicht eigenständig Zahlungen für sich selbst vornehmen können?
88	Gibt es eine tägliche Abstimmung der Aus- und Einzahlungen gemäß Kontoauszügen mit den internen Dispositionsunterlagen und erfolgt diese durch Mitarbeiter, die nicht gleichzeitig auch Kreditoren-/Debitoren-Zahlungen veranlassen können?
89	Ist sichergestellt, dass Mitarbeiter/Führungskräfte keine sie selbst betreffenden Zahlungsvorgänge bearbeiten oder freigeben können?
90	Ist sichergestellt, dass bei DV-Datentransfers die erforderlichen Übergabesicherungen bzw. Verschlüsselungen erfolgen?
91	Werden Schecks sicher aufbewahrt ?
92	Werden nur Verrechnungsschecks ausgestellt ?
93	Werden Scheckbestände und deren Verbrauch numerisch kontrolliert ?
94	Ist sichergestellt, dass eingehende Schecks sofort registriert und gebucht werden?
95	War und ist die Zahlungsfähigkeit des Unternehmens jederzeit gewährleistet?
96	Bewegt sich die Kreditnahme unterhalb der jeweiligen Kreditlinien?
97	Gibt es eine ausreichende regelmäßige Liquiditätsplanung?
98	Ist eine hinreichende Kapitalausstattung des Unternehmens gewährleistet?
	J Kassenführung
99	Bestehen für die Kassen-Abwicklung spezielle klare Unterschriftsregelungen mit Vertreterregelungen?
100	Ist geregelt welche Ausgaben über die Kasse bezahlt werden dürfen und werden diese Regelungen ausreichend kontrolliert?
101	Liegen für alle Kassen Kassenprotokolle vor?
102	Werden Kassen-Ein- und Auszahlungen immer nur mit Beleg bzw. Kassenquittung vorgenommen?
103	Erfolgen Kassen-Auszahlungen immer - nach dem Vieraugenprinzip - nur aufgrund von Auszahlungsbelegen mit 2 Unterschriften?

104	Wird die Vollständigkeit der Kasseneinnahmen anhand fortlaufend nummerierter Quittungsbelege bzw. Rechnungen kontrolliert?
105	Wird der Kassenbestand täglich aufgenommen ?
106	Ist sichergestellt, dass die Geldwäschebestimmungen eingehalten werden (keine Transaktionen ohne transparenten ordnungsgemäßen Hintergrund)?
107	Erfolgen regelmäßige Kassenprüfungen durch eine neutrale Stelle?
108	Traten keine - unvertretbare - Kassendifferenzen auf? (; wenn ja wurden die Unregelmäßigkeiten der Geschäftleitung gemeldet und die Ursachem analysiert/behoben?)
109	Werden über die (Kleine) Kasse - nur geringfügige Beträge für Klein-Beschaffungen u.ä. ausgezahlt?
110	Sind die Kassen (-Räume) - entprechend den baulichen Möglichkeiten ausreichend physisch gesichert?
111	Werden Bargeld/Schecks sicher (insb. Nachts im Tresor) aufbewahrt?
112	Werden Bargeldabführungen an Banken bzw. an Transportunternehmen ordnungsgemäß dokumentiert und quittiert?
K	**Lohn-, Gehalts-Abrechnung**
113	Sind für alle Mitarbeiter, insb. Leiter und Verkäufer Arbeitsverträge vorhanden?
114	Ist sichergestellt, dass Personaleinstellungen und Lohn-/Gehalts-Veränderungen nur mit Genehmigung nach dem Vieraugenprinzip erfolgen?
115	Sind die Arbeits-Verträge für Leiter und Mitarbeiter mit Gehältern (z.B. größer 5.000, -Euro entsprechend der Geschäftsordnung) von der Leitung genehmigt?
116	Liegen für alle - abgerechneten - Mitarbeiter Lohnsteuerkarten und Sozialversicherungsnummern vor?
117	Sind die Personalakten sicher verschlossen und nur Berechtigten zugänglich?
118	Ist sichergestellt, dass nur aktive Mitarbeiter abgerechnet werden können?
119	Erfolgt die Bezahlung (insb. Provisionen, Fixum) der NW- und GW-Verkäufer vertragsgemäß?
120	Werden alle " Einmalzahlungen " sachlich und rechnerisch unter Wahrung des Vier-Augen-Prinzips geprüft ?
121	Werden alle manuellen Auszahlungen sachlich und rechnerisch von Dritten geprüft ?
122	Erfolgen Barauszahlungen nur persönlich (oder gegen Vorlage einer Vollmacht) und nur gegen Quittung ?

123	Ist sichergestellt, dass Vorschüsse und Darlehen sicher und terminge- recht abgerechnet werden?
124	Erfolgt Mehrarbeit nur nach vorheriger Genehmigung?
125	Ist sichergestellt, dass bei Mehrarbeit die Einhaltung gesetzlicher und betrieblicher Regelungen (insb. Maximalzeiten) beachtet wird?
126	Werden für ggf. vorhandene Pensionszusagen ausreichende Rück- stellungen gebildet?
127	Ist die Nutzung von Dienstwagen für Mitarbeiter klar geregelt?
128	Ist die Nutzung von NW/GW (insb. Vorführwagen) durch Mitarbeiter klar geregelt?
129	Wird die Nutzung von Dienstwagen/NW/GW durch Mitarbeiter steuer- lich richtig abgerechnet (geldwerter Vorteil)?

L Reisekosten-Abrechnung	
130	Gibt es eine Reisekosten-Richtlinie mit allen unternehmenesspezifisch notwendigen Detaillierungen (z.B. Spesensätze, Abzüge, Genehmi- gung, ...)
131	Orientiert sich die Reisekosten-Richtlinie an den Regelun- gen/Vorgaben des Herstellers
132	Gibt es eine ausreichende Funktionstrennung zwischen: - der Erfassung durch Reisenden/Sekretariat - Vorab-Genehmigung durch Vorgesetzten - nachträgliche Anerkennung durch Vorgesetzten und - Abrechnung durch Reisekostenstellen-Funktion?
133	Wird jede Reisekostenabrechnung unter Wahrung des Vier-Augen- Prinzips kritisch geprüft, anerkannt und unterschrieben ?
134	Werden Reisekostenvorschüsse korrekt im Buchwerk erfasst ?
135	Werden Firmen-Kreditkarten nur an einen geeigneten Kreis von Mitar- beitern vergeben?
136	Werden die Zahlungen mit Firmen-Kreditkarten von den Mitarbeitern ordungsgemäß mit Ihrer Gesellschaft abgerechnet? (Erfolgt monatlich eien Abstimmung/Kontrolle?)

M Controlling-Berichtswesen, Ergebnisanalyse	
137	Gibt es eine detaillierte monatliche Umsatz-, Kosten-, Ergebnis- Analyse, nach Bereichen NW, GW, KD, ET jeweils mit folgenden Daten - Umsatz (Wert, ggf. Stück), Rendite - ggf. Bestand (Wert, ggf. Fahrzeuge/Teile) nach Gesamt und Niederlassungen ggf. je NW-, GW-Verkäufer

138	Waren die Budgetabweichungen (im Vorjahr, bzw. laufenden Jahr) akzeptabel (kleiner 20%)?
139	Wurde der Jahresabschluß ordnungsgemäß geprüft (z.B. von WP) und erfolgte ein uneingeschränktes Testat ?
140	Wurden bei Prüfungen von Steuer-Behörden keine Beanstandungen festgestellt, insbesondere auch nicht hinsichtlich Mehrwert-, Vorsteuer-Abrechnungen insb. bei NW, GW?
141	Gab es zur Lohn- und Gehaltsabrechung keine Beanstandungen bei externen Prüfungen (Lohnsteuer, Sozialversicherung)?
142	Gab es zu Reisekostenabrechnungen keine Beanstandungen bei externen Prüfungen (Lohnsteuer, Sozialversicherung)?
143	Wurden bei Prüfungen der Gewerbeaufsicht keine Beanstandungen festgestellt?
N EINKAUF	
144	Ist organisatorisch sichergestellt, daß allgemeine Einkäufe (nicht NW, GW, ET) von Lieferungen und Leistungen Dritter ausschließlich über die Beschaffungsfunktion in Auftrag gegeben werden?
145	Orientieren sich die EINKAUF-Richtlinien für den allgmeinen Einkauf an den zentralen Hersteller-Vorgaben, insb.? - Bestellung nur über EINKAUF bzw. ET-, NW-, GW-Beschaffung - Ausschreibung bei Anfragen des Allgemeinen EINKAUFS
146	Wird grundsätzlich das wirtschaftlich günstigste Angebot berücksichtigt?
147	Werden optimale, wirtschaftliche Abrufmengen ermittelt? (insb. bei Verbrauchsmaterial, Öl, Elektroden, Werkzeuge, ...)
O NW-Abwicklung (Neuwagen)	
148	Sind die NW-Verkaufs-Mitarbeiter kompetent und haben sie für ihre Aufgabe die richtige Ausbildung und Schulung (gemäß Hersteller-Vorgaben)? Gibt es dazu standardisierte Anforderungsprofile, Stellenausschreibungsvorgaben?
149	Verfügen die Verkäufer über ausreichende, übersichtliche Verkaufsinformationen insb. hinsichtlich: - Technischen Daten, - Preisen, Verkaufskonditionen - Finanzierungs-, Leasing-Optionen - Verkaufsaktionen, -Hilfen, Sonderrabatte?
150	Ist die Bezahlung, insb. Fixum und Provisionen (wert- und Rabatt-abhängig) der NW- Verkäufer klar geregelt?

151	Ist die Bezahlung von Boni/Sonderprämien auf Basis von Zielvereinbarungen für NW- und GW-Verkäufer klar geregelt?
152	Ist die Bezahlung von Provisionen an Dritte für Vermittlungsgeschäfte bei NW und GW klar geregelt? - für Mitarbeiter - für Dritte - klassische Vermittler
153	Wird die Nutzung der Vorführwagen angemessen kontrolliert (Fahrtenbücher?)
154	Werden für die NW die Standzeiten registriert und kontrolliert ?
155	Werden die Ursachen von überdurchschnittlich langen Standzeiten analysiert und behoben ?
156	Sind die Abstell-Räume und -Plätze für NW (ggf. inkl. Plätzen bei Spediteuren) sicher genug, um Beschädigungen an den Fahrzeugen zu vermeiden ?
157	Müssen NW-Vertragsabschlüsse nach dem Vieraugenprinzip durch einen Vorgesetzten bestätigt werden?
158	Ist klar geregelt, wann und wie bei NW-Verkäufen ggf. spezielle Rabatte gegeben werden dürfen?
159	Erfolgt regelmäßig (zumindest einmal jährlich) eine Inventur der NW?
160	Erfolgte die Inventur-Abnahme (Kontrolle) der NW jeweils durch einen zweiten Mitabeiter (möglichst außerhalb des NW-Bereichs)?
161	Wurden ggf. festgestellte Differenzen ausreichend (ABC-Prinzip) und zeitnah aufgeklärt? Werden festgestellte grundsätzliche (z.B. Kontierungs-) Fehler generell bereinigt?
P	**GW-Abwicklung (Gebrauchtwagen)**
162	Sind die GW-Verkaufs-Mitarbeiter kompetent und haben sie für ihre Aufgabe die richtige Ausbildung und Schulung (gemäß Hersteller-Vorgaben)? Gibt es dazu standardisierte Anforderungsprofile, Stellenausschreibungs vorgaben?
163	Verfügen die Verkäufer über ausreichende, übersichtliche Verkaufsinformationen insb. hinsichtlich: - Technischen Daten, - Preisen, Verkaufskonditionen - Finanzierungs-, Leasing-Optionen - Verkaufsaktionen, -Hilfen, Sonderrabatten?
164	Ist die Bezahlung (insb. Provisionen, Fixum) der GW-Verkäufer klar geregelt?

165	Gibt es eine ausreichende Funktionstrennung zwischen:- der technischen Beurteilung der Fahrzeuge bei Ankauf- Preisfindung - ggf. zusätzlich notwendigen Genehmigungen von (Sonder-) Ankauf-Preisen?
166	Gibt es klare Regelungen zurr Preisfindung von Gebrauchtwagen? Basiert die Ermittlung des Ankaufpreises ggf.auf einem neutralen marktorientierten Richtwert ?
167	Müssen Gebrauchtwagen-Inzahlungnahmen nach dem Vieraugenprinzip durch einen Vorgesetzten bestätigt werden?
168	Ist gewährleistet, dass übernommene GW (wenn notwendig) unverzüglich der Aufbereitung zugeführt werden?
169	Ist gewährleistet, dass aufbereitete GW unverzüglich dem Verkauf zugeführt werden?
170	Ist gewährleistet, dass die GW - nur - im angemessenen notwendigen Rahmen aufbereitet werden?
171	Sind die Abstell-Räume und-Plätze für GW (ggf. inkl. Plätzen bei Spediteuren) sicher genug, um Beschädigungen an den Fahrzeugen zu vermeiden ?
172	Werden für die GW die Standzeiten (auch bis zur Verkaufsbereitschaft) registriert und kontrolliert ?
173	Werden die Ursachen von überdurchschnittlich langen Standzeiten analysiert und behoben ?
174	Müssen GW-Vertragsabschlüsse nach dem Vieraugenprinzip durch einen Vorgesetzten bestätigt werden?
175	Ist klar geregelt, wann und wie bei GW-Verkäufen ggf. spezielle Rabatte gegeben werden dürfen?
176	Berücksichtigt der Verkaufspreis sämtliche Ausstattungsdetails der zu verkaufenden Fahrzeuge?
177	Berücksichtigt der Verkaufspreis besondere Aufbereitungen der zu verkaufenden Fahrzeuge?
178	Erfolgt regelmäßig (zumindest einmal jährlich) eine Inventur der GW?
179	Erfolgte die Inventur-Abnahme (Kontrolle) der GW jeweils durch einen zweiten Mitabeiter (möglichst außerhalb des GW-Bereichs)?
180	Wurden ggf. festgestellte Differenzen ausreichend (ABC-Prinzip) und zeitnah aufgeklärt? Werden festgestellte grundsätzliche (z.B. Kontierungs-) Fehler generell bereinigt?
Q KD-Abwicklung (Kundendienst)	
181	Ist sichergestellt, dass alle Stunden der Monteure auftragsgerecht erfasst werden?

182	Erfolgt eine Gesamtkontrolle der Stunden je Monteur hinsichtlich vollständiger Erfassung?
183	Ist sichergestellt, dass die Stunden der Monteure für interne Aufträge (GW-Aufbereitung, Gewährleistung) richtig zugeordnet werden?
184	Ist sichergestellt, dass alle abrechnungsfähigen Stunden der Monteure zwangsläufig der Fakturierung zugeführt werden?
185	Erfolgt ein Abgleich der erfassten Stunden mit der generellen An-, Abwesenheitserfassung?
R	**ET-Abwicklung (Ersatzteile)**
186	Entsprechen die ET-Bestände den Sollvorgaben (Reichdauer/Umschlag, Sortiment)?
187	Sind die Läger - physisch - räumlich separiert?
188	Haben (entsprechend der Betriebsgröße und ISO-Vorgaben) nur Berechtigte Zugang zu Lägern?
189	Sind die Teile übersichtlich gelagert und die Lagerorte bekannt?
190	Sind diebstahlgefährdete Teile (z.B. Radios) gesondert sicher gelagert?
191	Wird auf mögliche Verlustquellen geachtet ? (Z.B. Schutz vor Diebstahl, Wetterschutz)
192	Erfolgen regelmässig "Lager-Bereinigungen" ? (Mind. jährlich Bearbeitung von Überbeständen, Positionen ohne Bestand, Minus-Positionen) Wird dazu eine geeignete Systemunterstützung genutzt?
193	Werden auf Basis der Reichdauer-Analyse Wertberichtigungen entsprechend den gesetzlichen und internen Vorschriften vorgenommen?
194	Werden - soweit vorgegeben - nur Originalteile eingekauft?
195	Ist sichergestellt, dass das zu vereinnahmende Material korrekt erfasst wird ? (Teile-Nr., Menge, Mengeneinheit)
196	Werden die Ursachen von Eilbestellungen(bzw. Sonderaufträgen) bei Lieferanten untersucht ?(Frachtkosten, Wartezeit beim Kunden)
197	Gibt es bei der Teile-Beschaffung, -Bezahlung ausreichende Funktionstrennung zwischen: - (ggf. der EINKAUFS-Funktion, insb. Preis-Fixierung?) - der mengemäßigen Bestellung/Disposition? - der Wareneingangs-Bestätigung durch WARENEINGANG/Lager? - der Bezahlung
198	Ist sichergestellt, daß Materialausgaben nur autorisiert (ggf. gegen Beleg) erfolgen?

199	Gibt es beim Teile-Verkauf ausreichende Funktionstrennung zwischen: - der Teilausgabe - der Fakturierung - der Bezahlung (insb. bar)
200	Ist klar geregelt, wann und wie bei externen ET-Umfängen ggf. spezielle Rabatte gegeben werden dürfen?
201	Werden die Rabattgruppen korrekt angewendet ?
202	Können die ET-Preise nur von Berechtigten geändert werden und können/werden - insb. kritische - Preisänderungen systemseitig aufgezeigt und kontrolliert?
203	Liegen schriftliche Anweisungen zur Inventurdurchführung vor?
204	Erfolgt regelmäßig (zumindest 1 mal jährlich) eine Inventur
205	Werden die Verantwortlichkeiten getrennt zwischen - Aufnahme, - Abnahme (stichprobenweise Kontrolle)?
206	Erfolgte die Inventur-Abnahme (stichprobenweise Kontrolle) - soweit betriebsgrößenbedingt möglich - durch Mitabeiter außerhalb des KD-Bereichs?
207	Werden die Zählergebnisse auf den Aufnahmepapieren - ordnungsgemäß erfasst? - durch Unterschrift bestätigt?
208	Werden ausreichende Zählkontrollen und Identifikationsstichproben durchgeführt?
209	Werden festgestellte Inventur-Differenzen korrekt erfasst und ausgewiesen ?
210	Werden Differenzen zeitnah geklärt und grundsätzliche Ursachen (z.B. häufige Buchungsfehler) zeitnah bereinigt?
211	Wird die Differenzklärung ausreichend dokumentiert?
212	Werden bei der Analyse der Inventurdifferenzen unterjährige Differenzausbuchungen berücksichtigt?
213	Sind die aus den Differenzklärungen abgeleiteten Maßnahmen ausreichend zur künftigen Vermeidung von Materialverlusten / Vermögensschäden?
S	**Gewährleistungsabrechnung**
214	Werden die aktuellen schriftlichen Regelungen zur Erstattung von Gewährleistungsarbeiten seitens des Herstellers beachtet?
215	Ist sichergestellt, dass Gewährleistungskosten mit dem Hersteller - im möglichen und - gerechtigten Umfang abgerechnet werden?

216	Stellen die internen Kontrollmaßnahmen sicher, daß: - kein Gewährleistungsantrag mehrmals vergütet werden kann ? - keine ungerechtfertigten Positionen vergütet werden? - keine falsch bewerteten Lohn- bzw. Materialanteile erstattet werden ?
217	In keinem Fall mit der Möglichkeit, dass Sachbearbeiter für eigene/persönliche Fahrzeuge allein zahlungswirksame Eingaben tätigen können?
218	Werden die bei der Gewähleistung anfallenden Teile entsprechend den Hersteller-Vorgaben termingerecht aufbewahrt bzw. versendet?

Stichwortverzeichnis

www.ingramcontent.com/pod-product-compliance
Lightning Source LLC
Chambersburg PA
CBHW081101220326
41598CB00038B/7185